親密圏における暴力

手嶋昭子

親密圏における暴力

── 被害者支援と法 ──

学術選書
149
法社会学

信 山 社

は し が き

　ハーバード・ロー・スクールにおいて，女性で初めてテニュアを取得し
たスーザン・エストリッチは，1989年に刊行された著書Real Rapeにお
いて，自らのレイプ被害をもとに米国レイプ法の問題点を分析し，法改革
の必要性を訴えた。エストリッチのこの著書によって，私は強姦をめぐる
法解釈の理不尽さを初めて知り，衝撃を受けた。これが女性への暴力の問
題に目が開かれたきっかけである。その後，諸般の事情から，一時研究活
動から離れたが，その間に，1993年の「女性に対する暴力の撤廃に関す
る宣言」，1995年の北京会議などが開かれ，その世界的な「女性への暴力
撤廃」の動きは日本にも及び，2001年にはDV防止法も制定され，メディ
アでは性暴力やDVが社会問題として取り上げられるようになった。と
ころが縁あって再び教壇に立ったとき，女子学生たちの多くは，10年前
の学生たちと同じように，意に反した性行為であっても恋人に対してNO
と言えず，その結果心身共に傷ついても諦めるしかない，と考えていた。
時の経過の中で，変わってきたことと変わっていないことの落差を目の当
たりにし，微力ながら何かしたいと，女性への暴力やジェンダーの研究に
戻ることを決め，今日に至っている。本書は，その過程で折に触れ発表し
てきた論文をまとめたものである。

　かつて，この領域の問題を扱う研究者は少なく，文献も多くはなかった
が，近年は論文や書籍も増加の一途にある。また，DV防止法の第三次ま
での改正，法務省における性犯罪に関する刑法規定改正の検討など，法制
度も動いている。本書は，時間的な制約もあり，最新の研究成果や社会状
況の変化を詳細に取り上げることはできず，発表当時のものに最小限の修
正を加えたに留まっていることをお断りしておきたい。

　性暴力やドメスティック・バイオレンスの問題は，ジェンダー不平等の
社会構造を鋭く告発するものであると同時に，個々の人間関係というミク
ロなレベルにおいて，多様な形態の「権力」下に置かれた人が，いかに権
利を奪われた生を余儀なくされているかという，他の差別や格差の問題と
も共通する問を私たちに突き付けている。そのような観点から，法の果た

すべき役割を考えてきた。本書での考察は，拙いながらも，その出発点としてご高覧頂ければ幸いである。

　本書の執筆過程において，多くの方々にご協力を頂いた。特に，本当なら思い出したくない経験を思い出し，貴重なお話しを聞かせて下さったサバイバーの方々，「研究者不信」を脇に置き，情報提供をして下さった支援者の皆様に，この場を借りてお礼を申し上げたい。頂いた情報を無駄にすることなく，少しでも社会をよりよい方向に変えるために役立てることができるよう，今後もさらに，格差と権力性の問題に取り組んでいきたいと考えている。

　今日私が研究者としてあるのは，第一に，京都大学大学院においてご指導を賜わり，今なお目指すべき高みを，身を持ってお示し下さっている棚瀬孝雄教授のおかげである。そして，私をもう一度研究の世界へ引っ張り出し，今日まで励まし続けてくれた，大学院の後輩で，現在同僚でもある澤敬子准教授，南野佳代教授には，感謝してもしきれない。また，私の「社会復帰」を日々支えてくれた家族の存在があってこそ，ここまで歩むことができた。さらに，紙面の都合上，お一人お一人のお名前を挙げることはできないが，当該領域で長年研究や運動を続けてこられた多くの方々には，研究の方向性に係わる重要な示唆を頂いてきた。以上，これらの方々に，心からの感謝の意を表させて頂きたい。

　出版事情が厳しい中，本書の書籍化にあたっては，大学院時代の先輩である早稲田大学の和田仁孝教授にご尽力頂いた。また，信山社の袖山貴氏，稲葉文子氏，編集担当の今井守氏には，大変お世話になった。心からお礼を申し上げたい。

　なお，本書は，日本学術振興会科学研究費基盤研究（Ｃ）研究課題番号24510389の助成を受けた研究成果の一部である。

　最後に私事ではあるが，学者として誠実かつ清廉な生き方を見せてくれた父・故清永敬次と，その父を一心に支え，娘には広い世界に羽ばたくようにと後押ししてくれた母・清永房子に，感謝とともに，本書を奉げることをお許し頂きたい。

　2016 年 3 月

手 嶋 昭 子

目　　次

目　　次

親密圏における暴力

◆ 序 論 ◆ 親密圏における暴力と法

　親しい関係性の中——親密圏——で起きる DV，虐待などの暴力の問題は，近年，社会的に高い関心を集めている。本来，その関係性の中で期待される愛情や信頼とは真逆の事態を前に，社会の対応は揺れ動いている。当事者もまた直接の被害に加えて，人々の不可解なものを見るまなざしによって，更なる苦難を背負わされている。親密圏における暴力被害の問題に，既存の法体系はどのように対応してきたのだろうか。また，新たに設けられた法制度は，実際に社会の中でどのように機能しているだろうか。本書は，上記のような問題関心に基づき，親密圏における暴力への法的対応のあり方について考察するものである。具体的な問題領域としては，ドメスティック・バイオレンス（以下，「DV」）と性暴力を対象とする。これらの被害を受けた人たちの視点に立ったとき，社会の現実の中で法がどのように機能していると捉えられるのかという問いが，本書の議論の出発点となっている。研究の最終的な目標は，被害者への適切な支援のために，具体的な法制度の形を示すことであるが，本書は，その十分な解答を示すには至らないものの，今後の手がかりとなる議論の提供を試みるものである。

　ここでは，このあと，まず，本書の射程として，どのような問題領域が対象とされているかについて説明を行い，次に，本書の分析視角が持ちうる意義について述べ，重要な論点でありながら，十分に議論できなかった問題について言及し，今後の課題を明らかにする。最後に，第1章以下の論考に関する簡単な紹介を行う。

親密圏とは

　「親密圏」という言葉によって，本書では，家族や恋人，友人，知人など，これまで見知った人であり，何らかの継続的関係にある／あった者同士の関係を指す。親しい間柄における暴力の問題は，家族内にとどまらず，親族などの身内や，恋人や友人などの私的な関係性，近隣の住民，友達の家族，そして職場や学校・病院・宗教団体・習い事・塾・スポーツクラブ等において被害者が信頼していた人，など，人々の日常生活を構成する広範な人間関係の中で起きている。これらの人間関係を総称する語として，本書では「親密圏」という言葉を使用する。「親密圏」という語の定義をめぐっては複数の学問分野で，多くの議論がある[1]。いくつかの定義を手掛かりに，なぜ本書では上記のような「親密圏」概念を想定するのか説明したい。たとえば，田淵は，「家族」という集合と「親密圏」という集合が重なり合う図を用いて説明し，「家族」ではあるが，「親密圏」には重ならない部分を，「非親密家族」と呼び，家庭内離婚のような関係を例として挙げている。また「親密圏」ではあるが，「家族」とは重ならない部分を，非家族親密圏と呼び，そこには，同性カップルなどが含まれるという。田淵自身は，「親密圏」を「何らかの単一の尺度によって一次元的に把握できると想定することには限界がある」として，一義的な定義を与えることを控えているが[2]，上記の例からは，何らかの主観的，情緒的な「親しさ」の有無が想定されているように思われる。那須は，「家族」と「親密圏」

1　よく引用される定義として，斎藤純一による次の定式を確認しておこう。「具体的な他者の生／生命──とくにその不安や困難──に対する関心／配慮を媒体とする，ある程度継続的な関係性」（齋藤純一『親密圏のポリティクス』213頁（ナカニシヤ出版，2003））。また，親密圏という概念の誕生と変容につき，アンソニー・ギデンズ以降の欧米の議論および斎藤をはじめとする親密性の議論の日本的文脈まで，議論の進展を整理したものとして，野口裕二「親密性と共同性──「親密性の変容」再考」庄司陽子編『親密性の福祉社会学──ケアが織りなす関係』187-203頁（東京大学出版会，2013）。

2　田淵六郎「世代間関係の変容と親密圏」法律時報86巻3号61-62頁（2014）。

概念に「ずれ」と「重なり」があるとし，「伝統的な拡大家族や家庭内離婚の例にみられる通り，家族はしばしば，親密な関係の場ではないのである。逆に「親密圏」について考えようとする人がこれを「家族」と同一視するならば，恋愛関係や友人関係，職場や学校での人間関係を視野の外に押し出してしまうだろう」と指摘している。那須は，筒井による親密圏の定義「複数の人間が互いの［個人的な］情報を共有しあっており，かつ一定の相互行為の蓄積がある状態」を借用すると述べているが[3]，挙げている例によれば，親密圏の具体的なイメージは田淵と重なるように思われる。これに対し大島は，「親密圏」という言葉に含まれる具体的な意味を以下のように分析する。①継続的な性的関係を取り結ぶ領域（セックス単位），②子どもを作る領域（生殖単位），③子どもを育てる領域（子育て単位），④同居共同生活をする領域（生活単位），⑤家事や介護等のケア労働を提供しあう領域（ケア単位），⑥親密な感情によってつながった領域（愛情単位）[4]。①〜⑤が，そこで何が行われるかということを基準にした空間であるのに対し，⑥は情緒的な要因を重視したもので空間というより関係性を指していると理解できるだろう。

　本書では，親密圏を，近代的家族に加えて，先に列挙したような多様な関係性を広く包摂した概念として捉えている。集合図を描くとすれば，田淵や那須の提起する概念とは異なり，親密圏の集合が家族の集合を含んだ形となる。ここでの目的は「親密圏」それ自体の分析ではないため，詳細な定義は行わないが，あえていえば，人々が愛情や信頼を期待し得る関係性，と捉えたいと考えている（大島が抽出した「親密圏」の意味のうち⑥に近い）。なぜならば，本書で取り上げる暴力は，このような関係性が表象する愛情や信頼，責任といったものを，加害者が利用することで可能となっており，また被害者がそこから離脱することを困難にしているのも，その関係性に結び付けられている期待，言葉を変えれば規範性によるもの

3　那須耕介「サヴァイヴィング・ファミリィズ」法律時報 86 巻 3 号 76 頁（2014）。
4　大島梨沙「親密圏の多様化に家族はどう対応するのか──日仏比較の視点から」法律時報 86 巻 3 号 65 頁（2014）。

と考えられるからである。このように家族を超えた広範な人間関係において，常に「ケア」や「配慮」が実際に行われているとは限らないが，しかしながら，人々の期待は単なる幻想ではなく，確かに，このような親密圏において「ケア」や「配慮」に支えられて生きている人々が，現実には存在する。その「可能性」があるからこその「期待」である。この世に生を受けて最初にケアを与えてくれるはずの親から虐待を受けて育つ子どもたちでも，たった一人でも，誰かが，その子の心に寄り添い，理解しようとしてくれることで，その子は逆境を超えて成長できると言われている[5]。家族だけでなく，その外にも，子どもの心身の成長や人々の日々の生を支える可能性を持つ関係性は広がっている。これらの関係性をその可能性と期待において「親密圏」と考えたい。

親密圏における暴力

　親密圏をそのような関係性として捉えたとき，そこにおいて，愛情と信頼という期待が裏切られることの意味は深刻である。性暴力は，見知らぬ相手による被害と顔見知りによる被害とに大別できるが，内外の調査によれば後者が約8割を占めると言われている[6]。交際相手からの性暴力である

5　これは児童虐待の防止に携わる支援者の間で語られることであるが，たとえば，森田は「虐待を受けてからできるだけ早いうちに，寄り添って話を聴いてくれる人が周りにいたかどうかが大きな分かれ目になる」と述べ，保育士や教員，隣人など，子どもの周囲にいる大人たちの役割が大きいことを指摘している（森田ゆり「悲しみ語れる場を」朝日新聞 2007 年 10 月 19 日朝刊）。

6　東京強姦救援センターの 2009 年の電話相談の統計によると，79％が顔見知りの犯行となっている（東京強姦救援センター「年間電話数統計（2009 年）」センターニュース第 70 号 2010 年）。またアメリカ司法省の 2005 年から 2010 年までの統計では，Nonstranger による被害が，全体の 78％を占める（U.S. Department of Justice Bureau of Justice Statistics, Female Victims of Sexual Violence, 1994-2010, 4 (2013)）エストリッチは，これまで見知らぬ相手からの被害のみがレイプであるように理解されてきたが，顔見知りによる被害にこそ目が向けられるべきであると主張し，著書の最後で「シンプルレイプ（顔見知りによるレイプ）こそ真のレイプである」と述べている。Estrich, Susan, Real Rape 104 (Harvard University Press, 1987) [（中岡典子訳）『リアル・レイプ』192 頁（JICC 出版，1990)]。

デート・レイプの問題も，デート・DVとともに，ようやく日本でも関心が向けられるようになってきた。セクシュアル・ハラスメントも，職場だけでなく，キャンパス・セクシュアル・ハラスメント，スクール・セクシュアル・ハラスメントのように，学校現場でも，また放課後の塾や習い事，スポーツクラブなどでも被害は発生している。セクシュアル・ハラスメントといっても，職場における環境型セクシュアル・ハラスメントと違って，子どもが被害に遭う場合は性犯罪行為が含まれる深刻なケースが少なくない。児童虐待では，加害者の9割以上が親であるが，性虐待では，親以外の，子どもが知っている人間が加害者である場合が少なくないと言われている[7]。

　ドメスティック・バイオレンスは，その言葉の意味のとおり，英語圏では夫婦間だけでなく家族間の暴力を指す用法もあり，パートナーからの暴力と限定して使われる場合も，婚姻関係の有無にかかわらず，カップルにおける暴力を広く意味するものとして理解されている。日本では，「配偶者からの暴力の防止及び被害者の保護等に関する法律」（以下，「DV防止法」）において，配偶者からの暴力のみが対象とされたため，婚姻関係にない，特に若年層における交際相手からの暴力をデートDVと呼び，注意を喚起する取組が行われている[8]。内閣府の調査では，配偶者暴力について「女性の約3人に1人は配偶者から被害を受けたことがあり，約10人に1人は何度も受けている」という結果が出ており，交際相手からの暴力については「約10人に1人は交際相手から被害を受けたことがある」と

7　森田ゆり『子どもの性的虐待』（岩波新書，2008）5，8頁。したがって，地域や学校などで行われている「不審者」対策は，実はターゲットを取り違えているということになる。現在，日本の多くの地域や学校が力を入れているのは，専ら不審者（つまり「知らない人」）対策で，子どもにケアを提供する者，教育やスポーツ等の指導者については，そのリスクにほとんど関心が払われていないのが現状ではないだろうか。

8　手嶋昭子「日本におけるデートDV防止教育──NPOの実践」上野勝代他編『あたりまえの暮らしを保障する国デンマーク──DVシェルター・子育て環境』203-211頁（ドメス出版，2013）。

報告されている[9]。親しい間柄で起きる暴力は，本来あるべきはずと期待されていた信頼や愛情と矛盾するものであるがために，被害者に認知的な混乱を引き起こす。加害者の「愛しているから」「おまえのためだから」という言葉や，暴力も愛情の一形態とみなす多様な表現媒体の影響，拒否することの罪悪感など，他にも当該関係性ごとにそこから離脱することを困難にする様々な要因がある[10]。「夫婦／家族であれば愛情で結ばれた関係であるはずである」「教師は私心なく生徒の教育指導に努めるものである」等の，親密な関係性をめぐる社会規範のために，被害者はそれらに反する事実を他者に訴えにくく，周囲もまた，被害の過小評価や正当化を行い，「暴力」と認識してこなかった。性暴力も DV も，被害者の PTSD 発症率は高く，早期に適切なサポートや治療が受けられなければ，回復の道のりはしばしば困難なものとなる。被害者支援制度が整備されつつあるとはいえ，被害を誰かに相談すること自体ハードルが高く，被害者の多くが，被害の影響から来る生き難さを抱えながら沈黙を余儀なくされていると言われている。

　暴力が，見知らぬ人からであっても，見知った人からであっても，その防止や予防，被害に苦しむ人への支援が，現在の日本において，十分に行われているわけではない。そのような社会状況の中で，本書が，見知らぬ人からの暴力ではなく，特に，親密圏における暴力の問題を取り上げるのは，たとえば，家族の場合，「家族の絆」という繰り返される美名のもとに，そこで実は日常的に生起している暴力の問題を，特殊なこと，例外的なこととして，周縁に追いやってしまう社会的な「力」が常に作用していることの危険性に着目するためである。人々の「期待」や社会の中の「規

9　内閣府男女共同参画局「男女間における暴力に関する調査報告書〈概要版〉」3，6 頁（2012）http://www.gender.go.jp/e-vaw/chousa/images/pdf/h23danjokan-gaiyo.pdf（最終アクセス 2014/3/30）。

10　相手が周囲からも一定の信頼を得ている人間であれば，自分が被害を訴えても周りに信じてもらえるだろうかという無力感や，自分の方が悪いからではないかという自責の念，また相手が親や近親者であった場合，相手との関係を壊すことは，直ちに自分の居場所や生存の拠り所そのものを失うことになる。

範」は，被害者から声を上げる力を奪ってしまうだけではなく，周囲の人々の知覚に作用し，眼前で生起した事柄の理解を歪めてしまう。この「力」は，家族の場合だけでなく，他の親密な関係性においても，名を変え，形を変えて作用していると考えられる[11]。ジンガロの議論を参照すれば，その「力」は人々の生の経験を，社会秩序の維持に適合的なストーリーに組み替える「主流社会の物語」の持つ「力」であるとも表現できるかもしれない[12]。親密な関係性は，人々の人生を支え，人々がよりよく生きようとする意思，よりよい社会を希求する意欲を生み出す基盤ともなるものであると同時に，人々の生に破壊的な影響をももたらしうるという二面性を持つ。後者の側面を「主流社会の物語」によって覆い隠すことなく，その心理・行動のメカニズムと社会的コンテキストを検証し，法に何ができるのかを考えていかねばならない。

暴力発生のメカニズム

親密圏における暴力は，かつて家族「病理」や社会的「逸脱」というカ

---

11 たとえば，東北大震災の際，ある避難所では，女性の着替えのために段ボール等で衝立をしてほしいという要望に対して，避難所のリーダーである男性が「避難所のみんなは家族みたいなものだから衝立など不要」と認めなかったという（遠藤恵子「災害とジェンダーをめぐる諸問題」（東北大学グローバル COE「グローバル時代の男女共同参画と多文化共生」GEMC ジャーナル編集委員会）GEMC journal 第 7 号 7 頁（2012）。http://www.law.tohoku.ac.jp/gcoe/wp-content/up-loads/2012/04/gemc_07_cate2_2.pdf（最終アクセス 2015/8/27）。また，2010 年 2 月日本相撲協会理事選挙において，安治川親方が，一門が擁立した候補ではなく貴乃花親方に一票を投じた際，一門側及び親方自身のコメントの中に，一門を「家族」と呼び，その和を乱したという表現が使われていた（朝日新聞 2010 年 2 月 3 日夕刊 10 頁東京本社「造反退職揺れる角界立浪一門，安治川親方慰留」）。いずれも古い体質の残るコミュニティの問題と見ることもできるが，「家族」という観念が，集団内部で現実に起きていることから人々の目を背けさせる力を持つものとして利用されている例であるといえよう。
12 リンダ・ジンガロ『援助者の思想——境界の地に生き，権威に対抗する』（お茶の水書房，2008）。ジンガロは，性虐待のサバイバーであり，その他にも複数の周縁のアイデンティティを持ち，長年援助職につきながら，自らの活動の意義を研究という形でも公表した。

テゴリーの中で理解され，異常で例外的な状況とみなされてきた。しかし1970年代から，暴力が，年齢，階層，人種，社会経済的レベルを超えて存在し，危険な結果をもたらしていることが調査研究で明らかになっている。特に，暴力はそのケースの大半が加害者＝男性，被害者＝女性という組み合わせになっていることから，「なぜ男性は女性に暴力をふるうのか」という問いが社会学，心理学，生物学等の分野で探求されてきた。戒能が紹介しているように，これまで，家族による暴力に関する理論は，個人的要因を重視する個人理論，被害者──加害者間の相互作用を重視する社会的相互作用理論，暴力的文化や家父長制社会の影響などを重視する社会的文化理論が提唱されてきた[13]。ハーウェイ＝オニールのモデルにみられるように，現在では，暴力の原因を単一の要因に求めるのではなく，多様な要因間の相互作用として把握する研究も進められており，そこでも，女性を抑圧する方向へ作用する全ての制度的構造を含む社会文化的要因の影響の大きさが注目されている[14]。

　DVのサバイバーが中心となって被害者支援活動を行っている団体であるレジリエンスによれば，暴力をふるう人間は，自分の周囲を「よく思われたい相手」と「見下す」相手に分け，前者には好印象を与えるようにふるまうが，後者には支配的・虐待的態度をとると説明されている[15]。相手

13　戒能民江『ドメスティック・バイオレンス』23-25頁（不磨書房，2002）。
14　ハーウェイとオニールは，それまでの研究を整理，検討し，「男性による女性に対する暴力リスクを説明する改訂多変量モデル」を定式化している。そこでは，男性が女性にふるう暴力の発生原因として下記の諸要因を抽出し，単一の要因に依拠するのではなく，各要因間の相互作用も含む，複合的モデルを提示している。①巨視的社会の要因②関係要因（暴力の素因あるいは誘因となるようなパートナー間の相互作用，対人関係のパターン）③生物学的要因（暴力の素因あるいは誘因となるような，男性の進化的，生理学的，神経解剖学的，遺伝的，ホルモン的全次元），④心理学的要因（暴力の素因あるいは誘因となる価値，態度，行動を生みだす男性の認知的，感情的プロセス），⑤社会化の要因（暴力を振るいやすくする価値，態度，行動の内面化），⑥心理社会的要因（①，④，⑤間の複雑な相互作用），⑦相互作用リスク（①～⑥間の相互作用）を挙げている（ミッシェル・ハーウェイ＝ジェームズ・M.オニール編『パートナー暴力：男性による女性への暴力の発生メカニズム』216-218頁（北大路書房，2011））。
15　レジリエンス『傷ついたあなたへ2──わたしがわたしを幸せにするということ

を「見下す」理由は，人さまざまであり，性別，学歴，職業，収入，人種，民族，障害の有無等々，個々の社会の差別的状況が反映される。暴力をふるう人間は，誰に対してでも暴力的な態度をとるわけではない。たとえば，駅員や店員に対してだけ，ぞんざいな口のきき方をする，部下には尊大な態度をとるが，上司にはそうでない，など枚挙にいとまがない。人種差別の歴史をふりかえっても，残酷な差別を行った者たちも，その多くはごく普通の市民であり，同胞や家族にも同じような暴力をふるっていたわけではない。暴力は，選択的にふるわれる。相手は自分と同じレベルの人間ではない等の，何らかの意識が，普段はオフになっている暴力のスイッチをオンにすると考えられる。特に，男性から女性に対してふるわれる暴力の場合，その，スイッチをオンにする主たる理由が，ジェンダー・バイアスであると考えられている[16]。

性暴力については，一時的な衝動ではなく計画的犯行であることが多いこと，加害者は，性的欲求を満たす他の手段（他に性的パートナーがいるなど）を有していることなど，実は生理的欲求の充足とは別次元の行為——力によって女性を支配すること——であることが調査研究によって示唆されている[17]。DVは，第4章にみるように，その原因については議論があ

——DVトラウマからの回復ワークブック』28頁（梨の木舎，2010）。ここでの議論は，誰に対しても暴力的態度に出る，いわゆる反社会的人格障害者のケースなどは対象にしていない。暴力をふるう者にもさまざまなパターンがあるが，DVの加害者の大半がごく普通の社会人であり，人格障害や精神疾患を有している者は5％に過ぎないといわれている（ランディ・バンクロフト（髙橋睦子＝中島幸子＝山口のり子監訳）『DV・虐待加害者の実体を知る』104頁（明石書店，2008））。誰の目にも，「暴力的な人」であることが明らかな後者より，社会的評価や信頼を得ている前者のケースの方が，被害者が孤立させられ，被害の事実を訴えても周囲に信じてもらえず，被害が深刻化する。

16 精神科医として加害男性の治療に長くあたってきたギリガンは，理解のしかたは異なるが，やはり社会のジェンダー構造に注目する。ギリガンは，男性が暴力をふるうのは「恥をかかされた」と感じたときであって，その「恥」の観念は，男性中心社会の中で培われた男性としてのアイデンティティに由来すると分析している。ジェームズ・ギリガン『男が暴力をふるうのはなぜか——そのメカニズムと予防』97-110頁（大月書店，2011）。

17 たとえば，内山の加害者調査によれば，加害者が19歳以下の場合の79.0％，成人の場合の61.2％が計画的犯行であった（内山絢子「性犯罪の被害者の被害実態

るが，加害者の持つ男性としての特権意識に注目する考え方が，少なくともフェミニスト研究者や支援の現場では最も支持を集めている[18]。また被害者の心理・行動についても，女性に対する役割期待や経済格差など，ジェンダー・バイアスの影響が大きいことが知られている[19]。

　ここで，男性から女性へという組み合わせ以外の関係性において生起する暴力の問題は，どのように考えるべきかについて触れておきたい。被害の実態は，未解明な部分が大きいが，DV は，男性が被害に遭うケースもあること，異性愛カップルだけの問題ではなく，あらゆるカップルにおいても起きていること，LGBTI といった多様な性を生きる人々が性暴力被害に遭いやすいことについても，少しずつ声が挙げられ始めている。男性の性被害を取り上げた研究は，男性の性被害も，実は広汎に起きており，男性の被害者もまた，長く続く深刻な苦しみを抱えていると指摘している[20]。少年の性被害に関する研究報告は，男性が性被害の対象とされることについても，男性被害者の被害後の苦悩についても，そこにはジェンダー・バイアスが深刻な影響を与えていることを明らかにしており，人々

　　と加害者の社会的背景（中）」警察時報 55 巻 11 号 45 頁（2000））。性的ストレスに関する質問について，「相手に不自由」していると答えた者は，加害者が 19 歳以下の場合 39.8%，成人の場合 34.2%にとどまっている（同「性犯罪の被害者の被害実態と加害者の社会的背景（下）」警察時報 55 巻 12 号 55-56 頁（2000））。また牧野が継続的に面接調査を行った連続強姦事件の加害者は，検察官から風俗関係の店に行って性的不満を解消することは考えなかったのかと聞かれ，全く考えたこともなかったので驚いたと述べている。牧野によれば，この加害者にとって，女性を強姦することは，職場や家庭で喪失していた自信を回復させ，目標だった父を超えて強者になったと実感し，父の縛りから解放されることを意味していた（牧野雅子『刑事司法とジェンダー』85，189-191 頁（インパクト出版会，2013））。
18　エレン・ペンス＝マイケル・ペイマー編（波田あい子監訳）『暴力男性の教育プログラム──ドゥルース・モデル』1-26 頁（誠信書房，2004），バンクロフト・前掲注 15，366-384 頁。
19　戒能・前掲注 13，4 頁，同編『DV 防止とこれからの被害当事者支援』72 頁（ミネルヴァ書房，2006），小西聖子 129-131 頁『ドメスティック・バイオレンス』（白水社，2001）。
20　岩崎直子「男性の性被害とジェンダー」宮地尚子編『トラウマとジェンダー』64-80 頁（金剛出版，2004），リチャード・ガードナー（宮地尚子他訳）『少年への性的虐待──男性被害者の心的外傷と精神分析治療』（作品社，2005）など。

の想像を凌駕する規模で，少年への性被害が起きていることを示唆している[21]。これまで，特に男性の被害については，数が少ない，女性の被害とは別問題である，男性は女性ほど傷つかない[22]等の理由で，女性への暴力の問題と統合的に研究されたり，議論されたりすることはほとんどなかった。男性の被害に言及することが，女性への暴力を過小評価することにつながったり，暴力の原因である男女格差の問題から目を逸らすことになるのは避けなければならない[23]。しかし，男性への暴力もまた，ジェンダーに基づくものであるならば，女性への暴力と男性への暴力はコインの裏表のように密接につながっている可能性があり，両者をつき合せて検討することから，さらに明確に社会構造の性差別性が浮き彫りにされるのではないだろうか[24]。あらゆる性からあらゆる性への全ての暴力の問題が，今後比較研究される必要があるだろう。

裁判における「経験則」

このように，かつて例外的事象として周縁に位置づけられてきた親密圏における暴力は，実は社会に蔓延する深刻な問題であるとその評価が一変したわけであるが，この事態に対して，司法が適切な理解を欠いてきたことについては，司法におけるジェンダー・バイアスの問題として，つとに

21　ガードナー，同上，88-125，40-44 頁。
22　これもまた，女性の被害に関するものとは別の，「強姦神話」である。ガードナー，同上，37-38 頁。
23　たとえば，谷田川知恵は，女性以外の性の人々への被害に言及し，「彼女ら・彼らへの性暴力を処罰する必要性は理解されやすいだろうが，しかしながら，それは被害者の類型化につながりやすく，およそ男女間に存在する不平等を再び見えにくくする傾向があることに留意する必要がある」と述べている（谷田川知恵「性暴力と刑法」ジェンダー法学会編『講座ジェンダーと法 第3巻 暴力からの解放』196 頁（日本加除出版，2012））。
24　この点につき，ガードナーの訳者の一人である宮地のあとがきが参考になる。宮地尚子「「男性への性暴力」から見えてくるもの──訳者解説にかえて」ガードナー・前掲注20，453-456 頁。

指摘されてきたところである[25]。第2章でとりあげる離婚裁判においても、民法770条1項5号の「その他婚姻を継続しがたい重大な事由」の認定判断は、「当該婚姻に現れた一切の事情を考慮して客観的に決する」ものとされているが、「その判断は困難なことも多く、最終的には社会通念と経験則に従った裁判官の裁量に委ねられるほかはない」とされている[26]。たとえばDV防止法について、「配偶者が同法に規定する行為を行ったことが、離婚原因との関係でどのような意味を持つかは明らかではないが、社会における「配偶者間暴力の禁止」の要請が一つの社会通念の内容をなすことは考えられる」と実務家は指摘する[27]。配偶者暴力がDV防止法で「人権侵害」と宣言されている一方で、それを直ちに「社会通念」とみなすかどうかについて、司法の対応は決して否定的ではないが極めて慎重である。では、裁判官にとっての「社会通念」「経験則」はどのように構築されるのだろうか[28]。特に、親密圏に関する暴力のように、これまでの「常識」（男性中心に解釈されてきたドミナントな物語）を否定する、社会に動揺を与え続けている問題について、実態に即した知識や情報を得るだけでなく「理解」するのは、容易ではない[29]。第5章で考察するが、アメリカの

25　第二東京弁護士会両性の平等に関する委員会＝司法におけるジェンダー問題諮問会議『事例で学ぶ司法におけるジェンダーバイアス』（明石書店，2003），同『事例で学ぶ司法におけるジェンダーバイアス（改訂版）』（明石書店，2009），角田由紀子『性の法律学』（有斐閣選書，1991），同『性差別と暴力——続・性の法律学』（有斐閣選書，2001），同『性と法律——変わったこと，変えたいこと』（岩波新書，2013）など。

26　離婚事件実務研究会編『判例にみる離婚原因の判断——その他婚姻を継続しがたい重大な事由』6頁（新日本法規，2008）。

27　同上，6-7頁。

28　裁判官も日常の自己の経験，自分の所属する準拠集団のもつカルチャー（専業主婦の存在を前提とし，配置転換や残業に対応可能な，「男性稼ぎ主」中心型雇用慣行というジェンダー・バイアスに満ちた職場）から自由ではなく，彼らの言う「社会通念」もその経験から構築されていると考えられる。南野佳代「法曹継続教育とジェンダーバイアス」南野佳代編『法曹継続教育の国際比較——ジェンダーから問う司法』12頁（日本加除出版，2012））。

29　たとえばDV被害者の支援をするためには，被害者心理に関するトレーニングを一度や二度受けただけでは十分ではない。現場の支援者も繰り返し研修を受け，ケース会議を開いて関係者間で議論を重ね，また精神科医などからスーパーバイ

裁判所が，NGO と連携協力してジェンダー・バイアスの排除に取り組ん
だ例のように，公平・公正な判断を目指す裁判官を援助するために，社会
に生起している「事実」に関する適切な情報の更新が必要になってくる。
DV，性暴力の発生要因，加害者─被害者の関係性におけるダイナミズム，
被害者に及ぼされる長期的影響等──最新の研究成果でも，すべてが解明
されているわけではないが，その知見を入手することは公正な司法の実現
のためには必須であると思われる。裁判官の個人的な知識及び経験と職業
上のコミュニティ内で共有されている知と，そして各種メディアを媒体と
して社会に流通している情報をもとに「社会通念」「経験則」が構成され
ているとするならば，次々と明らかになる社会の諸問題をめぐる新たな事
実に対応するには，さらなる研修の充実が必要であろう[30]。

暴力下の「合理的」人間

　性暴力や DV の問題は，司法が前提としてきた「自律的合理的人間像」
についても，新たな批判的視角を提供してくれる。たとえば，性暴力被害
の場合，相手が突然自分の意思を踏みにじって性行為を強要するという衝
撃や恐怖のため，被害者の多くが，頭が真っ白になり，足がすくみ体が硬
直して抵抗したり逃げたりできなくなると言われている。従来，このよう
に「抵抗しない」「逃げない」被害者の状況は，被害者個人の脆弱性によ
るものか，そうでなければ「合意」の存在を推測できる根拠とされてきた。
「合理的」な人間であれば，反撃するか，逃走するか，が可能なはずであ
る──これをエストリッチは，「ボーイズ・ルール」とよび，対等な力関係
にある男性同士を想定した基準であると述べている[31]。さらに，「望んでい
なかったのであれば，〜したはずだ／しなかったはずだ」という裁判の場

　　ズを受けることで，自らのバイアスをチェックし，理解を深め，感性を磨いてい
　　く不断の努力を積み重ねることが求められている。
30　法曹継続教育の中でも，裁判官の研修を中心に各国の比較調査を行った成果を
　　まとめたものとして，南野・前掲注 28。
31　Estrich, *supra* note 6 at 60（エストリッチ・前掲注 6，112 頁）。

で適用される「経験則」の多くは，「貞淑な女性」と「性的にルーズ」な女性を分類し，ステレオタイプな行動パターンを基準としたものと指摘している[32]。

　前者は，男性を基準として女性を裁くことの可否の問題であり，後者は，女性の性的自由や生命身体という保護法益より，貞操を重視する考え方の適否である。いずれも既に多くの批判を受けている論点であるが，ここでは，特に前者の問題に注目したい。女性被害者の心理や行動を，男性を基準に評価することの不適切さ，そしてそれを「合理的」普遍的基準として適用することの欺瞞性が，フェミニストたちによって厳しく批判され，男性中心ではなく，被害者中心（実質的には女性中心）の司法が求められてきた。たとえば，谷田川は，被害者の行動を「論理則，経験則に照らして不合理」と断定する判決を挙げ，「その「経験則」は，平均的な被害者の経験からも，精神医学的知見からもかけ離れたものである」と述べている[33]。しかし，現実に生起している男性の性被害のケースを考慮するならば，司法が前提とする基準は，実は，男性にも適用することのできない，幻想の産物に過ぎないということになる。対等な力関係にある男性，というモデルは，社会の実情に即して吟味するとき，必ずしも現実的ではない。関係性における力の格差は，筋力だけの問題ではないことはいうまでもないが，セクシュアリティは，人間にとって，極めて個人的であり，愛情や信頼，恥や罪悪感，苦痛と快感といった，アンビヴァレントかつ繊細な情動に関わるものであり，かつまた無意識の領域にまで侵入してくる全感覚

32　このような基準は，かつて，武士の妻が貞操を守るために自害も厭わないことを求められていた封建時代を髣髴とさせるものがある。エストリッチは，英米法においても，被害女性の純潔性がレイプ成立を左右する要因となっていることを論じている（Estrich, *supra* note 6 at 47-50（エストリッチ・前掲注 6，91-96 頁）。日本の裁判例の状況については，角田の一連の著書（前掲注 25）が詳しい。また友根は，強姦事件の判決文をもとに，裁判官が被害者の意思を推論する過程において，被害者に適用される「貞操観念がある人／ない人」というカテゴリーがいかに重要な働きをしているかを分析している（小宮友根『実践の中のジェンダー——法システムの社会学的記述』215-224 頁（新曜社，2011））。

33　谷田川・前掲注 23，190 頁。

16

的な体験を伴う。どのような性別であれ，暴力がセクシュアリティを利用して行われるとき，殴られたから殴り返せばいい，というような単純な体験ではなく，これまで疑うことなく信頼していた世界が崩壊する，まさに深刻なトラウマを引き起こす出来事なのである。そうであるならば，ボーイズ・ルールは，どのような性別の被害者に対してであれ，画一的には適用できない非現実的な基準である。言葉を変えれば，性暴力の脅威に曝された人間——その性別を問わず——の心理や行動の実際には合致しない「不合理」な基準と言わざるを得ない。

　DV の場合も，被害者が「逃げられない」心理のメカニズムもまた，自律的合理的人間像の修正を迫るものである。被害者は，加害者からの暴力による恐怖，精神的な支配による無力化等[34]により，「罠にかけられ」，逃げられなくなるといわれている[35]。調査研究により，被害者には明白な特徴がなく，誰でも被害者になり得ると報告されているが，社会が被害者に向けるまなざしはそうではない——女性は精神的に弱いから，被害者はもともと依存的な性格だったから，等々——。しかしながら，DV 加害者が仕掛ける巧妙な「罠」にかかってしまうのは，女性だけでも，依存的な性格の者だけでもない[36]。また，配偶者だけでなく，その周りの人々——父母やきょうだい，子どもたち，友人・知人など——も操作の対象となることが少なくない。直接暴力をふるわれなくても，加害者の支配を貫徹するため，加害者以外の家族友人が一致団結しないように，反目しあうように仕向けられ，相互の信頼関係は分断される。

　親密圏において，人が人を支配し，貶め，力を奪っていく，ということ

34　レジリエンス『傷ついたあなたへ』27-29 頁（梨の木舎，2005）。逃げられない理由には，人により様々なものがあるとし，「離れられない理由」として 50 例を挙げている。

35　Evan Stark, *Rethinking Custody Evaluation in Cases Involving Domestic Violence*, Journal of Child Custody, 6: 287-321（2009）. Stark, Coercive Control（Oxford, 2007）.

36　加害者が夫＝男性であるとき，被害者はその妻＝女性であるが，表に出てくるケースは少ないものの，その逆もあると言われている。妻が加害者である場合，その動機や心理の解明はまだ十分に進んでいない。男性加害者と同一に考えられるかどうかは現段階では不明である。

は，様々なテクニックによって可能となり，対象者の性別に関わらず，人間の心理の間隙をついて，実行されていく[37]。性暴力やDVの事例によって，セクシュアリティを利用した暴力や，ジェンダーを含む多様な「力」の格差を背景とした心理的操作によって，人々が，いかに意に反した行為を強いられ，支配と服従の関係性に縛り付けられてしまうのかが，明らかになりつつある。そのような局面にあって，決して誰もがもはや，「合理的」でも「自律的」——かつて想定されていた意味において——でもありえない。このような社会の現実が司法の場に適切に反映されるように，裁判官が個々の事件を社会的コンテキストにおいて理解し社会の最先端の知識と情報に触れ，公平かつ公正な判断が下せるような，情報提供等の制度的支援の整備が必要である。

自律／自立を支援するということ

　被害者支援における鉄則は，被害者の意思の尊重とされている。PTSD等，暴力による心身への影響や，これまでの生活を捨ててシェルターへ逃げるという環境の変化が余りに大きすぎること等から，被害者自身も自らの「意思」をはかりかねることがあるという。その場合でも支援者は「意思」を尊重しなければならない。「指示」や「助言」，「説得」ではなく，心がけるべきは「傾聴」であり，あくまで「情報提供」，「選択肢の提示」に徹しなければならない[38]。その理由は，第一には，被害者の問題は，本

37　例えば，北九州連続監禁殺人事件や，獄中で死亡した角田美代子元被告の事件など，男性も巻き込まれ，虐待を受けるだけでなく，自らもまた犯罪行為を命じられて実行している。暴力による恐怖からであったとしても，身内同士で殺し合うという事態を，メディアは「未曽有」の事件として扱ったが，用いられていた支配のテクニックは，決して珍しいものではなく，そこで繰り広げられていた支配と従属の関係は，程度の差こそあれ，DVの事例の中で語られてきたことに，そのまま重なっている。DVの加害者が，被害者に命じて万引き等の軽微な犯罪行為をさせたり，子どもを虐待させたりすることは少なくない。被害者の自己評価を低下させ，罪悪感を抱かせることにより，外部に助けを求める資格がない，逃げられないと思わせる戦略であるといわれている。

38　支援の手法については，尾崎礼子『DV被害者支援ハンドブック——サバイバー

人が一番よく知っているから，第二には，「加害者と同じことをやっては
いけない」から [39]。長年の抑圧から解放された後，被害者はそれぞれのペー
スで「自分を取り戻」していくといわれているが，それをある被害者は，
冷たい海で泳ぐことに譬えて，次のように記している。

　夫といた生活は安全ではありませんでしたが，冷たい広い海に飛び込むの
は勇気がいりました。泳ぎ方さえ忘れてしまった中，先も見えない広い海に，
子どもと浮かばなければならないことは，恐怖しかありません。夫といれば
少なくとも不安からは逃れられる，そうした思いからとどまり続ける女性も
多いのだと思います [40]。

　日本の場合，暴力から逃れてシェルターに入所し，そこを出るまでは支
援が行われるが，その後は全く何の支援も用意されていない。シェルター
退所後，また大海に飛び込む思いだった被害者も，しだいに「忘れていた
泳ぎ方を思い出」し，「いかだ」を作り，少しずつ安心と自信を取り戻し
ていったという。そのためには，「船着き場」のような休めるところ（こ
の場合は NPO による生活再建を支える拠点）が必要で，そこで支援者や他
の被害者たちと交流し，一人ではないと感じることができたことが大きい
と述べている。

とともに』（朱鷺書房，2005），鈴木隆文＝麻鳥澄江『ドメスティック・バイオレ
ンス──援助とは何か　援助者はどう考え行動すべきか（改訂版）』（教育史料出版
会，2004）が詳しい。
39　バンクロフトは，DV 加害者がやっていることをリストアップして，被害者を
支援するためにはその逆の人になるようにとアドバイスしている。加害者は①被
害者を酷く抑圧している，②被害者を見下している，③被害者にとって最善のこ
とを，本人よりもよく知っていると考えている，④会話を独占する，⑤被害者の
人生をコントロールする権利があると信じている，⑥子どもに必要なことは被害
者よりも分かっていると考えている，⑦被害者に代わって考える（バンクロフト・
前掲注 15，423-426 頁）。
40　某シェルターのニューズレターに掲載されていた文章から引用している。当事
者の安全のため出典を明記できないことをご理解願いたい。

性暴力やDVによる被害は，人の心身を傷つけ，自律／自立[41]を阻害する。身体的傷害や疾病は治癒しても精神的なダメージからの回復には長期間を要するとされている。その際に必要なことは経済的支援や，就労・住居の確保，子どもへの学習支援等とともに，心理的なサポート及びその中で当事者が支えられる新たな親密圏の形成である。人が自律／自立するには，物資や金銭だけでは十分ではない。DV被害者の場合であれば，先にあげた例のように，暴力のある関係性にとってかわる，新たな関係性──同じ境遇の友人たちや支援者たちのネットワーク等──である。恵まれた状況にあり，自分は自律／自立していると考えている人達も，実はその人を支える有形無形のネットワークが，今現在及び過去に遡って存在したからこそその自律／自立のはずである。生れ落ちたときから，誰の手も借りず，「自律／自立」できる人間はいない。そこから，個々の人生において様々な事情により「自立／自律」ができたりできなかったりしていく。それは様々な偶発的要因によるところが大きいはずだ。しかし社会は能力の問題，あるいは自己責任の問題ととらえ，どこまで社会の責任においてサポートしていくかについて，制限的に考え，サポートされる側に烙印を押してきた[42]。日本におけるマイノリティと呼ばれる人々の人権を「「一人前」でない者の人権」として検討を加えた小畑は，今現に「自立／自律」できていない者に対する日本の人権保障は，国家による「管理」でしかないと論じている[43]。生活保護法を「生活保障法」と名称変更し，その権利性を明確にすることを主張する稲葉も，政治家の一部の生活保護に対する考え

41　ここでは，DV被害によって奪われた自己決定の力と，経済力を取戻し，加害者から離れて，自分らしく生きることを「自律／自立」という表現によって指し示している。「自律」「自立」という個々の概念の定義については従来多くの議論があるが，ここでは立ち入らず，被害者支援との関連で，「自律」「自立」をどのような意味を持つものとして捉えるべきかについては，今後の課題としたい。

42　差異のカテゴリー化とスティグマの問題について，Martha Minow, Making All the Difference: Inclusion, Exclusion, and American pp.94-97（Cornell University Press, 1990）参照。

43　小畑清剛『「一人前」でない者の人権──日本国憲法とマイノリティの哲学』229-230頁（法律文化社，2010）。

方の根底には、「生活保護を当然の権利としてではなく、国家による恩恵や施しとして見る前近代的な社会福祉観がある」と指摘する[44]。

　長年の暴力に傷ついた被害者も、一つ一つ自己決定を支えられることで、力を取り戻していく、その人間のレジリエンス（回復力）から、人が人として生きていく上で、必要不可欠なものは何か、ということが見えてくる。またそこにおいて、人を「有能／無能」とカテゴライズすることの無意味さもみえてくる。経済的支援はもちろんであるが、意思を尊重されること、またその前提として、自由な意思決定を可能にする諸条件が整備されていること、精神的な境界線を侵害せず相互に尊重しあうネットワークが存在すること[45]――これらを総合的に保障する支援のシステムを、人は権利として享受することができる、そのような社会を、私たちは選択し、構想していくべきではないだろうか。

　第1章は、性暴力の問題を対象とし、第1節では、日本法の対応を検討するため、米国の議論を手掛かりに、刑法における強姦罪規定が、被害者の経験を反映していないことを指摘し、第2節では、さらに詳細にアメリカにおけるレイプ法の変遷と保護法益をめぐる議論を検討し、加害者が知人かそうでないかで法の対応が異なり、その背景には男性の女性に対する所有意識が影響していること、また身体的暴力以外の態様の被害が軽視される傾向にあることを指摘した。最後に保護法益について様々な見解を比較検討し、被害者の経験に即した理解の必要性と、被害者の経験自体の多様性をどう考えるのかという問題点を指摘している。ここにおいて、性暴力被害者の心理や行動の「合理性」が問題とされ、被害者の経験とは解離した「経験則」によって、被害者の証言の信用性が裁かれていることが分析されている。

44　稲葉剛『生活保護から考える』169頁（岩波新書，2013）。
45　これはまさに、DV加害者がしていることの逆、である。加害者の行為を研究することで、どのような要因があれば、人は人として生きる力を失っていくのかが分かると同時に、どうすれば、人が生きる力を取り戻していくのかを、社会は学ぶことができるだろう。

第2章は，DVを取り上げ，第1節では，日本の離婚裁判におけるDV事例の扱われ方を検討している。そこでも，裁判官の事実認定が，DVの関係性におけるダイナミズムの理解を欠いていることが明らかし，第1章に続き，裁判官の経験則と被害者の経験との乖離について論じている。また，離婚原因の規定のしかた自体も，DVの実態にそぐわないことを指摘した。第2節では，カナダのDV法制を概観し，DVコート・プログラムが設置された経緯と主張されている効果について検討および被害者支援団体の活動の考察を行い，日本法への示唆となる点を剔出した。

　第3章は，日本の性暴力被害者支援のモデルとなったカナダの支援活動を考察し，被害者をエンパワメントする多様な実践を検討している。そこでは，被害者中心の支援アプローチが採用されており，被害者の意思の尊重を最優先課題としていることを確認し，フェミニズムと社会構築主義が思想的根拠となっていること，関係諸機関との連携や，世代を超えた活動の継承が課題となっていることを考察した。

　第4章は，DV被害者支援の問題を扱う。第1節はDV防止法下における日本の被害者支援制度について，自治体間格差の問題をとりあげ，その背景には，DVという被害の不可視性，支援やその手法に関する対立する考え方，行政の政策決定から実施に至るプロセスに内在する問題点があることを析出し，格差解消の方途を考察した。また，被害者の意思の尊重と安全確保という二つの支援目標がときとして衝突する問題についても論じている。第2節では，保護命令申立時の支援に関する考察から，被害者を守るために設けられた保護命令が，適切な支援がなければ利用自体が困難な制度であり，実効性に問題があることを論じている。

　第5章は，アメリカの法曹継続教育を概観したのち，アメリカのNGOであるNJEPがジェンダー・バイアスの問題を中心とする裁判官研修プ

ログラムを開発し，各州の裁判所と協働して司法におけるジェンダー・バイアスの撤廃に取り組んだ経緯と成果について考察した。日本においても，裁判官のジェンダー・バイアスの問題に対処する上で，NJEP の手法から参照すべき点を抽出している。

第 6 章は，DV 被害者の「支援を受ける権利」の構想を試みたもので，現行法下における DV 被害者の法主体性について検討し，既存の法理論から権利性の根拠となる手がかりを探す作業を行った。「権利」と構成することの是非をふまえつつ，その意義と必要性を考察し，今現在，自律／自立の力を失っている人々への支援の法的性格付けをどう考えるかを論じたものである。

◆ 第 **1** 部 ◆
法的対応の現状

◆ 第1章 ◆ 性 暴 力

第1節 日本における強姦罪規定の問題点

(1) 問題の所在

　女性に対する暴力の撤廃は，今や，世界的な重要課題の一つである。しかし，女性の人権が語られ，多くの社会で人々がその問題に目を向けるようになってからでさえ，女性に対する「暴力」は，長く人権問題として認識されることはなかった。1979年に採択された女性差別撤廃条約にも，女性の暴力に関して直接触れた規定はない。その後，さまざまなNGOフォーラムや国際機関での会議において，女性に対する暴力の問題が取り上げられ始め，1993年には国連総会で『女性に対する暴力の撤廃に関する宣言』が全会一致で採択されるに至った。同宣言は，女性に対する暴力が，男性の女性に対する支配及び差別並びに女性の十分な地位向上の妨害につながってきたこと等を認め，女性に対する①家庭内における暴力，②一般社会の中における暴力，③国家による暴力を，国は非難し，撤廃する義務を持つとしている[1]。

　日本では，女性差別撤廃条約を受けて，1999年に「男女共同参画社会基本法」（以下，基本法）が施行された。基本法3条の「男女の個人としての尊厳が重んじられること」に，女性に対する暴力の禁止が含まれるとされている。同年には，「児童買春，児童ポルノに係わる行為等の処罰及び児童の保護等に関する法律」も施行された。続いて2000年には「ストーカー行為等の規制等に関する法律」と「児童虐待の防止等に関する法律」

1　山下泰子「女性差別撤廃条約採択後の国際人権の展開」ジュリスト1237号，32-34頁（2003）。

が施行され，2001年には「配偶者からの暴力の防止及び被害者の保護に関する法律」が成立した。日本でも，女性や子どもなど，社会においてより弱い立場にある者が，日常的に，多様な形態の暴力の犠牲になっている現状が認識され，その防止のため社会全体が真剣に取り組む必要があることが理解されつつある。

しかしながら，このような特別法ではなく，刑法の分野において，女性に対する暴力の問題，とりわけ性暴力の問題に対する認識は，深化しているのだろうか。米国においてレイプ法（Rape Law）がたびたび改正され，特に1970年代以降，フェミニストたちの先導によって重要な改正が各州で行われたのに比べ，日本の強姦罪（刑法117条）は明治40年以来，規定に変更は加えられていない[2]。強姦罪の保護法益に関しては，かつて性的秩序ないし性風俗という社会的法益を擁護するものと理解されていたが[3]，現在では，個人の性的自由あるいは性的自己決定権であるといわれている[4]。その解釈，運用に関しても，個人の性的自由の保護という観点に即した変化は若干あるものの，「女性に対する暴力」の抑止，という視点から見たとき，未だ不十分であることが指摘されている[5]。

(2) 強姦罪の問題点 ── 抵抗の要件

日本における強姦罪の問題点は多々あるが，本節ではその中でも，被害者の「抵抗」の問題を取り上げ，日米を比較しつつ検討することにしたい。強姦罪における被害者の抵抗の有無は，米国では，レイプ成立の判断基準

2　明治期の強姦罪規定の変遷については，谷田川知恵「性的自由の保護と強姦処罰規定」法学政治学論究第46号509-513頁（2000）参照。

3　「強姦罪の罪は人格的自由に対する侵害である」としながらも，「その処罰の根本理由は結局其の風俗を害する点にあるもの」とする理解が一般的であった。小野清一郎『全訂刑法講義』521-522頁（有斐閣，1946）。

4　たとえば，大塚仁他編『大コンメンタール刑法 第7巻』4頁（青林書院，1992）。「性風俗ないし性秩序を害するという側面がないわけではないが，それはむしろ副次的なものであり，本的には個人の性的自由を侵害することを罪質とする個人的法益に対する罪として理解されるべき」とする。

5　角田由紀子『性差別と暴力』180-209頁（有斐閣，2001）参照。

とされてきた[6]。すなわち，被害者の抵抗が，レイプの成立要件である「暴力」や「脅迫」あるいは「不同意」を示すと考えられてきた。かつては，「最大限の抵抗」が要求され，被害者は全ての身体的能力と機能を駆使して抵抗しなければならず，仮にそのような抵抗が行われれば，性行為は不可能であるとさえ考えられていた[7]。1950年代から1960年代になると，そのような抵抗を被害者に求めることで，加害者の暴力がエスカレートし，被害者が死や重大な身体的損害をこうむる可能性が高まることがようやく司法の場でも理解されるようになり，「合理的な抵抗」へと要件が緩和された。恐怖のために凍りついたようになり，抵抗したくてもできない状況や，抵抗することでかえって加害者を刺激する可能性がある場合には，被害者は抵抗しなくてもよいことが認められたのである。さらに，70年代の改正によって，いくつかの州では抵抗の要件が廃止され，その後もレイプ法をめぐる議論では，抵抗の要件を排除せよという意見が強い。

　日本の強姦罪においても，被害者の抵抗の有無が重視されてきた。これに対する批判も既に多々なされている。しかし，例えば，町野は，(1)被告人が無罪となった事例で，「やめてくれ，帰らせてくれ」と泣く女性を押し倒して性行為を強要したケース[8]や，(2)被害者は全治3日を要する背部圧創，右上膊圧痛，肛門出血等の傷害を負ったが，明白な暴行がなかったとされたケース[9]，(3)おれは刑務所から出てきたばかりだ，言うことを聞かなかったらどうなるか分からない，親兄弟を殺してでも連れ戻す，と言ったケース[10]，(4)騒いでも無駄だ，キスさせてくれないと朝まで帰さない，

6　米国のレイプ法に関しては，Susan Estrich, Real Rape（Harvard University Press, 1987）[（中岡典子訳）『リアル・レイプ』（JICC出版局，1990）]，Stephen J. Schulhofer, Unwanted Sex: The Culture of Intimidation and the Failure of Law,（Harvard University Press, 1998）参照。

7　このような固定観念は強姦神話と呼ばれている。詳しくは，東京・強姦救援センター編『レイプ・クライシス──この身近な危機』75-111頁（学陽書房，1990），杉田聡『レイプの政治学──レイプ神話と「性＝人格原則」』15-43頁（明石書店，2003）。

8　広島高判昭和53年11月20日判時922号111頁。

9　山口地判昭和34年3月2日下刑集1巻3号611頁。

10　大阪地判昭和46年3月11日判タ267号376頁。

服を破って帰れなくしてやると言ったケース[11]，などを挙げて，「被害者は
…いずれも積極的な抵抗を示していない。……このような場合は行為者と
しては被害者が本当に姦淫されるのを拒絶していないのではないかと思っ
たとしても，あながち不合理ともいえない」と述べている[12]。町野は強姦
罪を性的自己決定権の侵害と捉えているようだが，ここで強姦罪成立の判
断基準としているのは，上記のようなケースにおいて，被害者の自由な性
的決定が加害者の言動によって妨害されているか否かではなく，男性の視
点から見たとき，当該状況においてその女性が同意していないと判断でき
るかどうか，にあるように思われる。(1)のように明白な言語上の抵抗もあ
り，しかも泣いている女性に対し，「同意がある」と考えるのが，「合理
的」であるとすれば，それはいかなる判断基準に基づいて評価された合理
性だろうか。加害者の判断の「合理性」によって強姦罪の成否を決するの
であれば，「合理性」それ自体の判断基準が，女性一般にとっても了解可
能なものである必要がある。そうでなければ「合理的」とは言えないであ
ろう。いわゆる強姦神話として批判されている性をめぐる俗説や，旧来の
男性優位の性道徳ではなく，強姦罪の保護法益と謳われている「性的自
由」あるいは「性的自己決定権」の視点から，判断基準が抽出されるべき
ではないだろうか。

(3) 財産権侵害との比較

　刑法177条は，被害者の「不同意」と加害者の「暴行・脅迫」を強姦罪
の要件としているが，同様に米国の多くの州でも，このような「不同意」
プラス「暴力」がレイプの構成要件とされてきた。これをマッキノンは，
「サド＝マゾヒスティックなセックスの定義を前提としている」と評して
いる[13]。不同意と暴力の両者がそろってはじめてレイプとなるということ

11　大阪地判昭和47年3月27日判タ283号332頁。
12　町野朔『犯罪各論の現在』296-298頁（有斐閣，1996）。
13　Catherine A. Mackinnon, Toward a Feminist Theory of the State, 172（Harvard University Press, 1989）.

は，いくら暴力がふるわれても相手の同意があればレイプではない，ということを意味する。日本の強姦罪も状況は基本的に変わらない。谷田川が指摘するように「暴行・脅迫によって真摯な承諾がなされるということは考えられない」し，「およそ性交には有形力が付随しても，暴行は付随しない」[14] と思われるが，日本の判例・学説は必ずしもこのような立場に立っていないようである [15]。

　ところで，「暴行・脅迫」によって要求されている目的物が，性交ではなく，金銭であった場合，法はどのような対応をしているのだろうか。日本の場合，強要罪（刑法223条1項）の構成要件である「暴行・脅迫」は，被害者の犯行を抑圧する程度のものであることを要しない，と解されている [16]。米国においても同様に，金銭目的の場合は，被害者が抵抗したか否かは問われない。さらに，強要罪のケースは，警察に届け出る，関係機関に告発する，自力救済を試みる等，他に利用可能な選択肢があるのが普通であるが，そのような場合でも，他の方法を選択することなく要求に屈した相手方は，あくまで強要罪の被害者として扱われる。シュルホーファーは，金銭目的の場合に犯罪とされる脅迫行為は，性交目的の場合にも許されてよいはずがないと主張し，性的な要求の場合でも，脅迫の内容が，相手が当然に有する法的権利を侵害するものであれば，抵抗の有無，他に利用可能な選択肢の有無に関わらず，相手方の自由な性的選択をなす権利の侵害行為として，犯罪を構成すると考えるべきだと提案する [17]。

　なぜこのように，財産権侵害の場合と，性的自由の侵害の場合とで，刑法は全く異なる対応をしてきたのだろうか。一つには，犯罪となる性行為とは何かを判断する際に，当然参照されるべき，「通常」の性行為，「合

14　谷田川・前掲注2，517-518頁。

15　日本の強姦罪では，「暴行・脅迫」は，「相手方の抗拒を著しく困難ならしめる程度」のもので足りるとされており，「相手方の抗拒を著しく困難ならしめる程度」とは，「被害者の年齢，精神状態，行為の場所，時間等諸般の事情を考慮して，社会通念に従って客観的に判断されなければならない」とされている。大塚他・前掲注4，69頁。

16　木村光江『刑法（第2版）』239頁（東京大学出版会，2003）。

17　Schulhofer, *supra* note 6, at129-131.

意」ある性行為がどのようなものと考えられているか, という問題である。暴力を振るわれて金銭を強取されたとき, そこに同意があるとは通常考えられない。しかし, 暴力を振るわれて, あるいは, 脅迫されて, 性交が行われたとき, それでも相手には同意があるかもしれないと考える性文化の中で私たちは生きているということである。だからこそ, 抵抗という外形的行為によって不同意を示さなければ, 同意していないことを信じてもらえない。上記の判決のようなケースが, 犯罪とならず社会的に許容されるのだとすれば, そのような法制度の下で, 私たちの社会は「女性への暴力」を撤廃することができるのだろうか。

⑷　性的自由とは

　シュルホーファーは, セクシュアル・オートノミーを人権の中核的要素と捉え, 概念構成に正面から取り組み, 多様な性的状況を分類しながら, いかなる場合に, セクシュアル・オートノミーの侵害として当該性行為が犯罪となるのかを詳細に分析した。シュルホーファーの主張によれば, セクシュアル・オートノミーは, 三つの側面を持つ。第一は, 成熟した理性的な選択を合理的になす内的能力, 第二は許されないプレッシャーや強制からの外的自由, 第三は個人の身体的境界, 身体的完全性 (bodily integrity) である[18]。

　第一の側面は日本で言えば準強姦罪や法定強姦罪の問題に該当する。第二の側面が, 不十分ではあるものの, 強姦罪によって扱われる問題である。しかし, 第三の側面に関しては, 日本では十分に認識されていないのではないかと思われる。第三の側面は, たとえ, 自由な性的選択を妨害するような暴力や脅迫がなくても, 相手の有効な同意を得ているのか確認することなく, 性行為をなすことは, それだけで相手のセクシュアル・オートノミーを侵害している, と評価するものである。自分の身体に対してコントロールする権利を持っているのは自分だけであり, 誰も本人の同意なく他

18　*Id*. at 111.

者の身体に触れてよい権利などもっていないのである。明白な同意の意思表示がないにもかかわらず，相手に対して性的行為をなす権利を認める必要とは一体何だろうか。この観念が刑法上理解されるか否かが，おそらく日本において，「女性に対する（性）暴力」の撤廃にどこまで法が対応できるかの，試金石の一つとなるのではないかと思われる。

　以上，日本の強姦罪の問題点を米国でのレイプ法をめぐる議論を手掛かりに考察した。次節では，米国のレイプ法の変遷に焦点をあて，そこでの保護法益に関する多様な議論について詳細に検討し，日本法への示唆となる論点の抽出を試みたい。

第2節　レイプ法は何を守ろうとしてきたのか
——米国における強姦罪成立要件とジェンダー・バイアス——

(1)　問題の所在

　日本において強姦罪をめぐる議論は，1970年代の米国レイプ法改正に触発され，90年代頃より次第に注目されるようになってきた。2005年の刑法改正では，従来，量刑が不当に軽いと批判されていた強制わいせつ罪，強姦罪，強姦致死傷罪の法定刑が引き上げられ，さらに強姦および強姦致死傷については加重処罰類型が新設されている。また，性犯罪における女性の被害者には女性警察官が対応すべきであるとか，法廷において被害者が加害者と直接対面せずにすむ方法が考慮されるべきであるなど，司法手続きにおいて性犯罪被害者の保護が必要であるという認識も広まり，部分的には実現されるに至っている。しかしながら，性犯罪の名のもとに，私たちはいったい何を守ろうとしているのか，いったい何が性犯罪の本質であるのかという，根本的な問題に関しては，十分に議論が尽くされているとは言い難い。現在，強姦罪の保護法益が個人の性的自由あるいは性的自己決定であることは学説上異論がないようであるが，現実のケースを検討するとき，依然として「貞操」を保護法益とする考え方が強く残っている

と指摘されている[19]。

　ここでは，日本における強姦罪の保護法益をどのように捉えるべきかを考える手がかりとして，米国のレイプ法に関する議論を検討していく。具体的には，米国レイプ法の分析において今や古典的な業績となっているエストリッチの議論と，セクシュアル・オートノミー概念を中核にすえて新たなレイプ法の構築を試みるシュルホーファーの主張を中心に取り上げる。

⑵　シンプル・レイプ排除の理由

　エストリッチは，1987 年の著作 Real Rape において，米国レイプ法が英国コモン・ローの影響下にあった時代から，フェミニズムからの批判によって法改正が行われた 1970 年代以降までを視野に入れ，米国レイプ法の問題点を分析している。エストリッチの分析の結論は，米国において，法システムがレイプ事件をふるいにかける際の最も決定的な基準は，一貫して当事者の関係性であった，とするものである。当事者の関係性，すなわち，加害者が被害者の顔見知りであったかどうかによって，犯罪としてのレイプの成否が決定されてきたという。

　エストリッチは従来，暴行罪について用いられていた加重犯／単純犯という区別をレイプにも適用し，以下のようにレイプを分類した。

○アグレベイテッド・レイプ（aggravated rape）……「外的な暴力（銃，ナイフ，あるいは殴打）を伴うか，加害者が複数か，あるいは被害者と被告人との間にそれまで個人的な関係がまったくなかったもの」

○シンプル・レイプ（simple rape）……「加害者が一人で，そして被害者の女性を知っていて，しかも彼女を殴打したり，武器で脅したりしないケース」[20]

19　角田由紀子『性差別と暴力』189-197 頁（有斐閣，2001），第二東京弁護士会司法改革推進二弁本部ジェンダー部会司法におけるジェンダー問題諮問会議編『事例で学ぶ　司法におけるジェンダー・バイアス』298 頁（明石書店，2003）。同『事例で学ぶ 司法におけるジェンダー・バイアス（改訂版）』149，159 頁（明石書店，2009）。

20　Susan Estrich, Real Rape 4（Harvard University Press, 1987）〔（中岡典子訳）『リア

　前者は，米国で長く流布してきた以下のようなレイプ観に合致するタイプのものである。すなわちレイプとは，「藪の中から突然現れた，銃を持った見知らぬ男に，襲われる」もので，人々の日常からはかけ離れた，凶悪で異常な犯罪である，と[21]。後者は，デート・レイプなどを含む知人間におけるレイプであり，現在では，レイプ被害の各種実態調査によって，レイプの大半が実はこちらのケースであることが明らかになっている[22]。この二つのタイプのレイプが，米国レイプ法においてどのように異なる扱いを受けてきたのか，以後，エストリッチの議論をみてみよう。

　レイプ法において，最も重要な要素とされてきたのは，被害者が性行為に同意していたかどうか，という点であった。たとえば，レイプの定義をみると，英国のコモン・ローにおいては，レイプとは「女性の意に反し，性行為を行うこと」とされていた。当初コモン・ローの定義を採用していた米国のレイプ法は，やがて「力の行使によって（by force, forcibly）」という文言を加えるようになる。たとえば，1895 年のウィスコンシン州法では，レイプとは「14 歳以上の女性を，力の行使により（by force），彼女の意に反して，姦淫する」ことと定義されていた。「力の行使」という語が付け加えられたのは，当該行為が女性の「意に反して」いたことを証明するためであると言われている[23]。

　法廷は，女性の「不同意」を証明するものとして，加害者が暴力をふ

ル・レイプ』15 頁（JICC 出版局，1990）〕。

21　これは強姦神話としてフェミニストからの批判の対象となった，伝統的レイプ観の一端を表すイメージである。米国のものについては，Morrison Torrey, *When Will We Be Believed ? Rape Myths and the Idea of a Fair Trial in Rape Prosecutions*, 24 U. C. Davis L. Rev. 1013（1991），杉田聡『レイプの政治学──レイプ神話と「性＝人格原則」』（明石書店，2003），日本の強姦神話については東京強姦救援センター編『レイプクライシス──この身近な危機』（学陽書房，1990）参照。

22　Diana E. H., Russell, Sexual Exploitation 34-37（Sage, 1984）, Patricia Tjaden = Nancy Thoennes, *Prevalence, Incidence, and Consequences of Violence Against Women: Findings From the National Violence Against Women Survey*, 8（National Institute of Justice, 1998）. https://www.ncjrs.gov/pdffiles/172837.pdf（最終アクセス 2015/09/08）

23　Note（Cynthia Ann Wicktom）, *Focusing on the Offender's Forceful Conduct: A Proposal for the Redefinition of Rape Laws*, 56 Geo. Wash. L. Rev. 399, 402（1988）.

るったという証拠を求めた。加害者の暴力を証明するためには，被害者が
身体的に抵抗したことが要求された。被害者が言葉によって拒否の意思表
示をしたことが明白であっても，それは当該行為が女性の「意に反した」
ことの証明にはならなかったのである。性的な場面での女性の「ノー」は，
真意を表したものではなく実は「イエス」を意味するのだ，と解釈された。
これは，"No means Yes"[24] という表現で一般に流布していた考え方であ
る。女性の言葉は信用されず，身体的に抵抗したことだけが「不同意」の
意思表示とみなされた。

　そこで要求された抵抗とは，すべての手段，能力を最大限行使して犯行
が終わるまで続けられねばならないといった，きわめて過酷なものであっ
た[25]。このような「最大限の抵抗」基準は，1960年代になって修正される。
抵抗によって，「死や深刻な身体的障害という思いもよらない結果が引き
起こされ」る[26] ということが理解されるようになったためである。修正さ
れた基準は，「合理的な抵抗」と呼ばれ，被害者が，抵抗しても無駄であ
りかえって深刻な身体的傷害を招くだけであると合理的に信じた場合には，
最大限の抵抗は必要ないとするものであった。

　エストリッチの判例分析[27] によると，このような抵抗の要件も，実はア
グレベイテッド・レイプの場合には適用されておらず，シンプル・レイプ
の場合にのみ要求されたという。シンプル・レイプの場合，当事者が顔見
知りであることから，加害者は，被害者の加害者に対して抱いていた信頼
とその信頼が裏切られたことによる混乱を利用するため，多くの場合，物

24　*Id.* at 401 日本でも「いやよ，いやよも好きのうち」という同じ意味の言い回し
　　がある。現在では，性的な場面における女性の「ノー」をこのように解釈するこ
　　とは，誤りであると批判されており，強姦神話の一つとみなされている。

25　Brown v. State, 106 N.W. 536, 538 (Wis. 1906).

26　Note, *The Resistance Standard in Rape Legislation,* 18 Stan. L. Rev. 680, 685 (1966).

27　エストリッチが言及しているのは，主に上訴裁判所の判例である。その理由と
　　して，エストリッチは，「上訴裁判所の裁判官らの意見はアメリカでは法律を教え
　　るさいの基本的なテキストであり」「上訴裁判所が意見を述べるようなケース……
　　は法が禁止する限界を明確に示している」ため，上訴裁判所の判例をみることで
　　問題をより明確に理解できるようになる，としている（Estrich, *supra* note 20, at
　　27-8 ［エストリッチ前掲注20，56頁］）。

理的な暴力を振るう必要なく犯行に及ぶケースが少なくない。したがって，シンプル・レイプに抵抗の要件が適用されれば，ほとんどの場合，レイプはなかった，ということになってしまう。エストリッチによれば，法はレイプの中核的要素を「女性の意に反して」いることと規定しているにもかかわらず，実際には，被害者の同意の有無ではなく，被害者と加害者の関係性が裁判の帰趨を左右していたという[28]。

シンプル・レイプの例としてエストリッチが挙げている Brown v. State では，被害者は次のように証言している。

「私は逃げ出そうと，できるかぎりのことをしました。行為の間中も，ずっとできるかぎりの抵抗をしました。起き上がろうとし，草をつかみました。できるだけ大声で叫びました。彼は私に黙れと言いましたが，私は叫ぶのを止めませんでした。それから，彼は私が窒息しそうになるまで私の口を手で押さえつけたのです。」[29]

被害者は「できるかぎりの抵抗をしました」と述べているが，ウィスコンシン州最高裁判所は，被害者は自らの不同意を表明するために必要な抵抗を行わなかったとして，被害者の隣人である被告人を無罪とした。これに対し，State v. Catron では，被害者が泣き叫ぶだけでほとんど抵抗が無かったにもかかわらず，レイプの成立が認められた[30]。この事例は銃を持った見知らぬ二人組によるアグレベイテッド・レイプのケースで，被害者が恐怖の余り抵抗できなかったことが正当化されたためである。

抵抗の要件が「合理的な抵抗」基準へと緩和された後も，加害者が顔見知りか否かで，適用に差があった。People v. Harris では，真夜中に帰宅途中の若い女性が，見知らぬ男性にナイフで脅されて性行為を強要された。彼女の抵抗はわずかであったが，裁判所は身体に危害が加えられる恐れが無ければもっと激しく抵抗していたと推論できる，として被告人を有罪と

---

28 *Id*. at 27-41.
29 Brown v. State, *supra* note 25, at 538. なお，引用箇所の日本語訳はエストリッチの邦訳に依拠している（エストリッチ・前掲注 20，60 頁）。
30 State v. Catron, 296 S.W. 141（Mo. 1927）.

した[31]。一方，知人間の事例である，Killingworth v. State では，被害者
は黒人女性で被告人の黒人男性[32]から部屋を借りていた。彼女の行った抵
抗は「見せかけの消極的なもの」であり，レイプと認めるには証拠が不十
分であるという理由で，テキサス州控訴裁判所は被告人を有罪とする一審
判決を覆している[33]。

　さらに，エストリッチは，抵抗の要件のみならず証拠法上のルールの選
択的適用によっても，シンプル・レイプは排除されてきたという。レイプ
裁判においては，被害者の不同意＝抵抗は，被害者の証言だけではなく，
様々な証拠によって証明されなければならず，他の犯罪の場合では適用さ
れない以下のようなルールが課されていた[34]。すなわち，第一に，被害者
の証言を裏付ける証拠（補強証拠）が必要とされた。例えば，衣服の破れ，
あざや怪我，性交が行われたことの医学的証明，などである。第二に，被
害者の証言の信憑性と合意の可能性を判断するために被害者の性的前歴が
証拠として採用された。もし，被害者がもともと「ふしだら」な女性であ
れば，その証言が偽りで，実際には合意していた可能性が高いと判断され
た。第三に，被害後の迅速な告訴が要求され，告訴の時期が遅れれば遅れ
るほど，被害者の証言の信憑性は疑われた。第四に，陪審員に対して，通
常の合理的な疑い以上に被害女性に対して特に懐疑的であるよう，説示が
行われた[35]。

　エストリッチの分析によれば，アグレベイテッド・レイプのケースでは，
このような立証のルールはほとんど適用されることなく，被告人の有罪が

31　People v. Harris, 238 P.2d 158（Cal. Dist. Ct. App. 1951）.
32　本稿では取上げないが，当事者の人種は裁判の帰趨に大きな影響を与える要因
　　であった。レイプ法に対する批判は，当初性差別の側面のみに向けられていたが，
　　のちに批判的人種フェミニズムの論者から強力な異議申し立てが行われる（Kim-
　　berle Crenshaw, *Demarginalizing the Intersection of Race and Sex: A Black Feminist Cri-
　　tique of Antidiscrimination Doctrine, Feminist Theory and Antiracist Politics*, U. Chi. Le-
　　gal F. 139（1989）, Mary Becker & Cynthia G. Bowman & Morrison Torrey, Feminist
　　Jurisprudence: Taking Women Seriously 169（West Group, 2001）参照）.
33　Killingworth v. State, 226 S. W. 2d 456（Tex. Crim. App. 1950）.
34　Note, *supra* note 23, at 411.
35　*Id.*

支持されており，それに対してシンプル・レイプの場合，証拠の有無が厳しく問われた結果，被告人の有罪判決が覆ることが多いという[36]。シンプル・レイプの場合，抵抗がほとんど行われないため，補強証拠を得ることが困難である。また，過去に当事者間に性的関係があったことも少なくないため，法廷においてはそのような事実だけで合意が推定されてしまう。さらに，そもそも被害の届出がなされにくいレイプの中でも，シンプル・レイプの場合，周囲の無理解や偏見のため被害者が泣き寝入りすることがほとんどであり，告訴を決意したケースでも，その判断を下すため長い時間を必要とすることが多い。

このように，被害者の証言を裏付けるための様々な証拠が必要とされることによって，レイプ裁判は，加害者が何をしたかではなく，被害者が何をしたか／しなかったかに焦点が当てられ，加害者ではなく被害者が裁かれている，といわれるような状況となっていた。裁判以前の警察での取調べも同様で，これら司法手続きにおいて被害者がこうむる屈辱や心理的ダメージはレイプの二次被害（セカンド・レイプ）と呼ばれている。このような法状況に対し，1960 年代から 1970 年代にかけて，フェミニストたちは，レイプに関わる法制度が，被害者の女性たちに必要な保護を十分に与えていないどころか，逆に苦痛を与えているとして激しい批判を展開した。彼女たちの批判の背後には，当時米国において広まっていた意識高揚運動（consciousness raising, 以下 CR）[37] の存在がある。多くの女性たちが，CR グループで自らの体験を語り合ううちに，レイプをはじめ，DV，セクシュアル・ハラスメント，児童虐待，買売春，ポルノグラフィなど，それまで社会的逸脱あるいは倒錯として扱われてきたものが，実は自分たちが共通して日常的に経験してきたことであり，皆同じように不断に暴力被害を体験していたのだ，ということに気づいていく。それまで隠されてきた

36　Estrich, *supra* note 20, at 42-56.

37　もともとラディカル・フェミニストたちによって開発された意識変革のグループであるが，まもなく女性運動のあらゆる領域に広がったという（リサ・タトル『フェミニズム事典』74 頁（明石書店，1991））。

セクシュアリティの問題が明るみに出され，性暴力は実は性的な「習慣」の一つであった，という事実が社会に突きつけられることとなった[38]。

　この時期，フェミニストたちを中心にレイプ法をめぐって様々な議論が展開され，多くの州で相次いでレイプ法の改正が行われる[39]。ここで，改正の内容についてみておこう。被害者の性的前歴を証拠として採用することを制限するレイプ・シールド法（Rape Shield Law）の制定，補強証拠の要件の廃止，迅速な告訴の要件の緩和などが行われ，証拠法上のルールは大きく変更された[40]。救済の門戸を広げるため，レイプの定義を拡大する多様な試みも各州で行われた。その際，フェミニストの改革論者たちが直面した選択肢は，加害者が行使する「力（force）」の定義を拡張するか，被害者が「不同意」であったと認定される範囲を広げるか，であった。結局，多くの州で前者が選ばれたが，その理由は，セカンド・レイプ防止のため，裁判の焦点を女性から男性の行為へ移行させなければならないというものだった。

　以上のような 1970 年代の法改正を，エストリッチはどのように評価しているのだろうか。証拠法上のルールの変更によって，レイプ事件において被害女性の取り扱いが改善されたことはエストリッチも認めている。しかし，レイプの定義に関しては，改正前と状況は変わっていないという[41]。

38　Catherine A. Mackinnon, Feminist Unmodified 5-8（Harvard University Press, 1987）, Mackinnon, Toward a Feminist Theory of the State 83-105（Harvard University press, 1989）.

39　これ以前に，1950 年代にアメリカ法律家協会が模範刑法典を編纂し，その後多くの州が模範刑法典に追従する形で，レイプ法の改正を行なっている。しかしながら，その改正は伝統的レイプ観を維持したものであった。米国のレイプ法はこの時期と 1970 年代と 2 期にわたって改正された。Note, *supra* note 23, 森川恭剛「強姦罪について考えるために」琉大法学第 60 号 1-100 頁（1998），上村貞美「性的自由と法」（成文堂，2004），斎藤豊治「アメリカにおける性刑法の改革」大阪弁護士会人権擁護委員会＝性暴力被害検討プロジェクトチーム『性犯罪と刑事司法』159-177 頁（信山社，2014）参照。

40　David P. Bryden, Redefining Rape, 43 Buff. Crim. L. Rev. 317, 319-320（2000）.

41　これまでの調査によれば，レイプの被害届を出す女性が増えた，陪審員が被害者に同情的になった，などの変化が報告されているが，これも，法改正に伴い，レイプ事件に対する社会的関心が高まったことによって，人々の意識が変化した

多くの州で，被害者の合意の有無ではなく，加害者の暴力の有無によって
レイプを定義することが試みられた。しかし，エストリッチによれば，そ
のような定義の仕方においても，加害者の「暴力」とは被害者の抵抗を圧
倒するものと解釈されたため，結局，レイプを証明するために被害者の抵
抗が要求されたという[42]。被害者の抵抗の有無がレイプ成立の鍵を握って
いるとすれば，法改正前と同様，シンプル・レイプがレイプとして認めら
れる公算はきわめて低いということになる。

　抵抗の要件が廃止された州もあるが，そこでも問題がないわけではな
かった。エストリッチが例として挙げたミシガン州法を見てみよう。フェ
ミニスト主導による改革立法のモデルといわれている改正ミシガン州法は，
「レイプ」ではなく「犯罪的性行為」という名称を採用し，対象となる行
為を4段階に分類した。同法が第1級，第2級の重罪である「犯罪的性行
為」に該当するとしたのは，複数の加害者，武器の携行，被害者に身体的
傷害が加えられた等，結局アグレベイテッド・レイプのケースに当てはま
るもののみである。さらに第3級，第4級の重罪である「犯罪的性行為」
では，「力の行使あるいは強制」が行われる必要がある。「力の行使あるい
は強制」は，列挙されている事由を見ると，身体的暴力やその脅迫など，
物理的暴力中心に理解されている。ここでも，あからさまな暴力や脅迫が
行われないシンプル・レイプのような状況は排除されている[43]。

　コモン・ローの時代から現代まで，法制度がシンプル・レイプを排除し
続けてきた背景には，男性のレイプ幻想があるとエストリッチは指摘する。
男性のレイプ幻想とは，知り合いの女性といつもと同じようにセックスし
ただけなのに相手から訴えられ，目撃者もいないためレイピストとされて

　　ためで，改正された法規それ自体による直接的な影響ではないと評価されている
　　（*Id.*）。
42　Estrich, *supra* note 20, at 60.
43　改正後の判例には，改正の意図に反して依然として伝統的価値観に基づいて判
　　断している事例もあれば，シンプル・レイプを禁じるに足りるだけ十分に「力の
　　行使と強制」概念を幅広く解釈した事例もある。結局のところ，法解釈が鍵であ
　　るとエストリッチは述べている（*Id.* at 91, 101）。

しまう，という悪夢である[44]。そしてこの悪夢は，相手の女性が嘘をつくかもしれない，という女性に対する不信感に由来する[45]。

　レイプ事件に関する判決や，論評の中には，性的場面における女性の言葉や態度に対して，以下のような内容の不信感が繰り返し表明されてきた。女性は顔見知りの男性からの性的接近に対して，混乱し，アンビバレントな精神状態になるために，曖昧でどちらとも取れるような態度をとる[46]。かりに，性交を望んでいたとしても，「はしたない」と思われたくないために積極的に同意を表明しなかったり，逆に「ノー」と言ったり（"No means Yes"），抵抗したりするものである[47]。さらに，本心では性交を楽しんでいた場合でも，後になって，性交渉を持ったことを咎められたり妊娠が判明したりしたときに，責任を逃れるために男性をレイプで訴えるかもしれない。あるいは，相手の男性の心変わりに対して，復讐あるいは脅迫の手段として嘘の告訴をするかもしれない[48]。エストリッチは，このような女性に対する偏見に基づいた男性のレイプ幻想のために，レイプは見知らぬ人物によるものと，顔見知りによるシンプル・レイプとに区別され，明文の規定がないにもかかわらず，裁判所はシンプル・レイプを犯罪から排除するようレイプの定義を再構築し，実際には不可能ではないも関わらず，シンプル・レイプの証明は困難であると主張してきたとする。

　では，当事者が顔見知りかどうかということを，レイプ成立の判断基準とすることで，レイプ法は一体何を守ろうとしてきたのだろうか。エストリッチによれば，それは，既知の関係にある女性に対する，男性の広範な性的アクセス権であるという[49]。そもそもコモン・ローの定義においては，

44　*Id*. at 5-6.

45　*Id*. at 28.

46　Note, *Forcible and Statutory Rape: An Exploration of the Operation and Objectives of the Consent Standard*, 62 Yale L. J. 55, 66（1952）.

47　Note, *The Resistance Standard in Rape Legislation*, 18 Stan. L. Rev. 680, 682（1966）.

48　Stephen J. Schulhofer, Unwanted Sex: The Culture of Intimidation and the Failure of Law 18（Harvard University Press, 1998）.

49　Estrich, *supra* note 20, at 28-56, 62.

被害者は「妻でない」女性に限定されていた[50]。「しかし，夫がレイプ禁止
条項から除外されるという最大の保護を享受するだけでなく，その友人や
隣人さえも性的な振る舞いをすることを保障されてきた。法律が主張して
いる事柄と，現実に法律が志向している事柄は，まったく別物なのであ
る」[51]。レイプ法は，婚姻関係にある男女以外でも，全くの見知らぬ間柄で
ない限り，そこになんらかの関係性が認められれば同意の存在を読み込み，
性交渉を持つことを許してきたのである[52]。

　多くの問題が絡まりあうレイプ法の問題を，エストリッチは当事者の
「関係性」という切り口によって，解きほぐそうとした。彼女は，当事者
の関係性がレイプの成立要件として最も決定的であると見ているが，女性
の純潔性（被害女性が「貞淑」な女性だったかどうか），男性の暴力性（加害
男性がどの程度の暴力を振るったか）もレイプ事件において考慮される重要
な要因として指摘している。女性の純潔性に関しては手続法の改正により
状況が改善されているため，本節では，次にエストリッチが指摘したもう
一つの要因，加害者の暴力性に関して，興味深い指摘を行うシュルホー
ファーの議論を取り上げる。

⑶　なぜ身体的暴力にこだわるのか

　1983 年のイリノイ州判決では，被害者は，人里はなれた場所で出会った，
自分の倍ほど体格の大きな男性に，否応なく近くの森へ運ばれ性行為を強
要された。検察官は加害者を起訴し，陪審も有罪を認めたが，控訴審は被
害者の同意がなかったことを推測しながらも，客観的に不同意を示す抵抗
がなかったことを理由として有罪判決を破棄した[53]。

50　レイプの客体から「妻」を排除するという婚姻免責の規定は，一方で，婚姻関
　　係にあるが故に，女性は意に反する性交に耐えるしかないという，深刻な夫婦間
　　レイプの問題を生み出している（*Id*. at 72-79）。

51　*Id*. at 4（エストリッチ 1990：14）.

52　Victoria Nourse, *The 'Normal' Successes and Failures of Feminism and the Criminal
　　Law*, 75 Chi.-Kent L. Rev. 951, 956（2000）.

53　People v. Warren, 446 N.E.2d 591（Ill. App. 1983）.

　この事例は，エストリッチの定義によれば，シンプル・レイプではない
はずである[54]。にもかかわらず，あからさまな暴力や抵抗が無かったとい
う理由で被告人は無罪になった。近年フェミニズムの主張を受けて多くの
裁判所が "No means Yes" の主張を採用することをやめたように，この
ケースでも，明白な言語的・身体的抵抗がなかったにもかかわらず，女性
の不同意が認められた。それでも，被告人は有罪にならなかったのである。
エストリッチの分析とは異なり，ここでの問題は，シンプル／アグレベイ
テッドの区別でも，女性の証言に対する不信感でもなく，身体的暴力の有
無なのである。

　身体的暴力の有無は，コモン・ローから現代に至るまで，レイプの成否
を決する重要な判断基準であった。暴力／抵抗要件は，確かにシンプル・
レイプの問題に密接に関連してはいるが，このイリノイ州のケースのよう
に，知り合いによる犯行か否かという区分と，暴力／抵抗の有無は必ずし
も一致するわけではない。シュルホーファーは，レイプをめぐる法の根底
には，シンプル・レイプの問題に収斂しない，「身体的暴力へのこだわ
り」[55] があると指摘する。

　シュルホーファーによれば，16世紀コモン・ローにおける窃盗罪は，
財物が物理的な力の行使によって所有者の占有から奪われた場合にのみ成
立し，暴力的な手段によらない，すなわち，詐欺や横領などによる場合は
犯罪とならなかった。しかし，その後財産犯に関する法は，商業の発展，
取引形態の複雑化に従い，ゆっくりとであるがその対応を変えてきた。と
ころが，性犯罪に関する法的対応には，同様の進展・現代化がみられない
という[56]。1970年代以降のレイプ法改正でも，レイプの定義を広げるべく，

54　エストリッチの著作に挙げられるシンプル・レイプのケースの中には，バーで
　　知り合ったばかりの男女の例なども含まれる。人里離れた田舎道でたまたま出会っ
　　て言葉を交わしただけでも，それを「関係があった」とするならば，このイリノ
　　イ州の事例もシンプル・レイプということになる。出会ってから事件まで，どの
　　程度の時間あるいはどのようないきさつがあれば，「知り合い」になるのだろうか。
　　アグレベイテッド／シンプルの区別は実はそれほど簡単ではないのかもしれない。

55　Schulhofer, *supra* note 48, at 24.

56　*Id*. at 3-4.

force 概念が拡張されたが，その中核的要素は依然として「身体的」暴力
を示唆するものであった。また，身体的暴力を伴わないケースが想定され
ていても，被害者が意識を失っている場合，麻薬の影響下や酩酊状態にあ
る場合などに限定されており，さらに，身体的暴力と関連しない脅迫や詐
欺によるケースは少数の例外を除いて，犯罪とはされていない[57]。

　レイプを「暴力」犯罪という枠組みに固定する動きは，アグレベイテッ
ドなケースをレイプ概念の中心におく保守的な司法関係者のみならず，
フェミニストたちによっても推し進められてきた。ここで，それぞれの主
張の背景を見てみよう。伝統的レイプ概念を固持する人々が，他の犯罪類
型に比較してレイプ事件についてのみ執拗に身体的暴力の証明を求めてき
たのは，性関係において男性の攻撃的なイニシアティヴをよしとしてきた
性文化の影響によると考えられている。従来，男性が女性に対し性的な接
近を試みるとき，相手の同意を得るために，様々な手練手管が駆使され，
駆け引きが行われるのは当たり前と考えられてきた[58]。時に強引な手段や
騙まし討ちのような方法が採られるのも珍しいことではないし，男性の攻
撃性は「男らしさ」として称揚され，女性も本心では力ずくで奪われた
がっているものだとみなされてきた。このようなジェンダー・バイアスに
基づいて，強制的契機を伴う性交渉を許容する性文化にあっては，犯罪と
なるべき性行動は極めて限定されてしてしまうことになる。結果として，
ある程度外観によって「客観的に」認定できる「暴力」というプレッ
シャーによる場合以外は，レイプとして認定されるのは困難となる。しか
も，「通常の」性交渉でも荒々しく女性を扱うのは当たり前であって，女
性もそれを喜んでいるとされてきた[59]から，レイプが成立するために必要
な暴力の程度は，極めてハードルの高い基準によって設定されてきた。

　一方，リベラルなフェミニストたちは，伝統的レイプ観の狭量さとその
男性優位の発想を批判し，より多くのケースが救済されるべく理論・実務

57　Bryden, *supra* note 40, at 321-322.

58　Schulhofer, *supra* note 48, at 137.

59　Note, *supra* note 46, at 66-67.

の両面において闘ってきたが，その過程で，伝統的レイプ概念を固持する
人々とは別の意味で，レイプ＝暴力であると主張したのである。それには，
いくつかの理由がある。一つは，裁判所は，レイプには身体的暴力が伴う
ことを要求する一方で，レイプの「性」犯罪としての性格を強調し，しば
しばレイピストを異常性欲者あるいは精神異常者とみなしてきた。これに
対し，フェミニストたちは，レイプの性的側面ではなく，暴力的側面を強
調することによって，加害者を，単なる性的逸脱者として「治療」の対象
とするのではなく，危険な暴力犯罪者として収監すべきであることを明白
にしようとした。さらに，伝統的レイプ観においては，レイプは（生命・
身体に重大な侵害が加えられたケースを除いて）「ちょっと乱暴なセックス」
とみなされ，女性はレイプされたがっている，女性はセックスにおいて暴
力的に扱われるのを望んでいるのだとされてきた。「暴力としてのレイプ」
は，このような社会通念に対し，異議申し立てを行うという意味もあった。
すなわち，レイプはセックスではなく暴力である，と宣言することで，
セックスと暴力は相容れないものであるというメッセージを社会に対して
送ることができる，とフェミニストたちは考えたのである[60]。

　これに対し，レイプはセックスである，と逆の主張を展開したのがラ
ディカル・フェミニズムであった。その先鋒であるマッキノンは次のよう
に主張する。「レイプは性行為とは区別されたものとして定義されている
が，男性優位の状況下で，女性にとって，その二つを区別することは困難
である」[61]。レイプとセックスを切り離すと，レイプは悪いが，通常のセッ
クスはよい，ということになる。「通常」の，つまり社会によって容認さ
れているセクシュアリティは，果たして「自然」で「健全」なものなのだ
ろうか，と。レイプの性的な側面を強調する伝統的言説が，レイプとセッ
クスの連続性を主張することによって，日常的な性行為の暴力性を正当化
してきたのに対し，マッキノンは，同じくレイプとセックスの連続性を主
張することで，逆に，その日常的な性行為において，女性が虐待され抑圧

60　Estrich, *supra* note 20, at 82-83.
61　MacKinnon, *supra* note 38 at 174（1989）.

されるセクシュアリティのあり方そのものを告発する[62]。

　保守的な「レイプ＝暴力」アプローチが，既存の不平等なセクシュアリティを擁護するためのものであったとすれば，フェミニストたちによる「レイプ＝暴力」アプローチは，まさにその既存のセクシュアリティを打破するための戦略であった。そこでは同じ「暴力（violence）」という言葉が用いられているが，それは決定的に異なる内実を持つはずであった。すなわち前者が男性の視点から捉えられたものであるのに対し，後者は女性の視点から語られたもの，というように。しかしながら実際には期待されたほど，改正法の制定とその運用に反映されなかった。その理由のひとつは，改正法における "force" 概念が，実務においては，身体的暴力にひきつけて理解されており，依然として伝統的価値観にとらわれた運用がなされているためであると言われている。

　「レイプ＝暴力」アプローチと「レイプ＝セックス」アプローチの対立は，ベッカーが「偽りの二分法」[63]と指摘しているように，私たちの日常的なセクシュアリティをどう捉えるかについては見解が分かれるものの，レイプの暴力性を認め，その背景に性差別的な社会のあり方を見ている点においては変わるところはない。重要なポイントは，マッキノンらのアプローチが，身体的暴力概念にとらわれず，レイプをセクシュアリティの問題として見ることで，非暴力的な強制（制度的，文化的なもの）をも，レイプの構成要素として捉えようとした点である。

　フェミニストらの努力にもかかわらず，法改正においてレイプの定義を拡大する試みが失敗した理由を，シュルホーファーは，レイプ法によって本来守られるべき権利であるセクシュアル・オートノミーの概念が，改正

62　キャサリン・マッキノン（村山淳彦監訳）『セクシャル・ハラスメンスメント　オブ　ワーキング・ウィメン』331-334 頁（こうち書房，1999）。

63　Becker & Bowman & Torrey, *supra* note 32, at 327.「真の」二分法は，レイプを生物学的に説明しようとする見解と，社会・文化的問題として捉えようとする見解の対立であろう。Neil Malamuth, *The Confluence Model of Sexual Aggression: Feminist and Evolutionary Perspective*, in DAVID M. BUSS & NEIL MALAMUTH ED., SEX, POWER, CONFLICT: EVOLUTIONARY AND FEMINIST PERSPECTIVES, 269, 271-280（Oxford University Press, 1996）参照。

法の中心にすえられなかったためであると見ている。性的自己決定，ある
いは性的自由は，これまでも多くのフェミニストたちによって，守られる
べき権利として言及されてきた。しかしながら，その概念そのものが議論
の中心となったことはない。次節では，レイプ法に新たな選択肢を提供し
ようとするシュルホーファーの試みを紹介する。

⑷　性的自律の権利

　なぜ改正後も，現在の法の枠組みのもとでは，問題が解決されないまま
なのだろうか。レイプ法改正後，野心的な取り組みがなされているペンシ
ルバニア州とニュー・ジャージー州の試みに関するシュルホーファーの分
析を取り上げる。

　ペンシルバニア州法では，レイプが成立するためには，「力による強制
（forcible compulsion）」の証明が必要とされている。裁判所はこの要件を，
長い間，身体的暴力の脅迫を意味するものと解してきた。1986 年に8歳
の少女がレイプされた事件で，加害者は少女に対し，いかなる身体的暴力
もまたその脅迫も行っていなかった。しかし，ペンシルバニア州最高裁は，
レイプの要件とされている「力による強制」を，身体的暴力に限らず，道
徳的，心理的，知的暴力も含むとする見解を示し，被告人を法定強姦のみ
ならず通常のレイプでも有罪と認定した[64]。その後，1997 年までに約 300
件の判例が，この事件で採用された判断基準を Rhodes テストとして採用
している。しかし，ほとんどが身体的暴力による事例か，児童虐待の事例
であって，身体的暴力が伴わないケースは，わずか1件のみであるという。

　ペンシルバニア州の試みは，法の身体的暴力への固執を打ち破り，非身
体的脅迫による性行為の強制を犯罪化するための突破口を開いたもので
あったが，決して客観的な基準を提供するものではなかった。たとえば心
理的「力（force）」とは何をさすのだろうか。ペンシルバニア州最高裁判
所は，次のように言及している。すなわち，法が要求しているのは，単な

64　Commonwealth v. Rhodes, 510 A.2d 1217,（Pa. 1986）.

る，道徳的，心理的，知的「説得」以上のものである，と。しかし，心理的「説得」と，心理的「暴力」とはどのように区別されるべきものなのか，それ以上の説明はなく，ここでも線引きの難問は司法関係者に委ねられたままである[65]。

　これに対し，暴力概念の拡張ではなく，不同意要件の再導入によって，救済の門戸を広げようとしたのが，ニュー・ジャージー州である。ニュー・ジャージー州法では，身体的暴力あるいは強制によって性的挿入行為が行われることがレイプの要件であった。しかし，1992 年に，17 歳の少年が，居候していた家の娘である 15 歳の少女の寝室を夜中に訪れ，少女の同意なく性行為を行った事件（M.T.S 事件）では，明白な身体的暴力行為が伴わなかったにもかかわらず，最高裁は，相手に積極的かつ自由に与えられた同意がなかった場合は，force の量にかかわらず，身体的暴力要件は満たされると判断した[66]。1978 年の法改正により，レイプの定義から不同意要件がはずされ，force 要件が中心的要素とされたのであるが，ここにおいて，再び不同意要件が復活したのである。

　この事件の判断基準（M.T.S. テスト）は，眠っていた，知的障害があった，あるいは恐怖で凍りついた等の理由で「ノー」が言えなかったケースでは有効であった。しかしながら，それ以外のケースで，身体的暴力がなくかつ同意が存在しないということを信じるのは，陪審にとって依然として困難であるようだと報告されている。女性の不同意をレイプ成立の中心的要件としたことで，「女性の同意がないことを知っていながら，性行為に及ぶことは犯罪である」というメッセージを社会に対し発信する効果はあったと言われている。しかしながら，Rhode テスト同様，ニュー・ジャージーの試みも，どのような場合に，同意が「積極的かつ自由に与えられた」と認められるのか，具体的な基準は提供されていない[67]。

　意欲的な試みも，曖昧な基準しか提供できないとき，具体的な解釈・運

65　Schulhofer, *supra* note 48 at 88-93.

66　In re M.T.S., 609 A.2d 1266（N.J. 1992）.

67　*Id*. at 97.

用は個々の検察官，裁判官，陪審員等に委ねられることになり，結果として保守的な判断枠組みが生き残ってしまう。さらに，新しい基準が従来の身体的暴力基準のアナロジーに依拠しているとき，そこで問われるのは，当該行為が，身体的暴力によるレイプと「同じくらい悪い」行為であるかどうか，である。しかしながら，たとえば，法定強姦が罰せられるのは，身体的暴力の有無とは関係なく，当事者が一定年齢以下である場合，そもそも性交に応じるかどうかの自由な選択をなす能力がない，と判断されるためである。レイプの犯罪性とは，暴力が振るわれたかどうかではなく，相手の意思を抑圧して性行為を行うこと，すなわち相手の自由な意思決定の侵害にこそ存在するのではないのだろうか。シュルホーファーは，レイプ法が守るべきは，性的自律（セクシュアル・オートノミー）の権利であり，レイプ成立の基準は，当該行為が「暴力的」であるか否かではなく，相手の自由な選択を侵害しているか否かで決定されるべきであるとする。

　シュルホーファーによれば，性的自律とは，生命，身体，財産，労働，プライバシーといった，基本的権利と同じく，自由な人格にとって最も重要な中核的利益のひとつである。しかしながら，法は他の利益には広範な保護を与えているにもかかわらず性的自律に関しては，極めて限られた対応しかしてこなかった。前述したように，財産権の場合，法は，物理的な暴力によって財物が窃取されるときのみならず，非暴力的脅迫や詐欺による場合も処罰の対象としてきた。一方，レイプ法は，身体的暴力による侵害の排除にしか焦点を当ててこなかったため，性的自律は，財産権でいえば，強盗の場合しか処罰されないのと等しい状況に置かれている。

　シュルホーファーは，彼とは異なる価値観に基づいて性犯罪の新たな判断基準を提案している論者について言及し，自らの立場と比較している。たとえばロイス・ピニューは，強制的ではない性交渉とは，「コミュニカティヴ」な動機に基づくものでなければならず，そこではお互いに自分の快楽より相手の反応と快感を大切にする。コミュニカティヴでない性交に

応じた女性は，真に同意したものとみなされるべきでない，という[68]。マー
サ・シャマラスは，合法的であると許容できる性交の動機をさらに広げた。
すなわち，出産，情緒的親密さ，身体的快感，である。もし他の要因に
よって性交が行われるとしたら，その場合の女性の同意は無効であると述
べている[69]。

　シュルホーファーは，ピニューの言う，コミュニカティヴな，つまり相
手の反応に対して敏感で，常に相手の感情を配慮し，尊重し，互いに自分
の性的目標より，相手の性的満足の追求を優先し合う，そのような性交を，
果たしてすべての女性が常に望んでいるのだろうか，と疑問を投げかけて
いる。経済的な理由や，友人間の競争，単なる好奇心，あるいは冒険心な
ど，現実には女性たちは様々な動機でセックスをしている。そのような場
合にも，相手の男性はレイピストとされなければならないのだろうか，
と[70]。相手の動機を誤解したまま性交渉をしてしまったら，知らないうち
に罪を犯したことになってしまう。しかも動機は，時として複雑かつ流動
的で，いつも明快であるとは限らない。男性の立場からすれば，「公平な
警告」なしに処罰の対象とされる危険性があるということである。さらに，
たとえ，道徳的見地，あるいは心理学的見地など法以外の価値基準から批
判されるような動機であったとしても，シャマラスのいうように広範に女
性自身の意思決定を無効とすることは許されるのだろうか。実際には，そ
のような厳密な法解釈ならびに運用を司法関係者が実行するとは考えられ
ないから，現実的なリスクは低いといえよう。しかしながら，「あるべき
性行為」を余りに限定的に捉えることは，かえって女性の自由を侵害する
ことになりはしないか。

68　Lois Pineau, *Date Rape: A Feminist Analysis*, 8 L. & Phil. 217, 239（1989）.
69　Martha Chamallas, *Consent, Equality, and the Legal Control of Sexual Conduct*, 61 S0.
　　Cal. L. Rev. 777, 838（1988）.
70　関係派フェミニストであるロビン・ウェストも，ラディカル・フェミニズムが
　　理想とするようなセクシュアリティにおける男女平等という理想的な関係が，常
　　に女性の主観的快楽と結びつくわけではないと論じている。Robin L. West, *The Dif-
　　ference in Women's Hedonic Lives*, 3 Wis. Women's L. J. 81, 117（1987）.（この論文は
　　2000年の同誌に再録されている。15 WIWLJ 149）。

　シュルホーファーは，法のゴールはあくまで自律性を高めることであり，制限することではないという。それでは，彼は，線引きの問題，すなわち，どのような場合に性的自律が侵害されたとするのかの判断基準について，どのような提案を行っているのだろうか。彼は，財産法など他の法領域における判例と法理を参照しつつ，性的状況における当事者間の相互作用と他の法律関係における人間関係との異同を踏まえながら，多様な性的状況において性的自律が侵害される態様を分類し，詳細な分析をおこなっている。以下シュルホーファーの議論の要点をみていこう。

　性的自律には三つの側面があるとされている。第一は，成熟した理性的決定を合理的になすための内面的能力，第二は，許されないプレッシャーや強制からの外面的自由，第三は，個人の身体的境界の不可侵性である。第一の側面は，日本で言えば法定強姦や準強姦の問題に当たる。シュルホーファーは，第二，第三の側面に焦点を当て，いかなる状況が性的自律の侵害に当たるかを検討している。

　シュルホーファーは，第1に，出発点として「合意が強制されたものかどうか」という問いから出発する。そして合意を得るために駆使される様々な手段を，「脅迫（threat）」と「申し出（offer）」とに分類する。シュルホーファーによれば，性的要求に応じなければ不利益を課す，という言辞が脅迫，性的要求に応じれば利益を供与する，という提案が申し出である。脅迫であれば，違法であり性犯罪として有罪となるとする。「金を出せ，さもなければ命はないぞ」という強盗の言葉が脅迫の典型例であるが，なぜこれが違法かといえば，シュルホーファーは，そこで財産権と生命・身体の安全という双方とも当然相手方に保持されてしかるべき権利の二者択一が迫られているからであるという。それでは，ガールフレンドがなかなかセックスに応じてくれないので業を煮やした男性が，「応じてくれないなら別れる」と彼女に言った場合，これは脅迫だろうか。彼女が，セックスは嫌だが彼と別れたくないと思っているとすれば，彼女にとって脅迫と感じられるかもしれない。しかし，彼の行為が刑法上有責か否かを考えるときには，道徳的あるいは心理的な視点ではなく法的な視点からの判断

が求められる。ポイントは，彼女に，彼に対して交際を続けるよう要求する法的権利があるか否かである。もしあるとすれば，彼の要求は，性的な選択を自由になす権利と交際を続ける権利という，当然彼女が有する法的権利のうち一方を放棄せよと迫る違法なものになる。しかし，現行法上も私たちの社会通念上も，相手に交際を続けさせる権利などというものは認められていない。したがって，この場合は脅迫に当たらないとシュルホーファーはいう。

　従来，レイプ裁判においては，脅迫的行為があった場合も，それが女性の意思を圧倒し，抵抗を妨げるほどのものだったかが問われてきた。米国においては，脅迫の目的が金銭である場合（強要罪），被害者が抵抗したか否かは問われない。さらに，警察に届け出る，関係機関に告発する等，他に利用可能な選択肢があったとき，それらの方法を選ばず加害者の要求に屈したとしても，被害者は非難されることなく，あくまで強要罪の被害者として扱われる。エストリッチが，金銭目的の場合に違法となるような脅迫行為であれば，それが性的場面で行われた場合も同じく違法としてレイプとみなすべきであると述べている[71]のと同様，シュルホーファーも，抵抗や利用可能な選択肢の有無，プレッシャーの程度如何に関わらず，金銭が目的となる場合に許されないような脅迫行為であれば，セックスへの同意を得る場合にも許されていいはずがない，とする[72]。

　第2にシュルホーファーが問題とするのは，権力の配分が性的自律へもたらす影響である。教師－生徒，上司－部下，看守－囚人のように，当事者間に一定の権力関係があるとき，たとえ明白な脅迫がなく，一見申し出に見える場合であったとしても，その申し出を断ったときの報復の可能性によって，相手方の性的自律を侵害する違法なプレッシャーとなる。このようなケースは，セクシュアル・ハラスメントに該当する例であるが，米国においてセクシュアル・ハラスメントを規制している公民権法は，救済の対象を学校と職場での関係に限定しており，しかも性的要求と被った不

71　Estrich, *supra* note 20, at 103.
72　Schulhofer, *supra* note 48, at 131.

利益との関連が証明されなければセクシュアル・ハラスメントが認められない。認められたとしても，損害賠償を命じられるのは雇用者のみであり，ハラスメントを行った本人は，刑事上はもちろん民事上も何の責任も課されない。本来，学校，職場，刑務所においては，そこに所属する者は性的条件とリンクされることなく，通常の活動を通じて評価され適切な待遇を受ける権利があるはずである。性的要求と職業上あるいは制度上の利益の交換という不正な申し出をする人間は，その申し出をしたという事実によって，自分が権力あるいは地位を濫用する人間であることを端的に示しており，相手が申し出を断ったときに報復を行う可能性は極めて高い。性的な要求を拒否することで，本人が当然有する職業上あるいは制度上の権利が，監督的地位にある者の権力濫用によって侵害される可能性があるとき，そのような要求に応じた者は，性的虐待の被害者であり，相手方は刑法上の責任および民事上の損害賠償責任に問われるべきであるとシュルホーファーは主張する。

さらに，当事者間に権力関係が存在するとき，上記のような直接的な権力の行使ではなく，より微妙で複雑な方法で弱者の性的選択が操作される可能性も存在するとシュルホーファーは指摘する。たとえば，米国では現行法は，専門家に対して，彼らが患者あるいは依頼人との間に性関係を持つ自由に関して，ほとんど制限を課していない。しかしながら，権威や信頼が利用されることで，より力の弱い当事者の性的意思決定が不当に歪曲される事例は少なくない。シュルホーファーは，この問題を「精神科医と心理学者」，「医者と弁護士」のふたつの場合に分け，それぞれに固有の関係性に着目し，どのような場合が患者あるいは依頼人の性的自律を侵害しているといえるかを検討している。

シュルホーファーは，第3に，強制的契機ではないが，自律的な性的選択を妨害しているケースとして詐欺の場合を取り上げる。たとえば，医師が医療器具を挿入すると偽って，患者の女性器に自分の男性器を挿入した場合は，州によっては現行法でもレイプとされる。しかし，医師が治療行為として必要だと患者を納得させて性行為をした場合，性交それ自体のヘ

の同意はあったということで，犯罪とはみなされない。通常，性的誘惑における男性の詐欺的行為は犯罪でもなければ民事上の不法行為でもない。「愛しているよ」とか「結婚しよう」などの言葉が嘘だった場合，あるいは配偶者がいるのに離婚したとか，独身だと偽る場合は，それがどの程度相手に信じられ，性的要求に応じる際の決断の基礎とされていたか，極めて判断が難しい。しかし，シュルホーファーは，たとえば自分がHIVウィルスの感染者であることを隠して性交した場合や，闇に乗じて相手の配偶者や恋人のふりをして性交した場合，相手が致命的な重病に犯されていると虚偽の告知をし，その治療のために性交が必要と偽って同意を得た場合など，極めて深刻な詐欺の場合は，犯罪とすべきであるとする。

　最後に，上記のような，性的な意思決定を侵害するようなプレッシャーや詐欺もない場合でも，相手方の同意がなければ依然として，性的自律違反であるとシュルホーファーはいう。なぜなら，これは性的自律の第三の側面である，身体的完全性に対する侵害行為であるからである。デートの場合の分析を通じて，シュルホーファーは，言葉や態度によって表明された積極的な許可を得ることなく，性行為をなすことは相手の性的自律を侵害する行為であると論じている。

⑸　強姦罪の保護法益

　以上，米国レイプ法の議論を紹介してきたが，これらの議論は日本の強姦罪の問題にどのような示唆を与えてくれるのだろうか。当事者の関係性によるバイアスや身体的暴力への固執というレイプ法の問題点は，これまでも指摘されてきたことだが，日本の強姦罪の法解釈・判例の問題点と極めて類似している。レイプを性的自律の権利の侵害として捉えるという提案については，立法論を含めて今後の強姦罪のあり方を考える上で重要な視点を提供してくれるものと思われる。日本における強姦罪の保護法益として，これまでも，性的自由，性的自己決定権等，性的自律類似の概念が言及されてきたが，その内実については，未だ一定の合意に達していない

ように思われる[73]。シュルホーファーの議論においても，具体的な状況に応じて，何を性的自律の侵害行為とみなすかは，実は決して自明ではなく，多くの異論がありうる。ここでは，シュルホーファーの議論を参照しつつ，日本の強姦罪の保護法益について考える上での問題点をいくつか指摘しておきたい。

第一に，強姦被害の本質をどう考えるか，という問題である。ハーマンを始めとする性暴力被害に取り組んだ研究者たちの努力により，レイプ被害者のダメージは，レイプ・トラウマ・シンドロームとして PTSD の一形態と理解され，その深刻さが認識されるに至っている[74]。しかし一方で「レイプ」の定義が拡大されることにより，レイプ被害の本質をめぐって多様な見解が対立するようになった。以下，いくつか列挙してみよう。①生命身体への危害：シュルホーファーは，レイプを性的自律への侵害と捉え，レイプの範囲を広げることを主張しているが，たとえば，生命・身体に危害が及ばないようなケースまでレイプと呼ぶことでレイプ被害の深刻さが矮小化されるのではと懸念する声もある[75]。②性器の挿入の有無：レイプの対象となる性行為の態様について，従来男性器の女性器への挿入のみが考えられていたが，挿入さえなければ，「被害はない」と考えてよい

73　改正後のミシガン州法などを参考に，強姦罪を性的自由や性的自己決定権の侵害としてではなく，暴行罪，傷害罪に類似した犯罪類型として構成し直すべきとの提案がなされている（木村光江「強姦罪の理解の変化」法曹時報 55 巻 9 号 2357 頁（2003））。被害者の「同意」を重視してきた伝統的な強姦罪規定の解釈が，結果として被害者に苛酷な抵抗要件を生みだしたという指摘はそのとおりであるが，シュルホーファーやエストリッチが批判したような身体的暴力の有無を判断基準とすることの問題性については触れられていない。斎藤は，2000 年前後より出始めた性犯罪の保護法益をめぐる議論を整理し詳細に検討している（斎藤豊治「性暴力・性犯罪に関する法と政策」辻村みよ子＝斎藤豊治＝青井秀夫編『セクシュアリティと法（ジェンダー法・政策研究叢書 第 5 巻）』221-250 頁（東北大学出版会，2006））。

74　ジュディス・ハーマン『心的外傷と回復』（みすず書房，1999），宮地尚子「性暴力と PTSD」ジュリスト 1237 号 156 頁（2003）。

75　Lynne N. Henderson, *Review Essay: What Makes Rape a Crime ?*, 3 Berkeley Women's L.J.193, 224-225（1988）.

のか，それ以外の性行為でも被害が深刻な場合もあるのではないかという
議論もある。③女性特有の被害：性暴力をジェンダー・ニュートラルな視
点から捉えようとする最近の傾向については，性暴力の根本には女性差別
があり，男性の性被害[76]は，女性の性被害と「土壌も背景も違い」，同じ
問題として扱うべきではない，とする見解もある[77]。このように多様な性
被害をともに救済しようとするならば，諸外国の例のように強姦罪の中に
複数の類型を設けることも考えられよう。たとえばシュルホーファーも性
犯罪を第 1 級〜第 3 級の重罪に分類している。

　上記のように，レイプ被害がなぜ「深刻」なのか，あるいは，逆に，ど
ういう態様の被害であれば「深刻」と言えるのかについて多くの議論があ
る中で，その「深刻」さを，性と人格を切り離すことで解消してしまおう
という考え方も提唱されている。松浦は，強姦被害の深刻さを強調するこ
とそれ自体が，実は女性差別の産物であるとする[78]。そこで，性の二重基
準によって女性のみに課された「性と人格の一致」を否定し，その二つを
切り離すことで被害の「深刻さ」を解消しようという主張もなされてい
る[79]。いわば，性被害がもたらす心理的影響もまた，本質的なものではな
く，社会的に構築されたものであり，性規範の変更によって操作可能であ

76　男性の性被害については，リチャード・ガードナー『少年への性的虐待——男性
　　被害者の心的外傷と精神分析治療』（作品社，2005），岩崎直子「男性の性被害と
　　ジェンダー」宮地尚子編『トラウマとジェンダー』64-80 頁（金剛出版，2004）
　　など。

77　東京強姦救援センター編「女性に対する暴力の問題に取り組むとき」『センター
　　ニュース』47 号記事（2001）。

78　松浦理英子「嘲笑せよ，強姦者は女を侮辱できない——レイプ再考」井上輝子・
　　上野千鶴子・江原由美子『日本のフェミニズム 6　セクシュアリティ』143 頁（岩
　　波書店，1995）。

79　上野千鶴子『発情装置——エロスのシナリオ』27 頁（筑摩書房，1998）。上野の
　　反「性＝人格」論については，杉田による批判を参照（杉田・前掲注 21，201-245
　　頁）。また性暴力が被害者に与えるダメージについて，小林美佳『性犯罪被害にあ
　　うということ』（朝日新聞出版，2008），同『性犯罪被害とたたかうということ』
　　（朝日新聞出版，2010），中島幸子『性暴力——その後を生きる』（レジリエンス，
　　2011）同『マイ・レジリエンス——トラウマとともに生きる』（梨の木舎，2013）
　　参照。

るとする考え方といえよう。切り離せるのであれば，性的自律が個人の人権の中核的要素であるとするシュルホーファーの前提がそもそも成り立たなくなってしまう。この点をどう考えるべきだろうか[80]。

　第二の問題は，女性のエンパワメントという観点からみたとき，シュルホーファーの議論はどう評価できるだろうか，という点である。彼は，身体的暴力以外の多様な脅迫行為や詐欺による場合も一定の場合レイプと認めることを提唱している。このような主張については従来からフェミニストの間でも評価が分かれていた。たとえばバーガーは，真に女性を尊重するのであれば，生命・身体に危害が及ぶ場合以外，断固要求を拒否して関係機関に訴えるか，民事訴訟を起こすことを奨励するべきで，脅迫に屈した場合にレイプで相手を告訴することを認めるのは女性を弱者に固定することであるという[81]。また，シュルホーファーは明確な「イエス」のみを同意とすることを主張しているが，女性は「ノー」が言えないものと決め付け，曖昧な意思表示を広範に「不同意」とみなすことは，かえって女性を子ども扱いすることになるという批判も少なくない[82]。さらに，不同意の意思表示に関していえば，女性でなくとも誰しも，恐怖やショックのため，あるいは身体的ないし社会的な力関係の格差のために相手の要求を拒否できない場合がある。性被害のダメージについても，人格を否定された怒りや屈辱感は男女問わず被害者に共通のものではないだろうか。その反面，性役割規範や性差別的な社会制度のために，特に女性にのみ拒否の意思表示が困難な場合があったり，女性被害者にのみ重い刻印が背負わされ

80　2，3歳の幼児の頃に性被害に遭ったある当事者が，自分に起きたことを理解できなかったけれど，何か自分が汚れてしまったような，とても悪いことが起きたように感じたことを記憶していると語っている。性的なことを見聞きしたこともなく，社会における性差別やダブル・スタンダードなども知らない幼児であっても，このような感覚を抱くとするならば，性被害の特徴的な深刻さはある種普遍的なものと考えてよいのだろうか。この点について，本書ではこれ以上掘り下げることはできないが，さらに検討を続けたいと考えている。

81　Vivian Berger, Review Essay/ Not So Simple Rape, 7 Crim. Just. Ethics 69, 66-67（1988）.

82　Schulhofer, *supra* note 48, at 254-273.

る状況も存在する。前者と後者をどのように区別するか，また後者の場合，そのような状況は文化や時代によって流動的であり，日本において現時点でどこに線を引くことが女性をパターナリスティックに扱うことなく真にエンパワメントすることになるのか，いずれも慎重に見極めなければならない。

　自身も強姦被害のサバイバーであるヘンダーソンは，レイプとは，自己の存在そのものが完全に否定される経験であり，身体的完全性やプライバシー，個人の自律に対する侵害行為以上のものであると主張する[83]。日本における強姦罪の保護法益をめぐる議論においても，斎藤は，性犯罪被害者における PTSD の研究に依拠しつつ，被害者の「心の傷」に対する理解から，性暴力犯罪は自由に対する罪という理解では不十分であって，暴力犯罪という性格を持つとしても，通常の暴行罪・傷害罪とは基本的にことなる特徴を持ち，刑法的保護の対象となるべきは，性（セクシュアリティ）そのものである，と述べている[84]。近年，性暴力禁止法制定の機運が高まり，被害者，支援者，弁護士，研究者等が連携し，さまざまな活動や研究が行われるようになってきた。第 3 章で取り上げるが，性暴力被害者支援のワンストップセンター設置の動きは大阪から始まって各地に波及し，法改正のための具体的な議論や提言も登場している[85]。個々の性暴力被害は，多様な要因の組み合わせと固有の文脈を持つ。支援の現場では被害者一人一人に対応できる柔軟さが必要であるが，司法においては，性暴

83　Henderson, *supra* note 75, at 226-227.

84　齋藤・前掲注 73，237 頁。

85　大阪弁護士会の性暴力被害検討プロジェクトチームおよび研究者らにより，性暴力に関する刑事司法の問題点を網羅した研究書が刊行されている（大阪弁護士会人権擁護委員会＝性暴力被害検討プロジェクトチーム『性犯罪と刑事司法』（信山社，2014））。同書には，最終章において改革の提言がなされており，そこでは，性犯罪既定の性中立化，性的挿入罪と性的接触罪の二元的体系化が目指されている。また，同意の判断をめぐる困難を回避するため，構成要件を客観化し，該当する行為類型を客観化して構成要件に取り込み，被害者の同意があったという反証を被告人側に行わせることが考えられている。また，森川は，性暴力に関する犯罪類型論を詳細に展開し，具体的な改正試案を提示している（森川恭剛「性暴力の罪の行為と類型」琉大法学第 90 号 1-106 頁（2013））。

力被害の保護法益について被害者の経験に即した理解とともに，どこから
が保護の対象となるかについて境界線を画定する困難な課題に取り組まれ
なければならない。

　本節では，米国の，コモン・ローの時代から70年代以降のレイプ法改
正まで，米国のレイプ法改正をめぐる議論を検討し，被害者の救済より知
人間レイプの容認が優先されていたこと，その背景には一般社会から法廷
の中に至るまでの男性の女性不信があったことを考察した。また法改正に
よりレイプの定義は拡張されたものの，身体的暴力がなく脅迫的言動のみ
で実行され得る知人間レイプは，依然として法的救済から除外される傾向
にあったことを確認した。レイプ法の保護法益をめぐる多くの論者の見解
を分析することによって，より被害者──多くが女性であるが──の経験に
合致した保護法益を確定することが必要であるとの結論を得た。次章では，
DVの問題を取り上げ，日本法における対応を，特に離婚法の分野におい
て検討し，海外の取組みについても考察する。

◆ 第2章 ◆ ドメスティック・バイオレンス

第1節　家族法とDV——離婚原因における配偶者暴力の評価

(1) 問題の所在

　かつて夫婦間での暴力の問題は，「夫婦げんか」に過ぎないとされ，法の介入が抑制されていた。しかし平成13年に制定されたDV防止法はこうした立場と異なり，夫婦間の暴力は「犯罪となる行為をも含む重大な人権侵害」で，国や自治体にその防止と被害者保護の責務があると明記している。他方，夫婦間の暴力は民法典制定以来，離婚原因の一つと理解され，裁判所も離婚請求を認めてきている，と一応はいいうる。しかしながら，社会が夫婦間の暴力を「夫婦げんか」ととらえてきた経緯を考えると，裁判の実態がどのようなものであったか，については検討の余地があろう。DV防止法の制定以前においては，裁判所もドメスティック・バイオレンス（以下，DV）に関して十分な知識がなく，対応が満足に行われていなかったのではないかと推測されるが，DV防止法制定後，DV離婚事例に対して裁判所の対応に変化はあっただろうか。

　これまで存在する，DVの視点から離婚判例を分析した先行研究は，主に戦後あるいは近年の裁判例に焦点を絞っている[1]。他方，明治期からの離

---

[1] たとえば，大杉麻美「離婚原因としての夫婦間暴力」『21世紀における社会保障とその周辺領域』編集委員会編『21世紀における社会保障とその周辺領域』243-253頁（法律文化社，2003），犬伏由子「離婚問題としてのDV」民商法雑誌第129巻第4・5号505-533頁（2004），小島妙子「ドメスティック・バイオレンスが法に与えたインパクト」太田知行＝荒川重勝＝生熊長幸編『民事法学への挑戦と新たな構築』759-802頁（創文社，2008），伊達聡子「配偶者からの暴力の防止及び被害者の保護に関する法律の離婚事件手続への影響について」伊藤眞＝高橋宏志＝高田裕成＝山本弘＝松下淳一編『民事手続法学の新たな地平』1113-1137

婚原因規定の変遷を法制史の観点から分析した研究は，男女不平等な規定の修正や，破綻主義をめぐる論争を主たる論点とし，夫婦間の暴力については特に重点を置いて検討していない[2]。太田武雄教授が戦前から昭和30年までの離婚裁判例を離婚原因別に分析した研究では夫婦間暴力も取り上げられているが，この研究は，DVという分析の視角がない時代のものである[3]。本節は，DVの研究で得られた知見をもとに，わが国で夫婦間暴力がどのように観念されてきたかを，明治期以前の法制をも視野に入れ，問い直すことを目的とする。以下では，離婚原因をめぐる条文・判例[4]・学説における変遷を追いつつ，夫婦間における暴力の扱い，そして，DV防止法制定がいかなる影響を及ぼしているかを明らかにし，その上で，現行離婚法のDV事例への対応がどのように評価し得るかについて検討する。

(2) 民法における離婚原因の変遷

1) 明治前期から旧民法制定前まで

明治民法制定までは，婚姻や離婚をめぐる問題は，単発の法令や各地の

頁（有斐閣，2009）。犬伏は，裁判例の分析から離婚原因としての夫婦間暴力の深刻さに対する評価を法解釈のレベルで反映させることを示唆しており，伊達は，手続法の見地から離婚調停・離婚裁判の手続きにおいて被害配偶者への配慮の工夫を提唱している。

2 浦本寛雄『破綻主義離婚法の研究』（有斐閣，1993），熊谷開作＝山脇貞司「序説（二）親族法の沿革」青山道夫＝有地亨編『新版注釈民法(21)親族(1)』16-42頁（有斐閣，1989）など参照。

3 太田武男『離婚原因の研究』（有斐閣，1956）。

4 本節では，明治前期の判例については，山中至教授の研究（山中至「わが国「破綻主義」離婚法の系譜」熊本法学68号101-142頁（1991）），戦前の判例については穂積重遠博士の研究（穂積重遠「判例に現はれた離婚原因」穂積重遠＝中川善之助編『家族制度全集 法律篇II 離婚』85-150頁（河出書房，1937）），戦前から昭和30年代までの判例については，太田教授の研究（太田・前掲注3）を参照している。これらの研究の中で引用されている判例はできる限りデータベースにも当たったが，中にはデータベースに収録されていないものもあり，確認できなかったことをお断りしておきたい。また，戦後以降の判例については，データベースを検索することによって，暴力に関わる離婚事件を抽出し，これを分析の対象とした。

行政機関の取扱いに任されていた。明治4年に戸籍法が制定され，身分関係に関して戸籍に「登記」されることになると，この登記に関連して種々の疑義が生じた場合，各地方庁より中央庁に伺を立て，中央庁の指令にもとづいて処理がなされるようになり，その指令を法源として婚姻法が次第に構築されていった[5]。明治6年5月15日太政官第一六二号布告「夫妻ノ際，已ムヲ得サルノ事故アリテ，其婦離縁ヲ請フト雖モ夫之ヲ肯ンセス，之カタメ数年ノ久ヲ経テ終ニ嫁期ヲ失ヒ，人民自由ノ権理ヲ妨害スルモノ不少候，自今右様ノ事件於有之ハ，婦ノ父兄或イハ親戚ノ内附添直ニ裁判所へ訴出不苦候事」により，妻にも離婚訴権が是認される。しかし，その後の裁判例については，江戸期同様，夫専権離婚とみるか，あるいは妻の離婚意思は裁判所によって保護されていたとみるか，論者により見解が分かれている[6]。

　それでは，当時，夫婦間の暴力を理由とする離婚の訴えはどのように扱われていたのだろうか。ここでは，明治前期の離婚訴訟において，山中至教授が「虐待」の事例として分類されたもの[7]を概観する。①東京裁判所明治12年5月10日判決（明治12年民事裁判言渡書編冊6-1）は，「原告（＝妻とその弟）ハ被告（＝夫）カ暴行ヲ原由トシテ離婚ヲ訟求」したところ，「被告ハ原告ニ対シテ苛酷粗暴ノ所遇ノアリシモノト信認」できるとして被告はその請求を抗距できないとした。②控訴審は第1審を支持し「原告ハ『きく』（＝妻）へ対シ多少苛酷暴行ノ所業アリシト認定セサルヲ得ス，因テ『きく』カ其苛酷暴行ヲ恐レ以テ離縁ヲ請求スルニ，原告之ヲ相拒ムヘキノ理由無之モノ」と判示する（東京高等裁判所明治13年2月19日判決明治12年度民事判決原本12-9）。③東京裁判所明治20年2月14日判決（明治19年民事裁判言渡書冊3-下）は，妻自身から夫に対する「離別復籍請求」であるが，「夫タル者妻ヲ遇スル苛酷ニ渉リ，動モスレハ腕力ニ訴エ之ヲ殴打スル等ノ事アリテハ，妻其夫ト同棲スルモ一日モ安堵ス

5　石井良助『日本婚姻法史』226頁（創文社，1977）。
6　浦本・前掲注2，344-348頁。
7　山中・前掲注4，121-122頁。

ル事能ハズ, 到底夫妻ノ情誼ヲ全フスルヲ得サルモノト推断スルヲ得ベク, 本案事実ノ争点モ被告カ果シテ原告ニ対シ此苛虐ノ所為ヲ施シタル事アリヤ否ヤノ一点ニ在リ」として,「其不和ノ原因如何ハ措イテ問ハザルモ, 被告ハ其性疎暴ニシテ, 原告ニ対シ苛酷残忍ノ所行アリタルモノト推知スルニ足レリ, 随テ原被告人ハ終始夫妻ノ関係ヲ平穏ニ維持シ能ハサルモノト認定スルニ付, 原告ハ被告ニ対シ充分離別ヲ要ムルノ原由アルモノト」している。④熊本裁判所明治25年5月16日判決(明治25年自1月至3月・裁判言渡書原本)は,「被告ガ果シテ如何ナル苛虐ヲ以テ原告ヲ遇シタルヤ其程度ヲ知ルニ由ナシト雖モ, 夫婦ノ間和合セス, 原告ハ被告ノ暴行ヲ恐レ屢々被告家ヲ去テ, 或ハ近隣ニ潜伏シ或ハ其実家ニ逃亡シタル事実ハ」証人の陳述等により明認できるとし, 原告が「再ヒ帰家シテ苛虐ヲ受ケンヨリハ寧ロ死スルニ若カスト自殺ヲ企図シ, 小刀ヲ以テ其咽喉ヲ自傷シタル事跡アルヲ以テ観レハ, 夫婦ノ情誼已ニ破レ到底和合ノ見込ナキモノト看認メサルヲ得ズ, 故ニ被告ハ原告ノ請求ニ応シ速ニ離婚スルヲ相当ナリトス」とする。

これらの判決について, ③では不和の原因を詮索せず離婚を認めている点, また④においては, 暴力の程度を詳細に問うことなく, 妻の反応から離婚を肯定している点が注目される。しかしながらこれらの事例は, いずれも相当苛酷な身体的暴力があったことが推察され, そうであるからこそ, 離婚が認容されたと考えられる。

2) 旧民法から明治民法へ

明治新政府によって民法典の編纂が行われ, 明治23年には家族法部分の草案が完成し公布され, 明治26年施行予定であったが, いわゆる民法典論争が起こり, 結局施行されていない。この民法典=「旧民法」における離婚原因は, 以下のようなものである。

人事編81条 離婚ハ左ノ原因アルニ非サレハ之ヲ請求スルコトヲ得ス

64

第1　姦通但夫ノ姦通ハ刑ニ処セラレタル場合ニ限ル

第2　同居ニ堪ヘサル暴虐，脅迫，及ヒ重大ノ侮辱

第3　重罪ニ因レル処刑

第4　窃盗，詐欺取財又ハ猥褻ノ罪ニ因レル重禁錮1年以上ノ処刑

第5　悪意ノ遺棄

第6　失踪ノ宣言

第7　婦又ハ入夫ヨリ其家ノ尊属親ニ対シ又ハ尊属親ヨリ婦又ハ入夫ニ対スル暴虐，脅迫，及ヒ重大ノ侮辱

　DVとの関連では第2号の規定が注目されるが，具体的にはどのような言動が該当すると考えられていたか。磯部四郎博士によれば，「暴虐」とは「非道残酷ノ取扱」を，「脅迫」とは「暴虐ノ取扱ヲ加ヘントシテ威嚇セシムル」をいい，「重大ノ侮辱」とは「言語動作又ハ文書ヲ以テ名誉面目ヲ毀損シ耐ユハカラサルノ所為」をいう[8]。ただ，「如何ナル所為ニシテ果シテ暴虐，脅迫又ハ重大ノ侮辱ト認ムヘキヤヲ確定スルハ亦甚タ困難ナリ然レドモ是レ事実上ノ問題ニ属スルヲ以テ」裁判官の判断に一任せざるをえない[9]。また，「同居ニ堪ヘサル」という文言があることから，仮に暴力的な言動があったとしても一時的なものに過ぎず「再ヒ親和シタルトキノ如キハ」認められないとする。従って裁判官は「所為ノ軽重ヲ調査シ且諸般ノ情況ヲ酌量」しなければならない。

　さらに磯部博士は本号該当行為につき以下のような基準をあげる。「殆ント生命ヲ害スルカ如キノ所為」「殴打創傷ノ甚シキ所為」は，単発であるか継続した行為かを問わず離婚原因を構成する。しかし，甚だしい暴力であっても，「本人ノ真意ニ出テタルニアラサル場合」すなわち「発狂」

8　磯部四郎「第2節特定原因ノ離婚　第1款離婚及ビ不受理ノ原因」『民法〔明治23年〕釈義人編之部（上）』（長島書店，1891）日本立法資料全集別巻89，300頁（信山社，1997）。

9　同上，302頁。

した場合や「癲癇者」が「精神錯乱」した場合は離婚原因を構成しない。
「夫婦同室ノ間ニ於ケル所為」については「普通ノ場合トハ同視スルヘカ
ラサルモ」，「夫カ腕力ヲ用ヒテ強ヘテ意ニ従ハシメントシ又ハ婦ノ健康ヲ
害スルヲ顧ミスシテ其情欲ヲ逞フスル場合ノ如キ」は，離婚原因となる。
なぜならば，「斯ノ如キ所為ハ生命ヲ危フスルモノト云ハサルヲ得」ない
からである[10]。

　以上のように，磯部博士によれば，極めて深刻な身体的被害が発生する
程度の暴力がなければ離婚原因と認められない。また，性的な暴力に関し
ても離婚原因となる可能性を認めてはいるが，そこでも生命が危険に曝さ
れるほどの暴力である必要がある。さらに，「重大な侮辱」の例として挙
げられるのが姦通の讒訴，離婚を請求して敗訴した場合，夫が妻に梅毒を
うつし妻が梅毒に感染していることを他人に知らしめた場合等であること
に鑑みれば，侮辱という語が使われているものの，DVの一形態である精
神的な暴力ではなく，名誉毀損の事例に近い。その結果として，今日の
DVの実態に照らすと，この時期は限定した場合しか離婚原因として想定
されていなかったと考えられる。

　旧民法典の修正により，明治31年に新たな民法典（以下「明治民法」）
が制定された。ここでは離婚原因は以下のように規定された。
　第813条　夫婦ノ一方ハ左ノ場合ニ限リ離婚ノ訴ヲ提起スルコトヲ得
　　　　　　1 配偶者カ重婚ヲ為シタルトキ
　　　　　　2 妻カ姦通ヲ為シタルトキ
　　　　　　3 夫カ姦淫罪ニ因リテ刑ニ処セラレタルトキ
　　　　　　4 配偶者カ偽造，賄賂，猥褻，窃盗，強盗，詐欺取財，受
　　　　　　　寄財物費消，臓物ニ関スル罪若シクハ刑法第175条第
　　　　　　　260条ニ掲ケタル罪ニ因リテ軽罪以上ノ刑ニ処セラレ又
　　　　　　　ハ其他ノ罪ニ因リテ重禁固3年以上ノ刑ニ処セラレタル

10　同上，303頁。

トキ

5 配偶者ヨリ同居ニ堪エサル虐待又ハ重大ナル侮辱ヲ受ケ
　タルトキ

6 配偶者ヨリ悪意ヲ以テ遺棄セラレタルトキ

7 配偶者ノ直系尊属ヨリ虐待又ハ重大ナル侮辱ヲ受ケタル
　トキ

8 配偶者カ自己ノ直系尊属ニ対シテ虐待ヲ為シ又ハ之ニ重
　大ナル侮辱ヲ加エタルトキ

9 配偶者ノ生死カ 3 年以上分明ナラサルトキ

10 壻養子縁組ノ場合ニ於テ離縁アリタルトキ又ハ養子カ家
　女ト婚姻ヲ為シタル場合ニ於テ離縁若シクハ縁組ノ取消
　アリタルトキ

　夫婦間の暴力に関しては，旧民法 81 条第 3 号の文言に若干の変更が加
えられ第 5 号となった。旧民法の「暴虐，脅迫」という表現は「虐待」に
総括された[11]。梅謙次郎博士は，『民法要義』親族編で，本号における行為
に該当するかは事実問題で，「時勢ノ変遷ニ因リ自ラ変更ヲ受クヘキ所」
であると述べる。具体的には「打擲ヲ為シ又ハ食物ヲ給与セサル如キハ同
居ニ堪ヘサル虐待ト謂フヘク又甚シキ罵言，讒謗ヲ為スハ重大ナル侮辱ト
謂フヘキコト固ヨリ論ナキ所ナリ」とし，しかし，同じ行為であっても行
為者が夫か妻かで適用が変わってくるという。例えば，「中等以下ノ社会
ニ在リテ」夫が妻の臀部を軽く打ったとしても本号の適用はないが，逆に
妻が同じことを夫にすれば，「重大ナル侮辱ヲ加ヘタルモノトシテ」離婚
を請求できるとする。ただ，「社会ノ進歩スルニ従ヒテ輿論ハ此区別ヲ認
メサルニ至ルヘシ然ルトキハ今日離婚ノ原因ト認メサルモノモ後日離婚ノ

11　明治 29 年に行われた第 149 回法典調査会の速記録によれば，富井政章博士が
　「既成法典ノ通リ唯ダ「暴虐脅迫」トアツタノヲ「虐待」ト致シマシタ「虐待」ト
　云ヘハ総括スルデアラウト思ヒマス」と述べている（法務大臣官房司法法制調査
　部監修『日本近代立法資料叢書 6 法典調査会民法議事速記録 6 第 137 回-167 回』
　376 頁（商事法務研究会，1984））。

原因ト認ムルコトアルヘシ」とも述べており，興味深い[12]。これは現代に
おいてまさに問題となっている点である。

　穂積重遠博士は，第 813 条の離婚原因のうち，1，2，3，4，9，10 の各
号を「確定的離婚原因」と称し，「此等の各離婚原因については，其事実
さへ証明されれば其上それが果して離婚原因に該当するか否かを評価する
ことを要しない」と述べる[13]。他方，5，6，7，8 の各号は「不確定離婚原
因」であり，「主張された事実が証明されただけでは足りぬのであって，
それが果して「虐待」とか「侮辱」とか「遺棄」とかになるかならぬかが
評価されねばならぬ」とする。つまり「元来「虐待」「侮辱」又は「遺棄」
と云ふ概念自身が甚だ相対的なものである所へ，更に「同居ニ堪ヘザル」
「重大ナル」及び「悪意ヲ以テ」と云ふこれ亦頗る漠然たる形容詞が冠ら
されて居るので，一層其内容が不確定である」[14]。そのため具体的な離婚法
を知るためには判例を収集するしかないという。

　穂積博士は第 5 号に関連するものとして 90 例の判例を挙げる[15]。「虐待」
に関する事例について注目されるのは，配偶者の暴行の理由や原因の如何
にかかわらず離婚請求を認容するとしている判決があることである。たと
えば，⑤大判明治 38 年 5 月 30 日大審院民事判決録 11 輯 815 頁（「同暴行
カ夫ノ一時ノ憤激ニ出テタルト否ト又夫婦間ノ不和合ニ原因シテ生シタルト否
トニ拘ハラス」），⑥大阪控判明治 41 年 4 月 17 日最近判例集 2 巻 96 頁（「其
虐待ヲ加フルニ至リタル原因ノ如キハ法律ノ問ワザル所ナリ」），⑦東京地判大
正 3 年 10 月 30 日法律新聞 981 号 18 頁（「縦令争論ノ末一時ノ激怒ヨリ発シ
タリトスルモ，妻ニ対シテ同居ニ甚ヘザル虐待ヲ為シタルモノト認ムルヲ得」）
などである。また，暴力が一時的なものか継続的なものかを問わないと明
言している判決もある。例えば，⑧大判明治 40 年 5 月 24 日大審院民事
判決録 13 輯 580 頁（「継続的ナルト一時的ナルトヲ問ハズ」）。さらに，上記

12　梅謙次郎『民法要義巻之四親族編（第 13 版）』221 頁（明法堂，1903）。
13　穂積・前掲注 4，86-87 頁。
14　同上，88 頁。
15　同上，109-149 頁。

⑤は「被上告人（＝妻）カ上告人（＝夫）ノ暴行ニ因リ負傷シタルヤ否ハ其判決ニ毫モ影響ヲ有セサル」として，暴行の証拠として創傷が生じたかどうかを要しないとしている。

　しかしながら，離婚請求を否認した判決例では，⑨「当時妻ニ於テモ亦他ノ男子トノ間ニ穏当ナラザル行為ノ疑フベキモノアリテ夫婦間兎角和合ヲ缺キ屡々喧嘩ヲ為シタル末前示ノ如キ殴打ヲ見ルニ至リ……此ノ殴打ノ一事ノミニヨリ輙チ夫ガ妻ニ対シ同居ニ堪ヘザル虐待ヲ為シタリトハ認メ難シ」（東京控判大正10年6月6日法律新聞1899号22頁）として，暴行の原因を問うことによって離婚請求の可否を判断しているものや，⑩「夫ガ一時憤激ノ餘」り暴行をふるったに過ぎないとして離婚請求を否認している判決（長崎控判大正3年3月19日法律新聞952号27頁），⑪夫が妻にふるった暴行は「何レモ創傷ヲ為ス程度ニ達セ」ず離婚事由と認めるには足りないとした判決（東京地判大正3年3月30日法律新聞962号29頁），⑫夫が妻の姦通を疑い他人の面前で妻を罵り殴打したが，「夫ノ所為ハ当事者間ニ決シテ稀有ナラザル夫婦喧嘩ノ一場合ニ外ナラズ」離婚事由には当たらないとした判決（東京控判大正9年11月13日法律新聞1845号11頁），⑬夫婦間の口論の末，妻が短刀を取り出し夫に取り上げられた事例で「諸般ノ事情ヲ考察スルトキハ，……夫婦喧嘩ノ聊カ昂ジタルモノニ外ナラズ」離婚原因と為すには足らないとした判決（東京控判大正9年12月18日法律新聞1845号12頁）など，一見上記の諸判決とは相反する判断基準を示している裁判例がみられる。

　これはどういうことだろうか。公表されている資料の範囲で見る限り，これらの差異は，認定された暴行の程度によることが推測される。なぜなら，上記認容例で，⑤（大判明治38年）「長サ二，三尺位太サ三，四寸位ノ竹棒ヲ以テ殴打シ妻ノ倒レタルニ乗ジテ重テ又足ヲ挙ゲテ之ヲ蹴リタル」，⑥（大阪控判明治41年）「夫ガ妻ヲ殴打シ数ヵ所ニ打撲傷ヲ負ワシメ之ガ為メニ妻ヲシテ一時動作ノ機能ヲ失フノ苦痛ヲ感ズルニ至ラシメ，尚其殴打ヲ逞フセントシタル」，⑦（東京地判大正3年）「夫ガ妊娠中ノ妻ニ対シテ其咽頭部ヲ押ヘテ之ヲ縊ラントスル」，⑧（大判明治40年）「夫ハ……妻

ノ面部ヲ乱打シ腫脹ヲ来シ且力ヲ用ヒテ其頭髪ヲ引キ因テ左鬢ノ毛ヲ脱落シ其部分ノ皮膚ヲ損傷シ出血スルニ至ラシメタ」という事実が認められている一方，上記否認例では，⑨（東京控判大正10年）が「夫ガ大正7年ヨリ同8年ニ亘ル前後4回妻ヲ殴打シタルコトヲ認メ得ル」とだけあり，回数以外の詳細については不明であること，⑩（長崎控判大正3年）が「夫ガ……妻ノ面部ヲ一回手ヲ以テ特ニ苛酷ニ渉ラザル程度ニ於テ殴打シタル」と，一回だけでの「苛酷」ではない殴打であることが強調されている。⑪（東京地判大正3年）では，「創傷ニ至ラザル暴行ト雖モ其激シク繰返サルルニ當リテハ固ヨリ甚ダシキ虐待ト云フヲ妨ゲズト雖モ」本件は「然ラザル場合」であるとするのみで，詳細は不明である。⑫（東京控判大正9年11月）の殴打についてはその程度については何ら言及されておらず，⑬（東京控判大正9年12月）は短刀を取り出しただけで実際に相手を負傷させるには至っていないようである。

　こうした比較からは，一定程度以上の暴行の事実が明らかなときは，その理由・原因を問わず，その態様の一時的・継続的の如何によらず，創傷あることを要せず，「同居に堪えざる虐待」と認定されるが，そうでなければ，その暴行のよって来る背景を斟酌し，暴行が正当化できるかどうかが判断されるということではないだろうか。太田武男教授は，当初は苛酷な行為のみを取り上げ，それだけを以て離婚原因足りうるとし，動機如何等を問わなかった裁判所が，のちに個々の行為の苛酷性より，その行為により相手方において同居の継続が困難になったか否かを具体的相対的に決することに改めたものと分析されている。しかしながら大正，昭和前期の判例を通じて，配偶者の暴力が離婚原因と認められたものはいずれも程度の甚だしい暴力の事例であり，それに比べれば軽度の暴力行為であっても具体的相対的判断により離婚原因に該当するとされた事例は見当たらない。どのような理論づけがなされているにせよ，結局のところ，暴力行為の程度によって離婚請求の可否が判断されているのではないかと思われる。

　「重大ナル侮辱」に関しては，その特徴的なこととして，夫の姦通が妻への侮辱として離婚が認められているということである。現行民法では妻

も夫も不貞行為が離婚原因とされているが，当時は妻の場合だけであり（第813条2号），夫は姦淫罪に処せられたときだけが問題とされていた（同条3号）。その不公平さは学説上しばしば指摘されていたが，裁判所はその点につき，夫の不貞行為の中でも重婚関係にあるような事例に関しては妻への「重大ナル侮辱」と認めて処理している。この時期は，磯部博士が挙げた明治前期の名誉毀損に該当する事例のように配偶者を告訴する例，告訴までには至らないが，近隣や相手の両親，媒酌人等の前で誹謗中傷した場合などが大半であり，第三者の目撃がない状況での精神的な虐待や言葉による暴力などのケースはみられず，当事者の社会的地位や学歴が問題とされることが多いのも特徴である。妻の窃盗を疑った夫が仲裁人等の面前で妻を裸体にした事例で，「重大ナル侮辱」に当たらないとした控訴院の判断に対し，「当事者ノ身分職業ノ高下ヲ論ゼズ」とした⑭大判明治38年6月17日民事判決録11輯1036頁がある。他方，重大な侮辱を受けたかどうかは，「各人ノ社会上ノ地位又ハ其品性ノ如何ニ因リ常ニ必ズシモ画一的ニ論断スルヲ得ザル」とする判決（⑮大阪控訴院大正4年判決（ネ448号判例1巻92頁）），「夫ガ長屋住ヒノ植木職」であり，「此地位此社会此家庭ノ人トシテハ」当該事例は離婚原因に該当しないと判断した判決（⑫東京控判大正9年11月）等がある。

3) 戦後の民法改正作業

戦後の民法改正により，離婚原因規定も下記のように改められた。

770条①夫婦の一方は次に掲げる場合に限り，離婚の訴えを提起することができる。

　　　　　　1配偶者に不貞な行為があったとき
　　　　　　2配偶者から悪意で遺棄されたとき
　　　　　　3配偶者の生死が3年以上明らかでないとき
　　　　　　4配偶者が強度の精神病にかかり，回復の見込みがないとき

71

　　　5 その他婚姻を継続し難い重大な事由があるとき
　　②裁判所は，前項第1号から第4号までに掲げる事由があ
　　　る場合であっても，一切の事情を考慮して婚姻の継続を
　　　相当と認めるときは，離婚の請求を棄却することができ
　　　る。

　明治民法第813条5号の，「同居ニ堪エサル虐待又ハ重大ナル侮辱」と
いう文言は姿を消している。この修正の理由は何だったのだろうか。戦後
の民法改正は，憲法改正に伴い，個人の尊厳・両性の平等という観点から
行われたが，その改正のための議論は，昭和21年7月2日内閣に臨時法
制調査会が設置されてから翌22年7月13日に改正案が国会に提出される
までの約1年間の間になされている。そこで提案され議論された改正案を
時系列でみていくと，途中で配偶者からの虐待に関する規定がなくなって
いるのが分かる。
　まず，民法改正要綱案（幹事案）（昭和21年7月20日）B班案からみて
みよう。離婚原因として次のような規定が提案されている[16]。

　　第6 離婚の原因
　　　1 裁判上の離婚原因を左の如く定むること
　　　　(1)（甲）妻に不貞の行為ありたるとき
　　　　　　　　夫が著しく不行跡なるとき
　　　　　（乙）配偶者に不貞の行為ありたるとき
　　　　　（丙）配偶者が姦通を為したるとき
　　　　(2)配偶者又は其の直系尊属より著しい不当の待遇を受けた
　　　　　るとき
　　　　(3)自己の直系尊属が配偶者より著しく不当の待遇を受けた
　　　　　るとき

16　我妻栄編『戦後における民法改正の経過』218頁（日本評論新社，1959）。

　　⑷配偶者の生死が 3 年以上分明ならざるとき

　　⑸その他婚姻を継続し難き重大な事由存するとき

　　2 裁判所は前項の事由あるときと雖も一切の事情を斟酌して相

　　　当と認むるときは離婚の請求を却下することを得るものとす

　　　ること

　ここでは，明治民法 813 条における第 5 号，7 号の内容が一つにまとめら

れ，第 2 号の規定となっている。その後の民法改正要綱案については，

起草委員会第一次案（昭和 21 年 7 月 27 日），第二次案（同年 7 月 29 日），

第二小委員会決議（同年 7 月 30 日），司法法制審議会第二回総会決議（同

年 8 月 15 日），臨時法制調査会総会原案（同年 8 月 19 日），司法法制審議会

第三回総会決議（同 9 月 11 日）に至るまで，この第 2 号の文言に変化はな

い。民法改正法案 [17] についても，第一次案（同年 8 月 11 日）から第六次案

（昭和 22 年 3 月 1 日）まで，上記 2 号の文言は変わっていないのであるが，

第七次案において 2 号は削除されている。これは，3 号と共に，配偶者の

尊属との関係を離婚原因としている点で，家族制度の残滓である，との批

判が各方面から寄せられたこと，及び GHQ の関与もあったことが指摘さ

れている [18]。

　しかしながら，そのために尊属からのもののみならず，配偶者からの

「著しい不当の待遇」も削除されることになる点については，当時の資料

や我妻教授ならびに当時立案に関わった委員たちの座談会においても言及

されていない [19]。

　手掛かりとなるのが，現行民法 770 条 1 項 5 号「その他婚姻を継続し難

17　民法改正要綱案と民法改正法案の関係について，我妻教授は以下のように述べ
　ている。「法律案作成の常道から申しますと，まず要綱を確定し，しかる後に，そ
　れに基づいて条文の作成をなすべきでありますから，右の二つの系統は，前後を
　なして，継続するはずです。ところが，民法の改正におきましては，非常に仕事
　を急ぎましたので，一方では要綱を審議し，他方では，それと並行して，条文の
　立案をしてまいりました」（同上，3 頁）。

18　同上，145 頁，浦本・前掲注 2，385-390 頁。

19　我妻，同上。

い重大な事由」である。昭和27年発行の『註釋親族法（上）』において，中川善之助教授は，本号は相対的離婚原因であり，当該夫婦において何が具体的に「婚姻を継続し難い重大な事由」にあたるかは裁判所の裁量によって判断されることになるが，「一応の一般的標準」があると述べる。先ず最初に挙げているのが，明治民法813条規定の10個の離婚原因で，その中でも，「第1，第2，第3の原因は現行法では本条1項の1号の不貞行為に包含され，第6，第9の原因はそのまま現行の2号・3号になっているから，残るところは第4・第5・第7・第8・第10の5つがあるが，これらはすべて本号の相対的原因となりうると考えられる」とする[20]。民法改正案の起草委員であった中川善之助教授が，このように述べていることから，民法改正作業においても，配偶者による虐待は，必ずしも独立した離婚原因として規定する必要はなく，「その他婚姻を継続し難い重大な事由」として扱えばよいと考えられていたため，終局的には削除されるに至ったと推測できる。

　穂積重遠博士は「元来「虐待」「侮辱」又は「遺棄」と云ふ概念自身が甚だ相対的なものである」とし，明治民法813条5号を「不確定離婚原因」と呼んでいた[21]。また，博士はドイツ民法とスイス民法における離婚原因を比較検討した上で，明治民法813条5号が「実際上相対的離婚原因の作用をして居る」が，「やはり此第5号だけでは千差万別なるべき各場合の事情に応ずることは到底できない」ので，「全体第813条の列挙が既に露骨と煩瑣とに過ぎるのだから，それを出来るだけ減らして末号に相対的離婚原因を附加するのが最も賢明なやり方と思われる」と述べ[22]，次のような私案を提示している。

　民法第813条ヲ左ノ如ク改メ，第814条乃至818条ヲ削除スルコト。
　　第813条1項夫婦ノ一方ハ左ノ場合ニ離婚ノ訴ヲ提起スルコトヲ得。

20　中川善之助編『註釋親族法（上）』276-277頁（有斐閣，1952）。
21　穂積・前掲注4，88頁。
22　穂積重遠『離婚制度の研究』890-892頁（改造社，1924）。

74

　　　１配偶者ガ重婚ヲ為シタルトキ。

　　　２配偶者ガ姦通ヲ為シタルトキ。

　　　３配偶者ヨリ悪意ヲ以テ遺棄セラレタルトキ。

　　　４配偶者ノ生死ガ３年以上分明ナラザルトキ。

　　　５其他婚姻ヲ継続シ難キ重大ナル事情アルトキ。

　　２項前項第１号乃至第４号ノ事由アル場合ト雖モ，離婚セシ
　　　ムルコトガ，却ッテ甚シク不当ナル場合ニハ，裁判所ハ離
　　　婚ノ判決ヲ為サザルコトヲ得 [23]。

　「強度の精神病」こそ挙げられていないものの，この穂積重遠博士の私
案においては，夫婦の平等・家制度の廃止という視点から見たとき，戦後
の民法改正作業において現れた一連の草案より，数段現行 770 条に近い体
裁が既に整えられているといえよう。博士はこの私案について，まず，明
治民法 813 条の 1，2，3 号を夫婦平等の規定に書き換えた上で残す，4，5
号は相対的離婚原因中に包含させる，6 号はそのまま維持，7，8 号も相
対的離婚原因中に包含せしむべき，9 号は維持，10 号もまた相対的離婚原
因に包含させて十分，と解説を加えている [24]。

　「相対的離婚原因」の発想の淵源は，明治 29 年の第 149 回法典調査会
における穂積陳重博士の明治民法原案第 823 条（離婚原因）に対する修正
案に遡ることができる。原案 823 条は，旧民法同様，限定主義，有責主
義を原則とするが，陳重博士は自由離婚主義の採用を主張し，原案 823
条の次に，824 条として「共同生活ニ堪ヘザル不和」を加えるか，あるい
は 823 条中に新たに 5 号として「同居ニ堪ヘザル夫婦間ノ不和」という
離婚原因を加えるか，という 2 種類の修正案を提出した。その修正案は，
法典調査会でほとんど議論されず一人の賛成者も得られずに終わったが，
その系譜は，後述する大正期の臨時法制審議会に引き継がれることになる。
博士がその説明の中で，後者の修正案 5 号の内容に言及する部分は以下の

23　同上，896-897 頁。

24　同上，895-896 頁。

ようなものである。

> 私ハ夫婦間ノ不和，回復スベカラザル不和ハ姦淫罪トカ或ハ重禁錮 3 年
> ト為ツテモ宜シイガ又心神喪失ハ削レマシタガ外ノサウ云フヤウナ風ノ
> 虐待トカ侮辱トカ遺棄トカ云フモノヨリモ夫婦間ノ愛情ガ既ニ滅シテ互
> ニ相反目スルト云フヨウニ為ツテハ婚姻ノ基礎ヲ害スル夫レ所デハナイ
> 愛情ガ已ニ去ツテ双方ガ喰付テ居ルノガ嫌ヤト云フノハ徳義上夫婦デナ
> イ徳義上夫婦デナイ者ヲ法律ガ夫婦デナケレバナラヌト云フコトニスル
> ノハ如何ニモ道義ニ反スル法律ト為ルト思イマス此不和ト云フモノガ私
> ハ姦通ヨリモ何ヨリモ重イト思イマス[25]。

　この発言から，陳重博士が，離婚事件においては，「虐待」「侮辱」等の
事実の存否よりも，夫婦関係が破綻しているか否かの判断こそが重要であ
るという破綻主義的考え方に立っていることが推察できる[26]。

　重遠博士は，大正 8 年に設置された臨時法制審議会の幹事の一人で，そ
の後の民法改正作業を中心的に担っている。そこで大正 14 年に作成され
た第 16 項列挙の離婚原因第 6 号として「其他婚姻関係ヲ継続シ難キ重大
ナル事情存スルトキ」が加わったことについて，後日，「正に一旦死骸と
して葬り去られた穂積案が 30 年後に復活した形であって，故人としても
多少の感慨があったことと思ふ」と父・陳重博士の上記修正案との関連に
言及している[27]。昭和 2 年に司法省内に民法改正調査委員会が設置され，
重遠博士は委員として親族法原案作成を担当している。そこで昭和 19 年
に戦局の悪化により改正作業の中止が命じられる前に作成されていた「人

25　法務大臣官房司法法制調査部・前掲注 11，387 頁。
26　ただ，これが，「虐待」等の事情がなくても，夫婦が不和であれば，離婚を認め
　　てよい，という言明にとどまるのか，あるいは逆に，「虐待」があっても，夫婦関
　　係が未だ破綻せずと評価し得るなら，離婚は認められないのだ，という趣旨とま
　　で理解してよいのかは定かではない。したがって，穂積陳重博士が，夫婦間の暴
　　力を今日の「相対的離婚原因」と同様に見ていたかは不明である。
27　浦本・前掲注 2，372 頁。

事法案」第 4 草案中の離婚原因規定は，ほとんど先の「民法親族編中改正ノ要綱」第 16 項と同じ内容であり，これらの草案が戦後の法改正の参考にされ，新法の解釈にとっても重要な意義があるものであったという[28]。

上記のような民法改正の経緯から，配偶者からの虐待・侮辱は，絶対的離婚原因ではなく相対的離婚原因であると認識されたため，破綻主義の採用とともに姿を消したと理解できる。民法 770 条全体は破綻主義にもとづくと理解されているが，条文の構造に曖昧さがあり，個々の離婚原因に関しても解釈上の不明確さが残されている。そのため有責主義者からの離婚請求をめぐって学説上，消極的破綻主義と積極的破綻主義の立場が対立しているのは周知のとおりである[29]。配偶者からの暴力の問題を離婚原因としてどのように理解すべきかも，このような 770 条をめぐる議論の状況の中で考える必要がある。

(3) 暴力を理由とする離婚裁判と DV 防止法

これまで見てきたように，配偶者からの暴力は，明治前期より離婚原因と認められており，旧民法及び明治民法においては離婚原因の一つとして法典上も明記されていた。しかしながら，その後の家族法改正のプロセスにおいて，配偶者からの暴力を相対的離婚原因とする考え方が定着し，現行民法では，770 条 1 項第 5 号「その他婚姻を継続しがたい重大な事由」に吸収されるに至った。したがって，配偶者からの暴力行為が認められても，それ自体で直ちに離婚が成立するものではなく，さらに，当該行為が「婚姻を継続しがたい重大な事由」と認定されるかどうかは，裁判官の裁量に委ねられている。

それでは，ここで，本節の出発点であった DV 防止法は離婚裁判における裁判官の裁量に影響を与えているか，という問いについて検討した

28　同上，382 頁。

29　阿部徹「第 4 節第 2 款裁判上の離婚第 770 条」島津一郎＝阿部徹編『新版注釈民法(22)親族(2) 763〜771 条』396-401 頁（有斐閣，2008）。

い[30]。まず，戦後から DV 防止法施行前までの裁判例をみてみよう。

　戦後間もない裁判例の中には，新憲法の理念を援用して，夫から妻への暴力を容認できないと説示したものが現れた。[1] 松江地判昭和 25 年 2 月〔日付不明〕下民集 1 巻 2 号 313 頁は，次のように述べている。

　　新憲法により認められた両性の本質的平等の観念がいまだ徹底せず，封建的な夫優先の思想が根強く存在している此の地方に於て，夫が妻に対し暴力を揮うことは，世上しばしば見聞するところであるが，それは多く弱者である妻のくつ従によって大して問題とせられないまゝ黙過されているのである。しかしながら暴力はたとえ夫婦間においても否定されるべきであって，夫の性格が粗暴でしばしば妻に対し暴行を加え，それが妻にとって耐え難く見える場合，なお，妻に対して婚姻関係の継続を強要して夫に対する忍従を求めることは妻の人格の犠牲において夫の暴力を是認して，男女不平等の封建的家族制度を認容する結果となり，新憲法の精神も背き，とうてい許されないところである。

この他にも新憲法の理念から夫による暴力を強く否定すべしと説く判決（[2] 長野地諏訪支判昭和 27 年 8 月 20 日下級民集 3 巻 8 号 1158 頁）もあるが，両判決とも甚だしい身体的暴力の事例で，戦前であったとしても離婚請求が認容されたと推測される。ただ判決が新憲法の理念から夫の暴力を許すべからざるものとした点に新たなものがあると評価できよう。

　DV 防止施行以前の公表例はそのほとんどが離婚請求を認容するものであり，請求が棄却された事例はごくわずかである。離婚が認められなかった事例においても，配偶者が身体的暴力をふるったという事実が明確に否定されたものは見当たらない。ただ，身体的暴力ではなく夫の精神的暴力

---

[30]　データベースの検索により，夫婦間に暴力のあった離婚事件の抽出を行い，その結果出てきた裁判例に基づき検討を試みた。キーワードを変えて何度かデータベースの検索を重ねたところ，そのたびに結果が変わるため，このような検索方法の限界から，本節が依拠している裁判例は，公表された DV の離婚事例すべてを網羅しているとは言えないことをお断りしておきたい。

を訴えた妻のケース（[3] 東京高判平成13年1月18日判タ1060号240頁）
では，当該行為の存否確定は困難であるとし，夫の反省と努力の余地を認
め，妻の請求を棄却している。

それでは，身体的暴力の事実がありながら，離婚請求が棄却された事例
では，どのような判断が行われたのだろうか。妻からの離婚請求事例では，
[4] 東京高判昭和53年3月29日判時893号38頁がある。これは，夫が
「いきなり被控訴人（＝妻）を転倒させ，被控訴人の首を絞め，「今日とい
う今日は殺してやる。」とどなり，被控訴人に対両上腕打撲，右前胸部打
撲の傷害を被らせた」事例であるが，判決はこの暴行を不法と認めつつも，
妻の態度がその一因となっていること，傷害も軽微なもので，他に暴行を
ふるった跡がなく，夫は婚姻の継続を望んでいることを理由として，妻の
離婚請求を棄却した。[5] 名古屋地岡崎支判平成3年9月20日判時1409
号97頁は，妻からは夫の暴力が執拗であり，妻が気を失って倒れるまで
殴りつけるというようなものであったこと等が主張された事例であるが，
夫が婚姻の継続を懇願しており，夫が反省すれば婚姻の継続は可能である
として，妻の離婚請求を斥けている。

逆に夫からの離婚請求が否定された事例として，[6] 東京地判平成10
年1月30日判タ1015号232頁がある。妻が生命の危険まで感じさせる夫
の暴力から自分や子どもを守るため別居に至った事例で，妻が婚姻生活を
修復することができるのではないかとの気持ちを捨てていないことから，
夫が「以降このような態度を真しに反省し，被告との融和を図る積極的な
努力をするようになれば，被告との婚姻関係はなお修復の可能性があるも
のと考えられ」婚姻を継続し難い重大な事由があると認めることはできな
いとした[31]。また，夫の暴力を認め，それが故に夫を有責配偶者として，

31　被害者本人の意思の尊重は重視されねばならないがDV加害者が暴力をやめる
　　のは相当に困難とされていることを考えると，この判決後の妻子の安全が憂慮さ
　　れる。DV被害者支援において，被害者の意思を最大限尊重することが，重要と
　　されている点につき，鈴木隆文・麻鳥澄江『ドメスティック・バイオレンス――援
　　助とは何か　援助者はどう考え行動すべきか（改訂版）』（教育史料出版会，2004），
　　尾崎礼子『DV被害者支援ハンドブック――サバイバーとともに』（朱鷺書房，

その離婚請求を認めない，という理論構成をするケースも少なくない（[7]
東京地判昭和 58 年 1 月 24 日判時 1080 号 86 頁）[32]。

　次に，平成 13 年 10 月 13 日の DV 防止法施行以降における，配偶者の
暴力を理由とする離婚裁判の動向であるが，その時期の離婚裁判例で公表
されたもののうち，配偶者の暴力を理由とし民法 770 条 1 項 5 号の離婚原
因の有無が争われた事例をみてみよう。離婚が認められたものとしては，
[8]　神戸地判平成 13 年 11 月 5 日（平 12(タ)114，裁判所ウェブサイト掲載）
がある。これは，夫から妻に対して言葉の暴力および，激しい身体的暴力
と性暴力があったとして妻から離婚が請求された事例である。判決では，
「原告（妻）と被告（夫）との婚姻関係は，当初から被告の原告に対する
強権的支配の下で，原告が被告に服従を強いられ，原告は忍耐を重ねてい
たが，そうした中でうつ病に」り患したことが認定された。[9] 広島高
岡山支判平成 16 年 6 月 18 日判時 1902 号 61 頁も，妻からの離婚請求が認
められている。これは，夫が婚姻当初から妻や子供に暴力をふるい，その
後不貞行為の継続もあり婚姻関係が破綻したとして妻から離婚請求がなさ
れたケースである。広島高裁は夫の「粗暴かつ専横な言動」や不貞関係の
継続，妻への暴力等「一連の言動が本件婚姻破綻の主要因になっているこ
とは明らか」と判示した。離婚が否定された事例は，夫が妻の暴力行為等
を主張して離婚を請求したケースである（[10] 東京高判平成 19 年 2 月 27
日判例タイムズ 1253 号 235 頁）。夫の主張は採用されず，婚姻破綻の原因は
夫の不貞行為にあると認定された。したがって本件は有責配偶者からの離
婚請求であり，障碍を持つ子がいること，離婚後妻が経済的に過酷な状況
に置かれること等を理由に，当該離婚請求は信義則に照らして認容するこ
とができない，としたものである。

　このように，DV 防止法制定が離婚裁判に及ぼした影響を評価するには，

　2005）参照。

32　同趣旨の裁判例として，大阪高判昭和 24 年 7 月 1 日最民集 6 巻 2 号 119 頁，神
　　戸地判昭和 26 年 4 月 30 日下民集 2 巻 4 号 590 頁，甲府地都留支判昭和 42 年 5 月
　　17 日判タ 209 号 231 頁，東京高判昭和 59 年 12 月 10 日判タ 552 号 262 頁。

公表された裁判例が少ないため，本格的な検討は，今後データの蓄積を待って行いたい。ただ［8］神戸地判平成 13 年は，次のような点で DV 防止法の影響が見いだされる唯一の例である。妻側の主張の中に「被告の日常的な暴力（ドメスティックバイオレンス）」という表現があり，判決理由中にはこの表現は使われていないものの，前述したように夫婦間に支配－服従の関係が成立していたことが認定されており，その中で「強権的支配」という語が使われている。この判決の他に，当事者の主張においても判決理由においても，このような表現を使っている裁判例は見出すことができなかった。本件の場合，おそらく DV 防止法が意識されての認定ではないかと推測される。

　以下では，戦後から現在まで公表例のうち，暴力を理由とする離婚事例について，現在の DV 研究から得られた知見をもとに，裁判所の判断の妥当性を検討する。

⑷　離婚裁判における暴力の評価

1)　身体的暴力の評価

　a. 傷害の有無・程度　　配偶者の暴行が傷害をともなう程度のものであったことが認定されたケースでは，大半が被害者側の離婚請求を認めている。たとえば，以下の判決例はいずれも，離婚請求を認めた事例であるが，［1］は，「被告（夫）は……火ふき竹で原告の脚や頭部を数回強打して，原告（妻）に脳震盪を起こさした上，治療約 3 週間を要する右側頭部挫創及び両下腿打撲結集を負わしめた」事実，［11］仙台地判昭和 30 年 11 月 22 日下民集 6 巻 11 号 2412 頁では，夫が妻の「頭部をキセルで殴打し，穴のあく程の傷害を与え」た事実，［12］横浜地判昭和 55 年 8 月 1 日判時 1001 号 94 頁では，「被告（夫）は……激昂して，原告（妻）を畳の上に引き倒したり，手拳で頸や肩などを 10 数回殴打したり，足蹴にするなどの暴行を加え，その結果原告に全治 2 週間を要する全頭部，左肩，左上腕，背部，腰部打撲症，頸部打撲症及び小裂傷，右前腕，左手捻傷等の傷害を

負わせた」こと，[13]神戸地判平成6年2月22日判タ851号282頁では，夫が横たわっている妻の「顔面部を足で蹴り，踏みつける等の暴行を加え，同人に左眼窩吹き抜け骨折，鼻骨骨折，上顎骨骨折の傷害を負わせた」こと，[9]は，「一審被告（夫）が……一審原告（妻）に暴行を加え，全治約5日間を要する下顎打撲・擦過傷，左肩両手関節部打撲，頭部打撲の傷害を負わせた」ことが，それぞれ認定されており，いずれも極めて重大な内容の暴力行為が列挙されている。これらの裁判例に対し，前述した[4]は，一方配偶者の暴行傷害を認定しながら，他方配偶者の離婚請求を棄却した，例外的な事例となっている。いずれも妻からの請求事件であるが，[4]以外は，すべて夫が，これまでも度々妻に暴力をふるっていた事実が認定されている。前述のとおり[4]の事例では，一回きりの暴力行為が認定されているのみであり，その際の妻の傷害も打撲であり，軽微と評価されている。

　[4]の他に，離婚請求が棄却されたケースにおいては，前述したように，暴力行為の事実自体は否定されていない。では，暴力行為の程度が軽微だったからだろうか。[5]は夫の暴力について，息子の証言は採用しているが，妻の証言については「常時被告がそのような乱暴な態度を採っているとは受け取れず」と述べるにとどまり，認否が明確になされていない。[6]は夫が妻の顔面を殴りつけるなどの暴力行為を数度にわたり行っているが，傷害を負わせるほどのものだったかは不明である。[7]は夫が妻に度々暴力をふるっていることが認定されているが，具体的な態様や程度は記載されていない。いずれの裁判例も判決文の記述からは，離婚が認められた事例よりも暴力の程度が軽度であったのかどうかは明らかではない。

　b．相手方配偶者の態度との比較　　身体的暴力があったことが認定されたケースで，相手方配偶者の言動との比較において，双方の責任の軽重が判断される場合が多い。例えば，[14]浦和地判昭和33年3月19日下民集9巻3号427頁では，「被告（夫）は……原告（妻）を殴打し，頭髪を引張ったため，原告は鼻血を出し，頭頂部の毛髪が抜ける」という事実を認定しているが，「原告についていえば，……被告の性格が粗暴であると

しても，被告には社会人として特に欠陥がないのであるから，今少し堪え忍び，協力的態度に出るべきであった」として，婚姻破綻の責任は双方にあると判断している。[15] 東京地判昭和55年6月27日判タ423号132頁は，夫は妻の弟らと共同で事業を始めたがその後対立し，夫婦間もいさかいが増え，夫は妻に暴力をふるうようになった事例について，妻は「顔面，頭部挫傷により10日間入院する」ほどの暴力を夫から受けたことも認定されているが，妻が夫の暴力に耐えきれず別居し，その後不貞行為に及んだことを指摘して，「右両名は，婚姻破綻につき各々同程度の責任があるものというべきである」と述べ，双方の離婚請求を同時に認容した。[16] 東京高判昭和58年1月27日判時1069号79頁は，夫が妻と妻の実家との交流を快く思わないことから夫婦間に溝ができた事例で，妻が性的に潔癖であるのに対し，夫は性的欲求が強く，夜勤のため日中家にいるときは，子どもがいても性交渉を要求し，これを拒む妻に対して，「欲求不満に陥った被控訴人（夫）が無理やり目的を遂げようとして，控訴人（妻）を押さえつけ，殴る，蹴る，あるいは家財道具を投げつけるなどの暴力をふるうこともしばしばであり，控訴人において近隣の居住者の助けを借りて騒ぎを収めたこともあった」ことが認められている。裁判所は「控訴人，被控訴人双方ともに……相手方を思い遣る心の広さを持ち得ないで，それぞれが身勝手な態度・行動に終始して衝突を繰り返し，相互に相手方に対する愛情や信頼を失っていったものであり，控訴人と被控訴人間の婚姻関係が破綻をきたしのはここにその原因があるということができる。してみると，その責任は控訴人と被控訴人のいずれの側にもあり，しかも，その間に軽重の差を認めることは困難であって，このような場合には，夫婦のいずれの側からも相手方に対し離婚を求めることができると解するのが相当である」と述べて，双方の離婚請求を認めた。[17] 東京地判昭和59年10月17日判時1154号107頁では，人一倍几帳面できれい好きな夫が，妻が家事等事務処理能力に欠けること等を理由として，離婚を求めた事例である。これに対し，妻は，夫が些細なことで執拗に責めること，激しい暴力をふるうこと，離婚の際の証拠とするために家内の乱雑さを写真撮影

し，紛争時の妻の言行を録音するなどの挙動に出たこと等を主張し，これを裁判所も事実として認定したが，「被告（妻）は，原告（夫）の暴力，写真撮影及び録音行為，家出及びその後の原告の行為による遺棄行為が破綻の原因であると主張する。しかし原告の右行為が破綻の一因となったことは否定し得ず，破綻につき原告にも責任があることが認められるが……破綻の原因は，被告の事務処理能力の不適切，融通のきかない言動にもあるのであって，原被告の責任を比較して，婚姻破綻の責任が主として原告にあるものとは認められない」とした。[18] 宇都宮地真岡支判昭和62年5月25日判タ651号192頁は，夫のいずれは実家に帰り両親と同居したいという希望に対し，妻が応じないことから婚姻破綻に至った事例だが，「原告（妻）は，被告（夫）から耳の付け根が裂けるほど引っ張られるなどの暴行を受け」たことが認められている。裁判所は，妻も，「被告の希望についても相談の上歩みよることも可能であり，少なくともそのための話し合いをすることが婚姻継続の上から必要と考えられるのに，それに対する理解をしようともせず，自分勝手であるといわざるを得ない状態を続けて婚姻を破綻させるに至らせた」とし，他方，夫の側にも同様に婚姻破綻を導いた責任ありとして，双方の離婚請求を認容している。[5] では，妻からは夫の暴力が執拗であり，妻が気を失って倒れるまで殴りつけるというようなものであったこと等が主張されたが，裁判所は「被告（夫）が常時そのような乱暴な態度を採っているとは受け取れ」ないとし，逆に，「たまに仕事を手伝わせようと原告（妻）を呼びに行くと，テレビを見ながら寝ころんで煙草をふかしたり，コーヒーを飲んだりしている。2，3度呼ぶとやっと被告をにらみつけるようにして動き出す，こういうとき屁理屈を言いふくれあがる，旅行などで家を出る時原告はほとんど支度をしてくれない」等の「被告の反論に耳を傾けるべきである」と述べ，夫が婚姻の継続を懇願しており，夫が反省すれば婚姻の継続は可能であるとして，妻の離婚請求を斥けている。

これに対し，夫からも妻からも離婚請求が出ている場合，双方の主張は

どのように取り扱われているのだろうか。[19] 浦和地判昭和 59 年 9 月 19 日判時 1140 号 117 頁は，次のように判示している。

　本件のように，原，被告から婚姻関係の破綻を原因として本訴，反訴が提起されている場合において，その原因事実が認められるときには，その有責性の有無についての判断をせずに，双方の離婚請求を同時に認容すべきものと解するのが相当である。けだし，当事者双方の意思が合致すれば，有責性の有無を問わず協議離婚ができるわが国の離婚法制の下においては，右のように解したとしても，正義の観念に反するところはないと考えられるし，また，実質的にみても，有責配偶者の利益が害われるところがないと考えられるのみならず，破綻した婚姻関係にある夫婦が，共に離婚を望んでいるものの，親権者の指定，財産分与について争っているという場合には，有責性の有無に関する審理判断が不要となる結果，婚姻生活の秘事についてまで詮索されることなく紛争の早期解決が図られることになるという利点が考えられるからである。

　このように，夫婦双方夫から離婚請求が出ている事例では，その責任を比較することなく，同時に請求を認めるべきとする判決は少なくない [33]。その場合でも，慰謝料請求額を算定する限りにおいては，当事者双方の主張する事実の有無が認定され，婚姻破綻に対する責任の軽重が比較されているが，[20] 東京地判平成 11 年 9 月 3 日判時 1700 号 79 頁，判タ 1014 号 239 頁では，双方とも慰謝料請求をしていないため，全く当事者主張の離婚原因を裏付ける事実の存否確認をなさずに終わっている。その点において，[18] が判示している「婚姻生活の秘事についてまで詮索されることなく紛争の早期解決が図られる」とする趣旨が，最も徹底された判決といえよう。

33　同趣旨のものとして，横浜地川崎支判昭和 46 年 6 月 7 日判時 678 号 77 頁，福岡地判昭和 51 年 1 月 22 日判タ 347 号 278 頁，浦和地判昭和 59 年 9 月 19 日判時 1140 号 117 頁，東京地判昭和 61 年 12 月 22 日判時 1249 号 86 頁。

　離婚原因の存否に関しては，過去の婚姻生活における夫婦それぞれの言動を検証し，責任の軽重を比較するというのが，公表された判例をみる限り，標準的な判断のしかたであるように思われる。その中でも，夫の暴行傷害に対して，比較の対象とされているのは，妻の側のさまざまな言動および態度である。夫の性格に対する理解や忍耐が足りなかったこと（[13]），別居と不貞（[14]），性的潔癖さ（[15]），家事等の事務処理能力に欠けていたこと（[16]），夫の希望に歩み寄らなかったこと（[17]），「たまに仕事を手伝わせようと原告（妻）を呼びに行くと，テレビを見ながら寝ころんで煙草をふかしたり，コーヒーを飲んだりしている……」（[4]）という態度が認定されている。夫婦間におけるコミュニケーションや協力関係のあり方という一般論から考えたとき，上記のような言動・態度には，確かに望ましくないものもあるかもしれない。しかしながら，夫の行為は暴行罪あるいは傷害罪を構成する犯罪行為である。両者の落差を考えたとき，このような形で比較することが適切だろうか。

2) 精神的暴力・性的暴力の評価

　次に，身体的暴力以外の態様の暴力が問題とされたケースを検討する。まず，精神的暴力の事例である。[21] 横浜地相模原支判平成11年7月30日判時1708号142頁は，[3] の第一審判決である。この事例は，妻が「被告（夫）との結婚生活は，原告自身の感情や望みは押し殺して，趣味を楽しむことも許されず，ひたすら被告の意を迎えることのみに心を砕く生活であり，原告は，子どもが一人前になるまでは必死で我慢してきたが，被告の余りの思いやりのなさに耐えられず，これ以上被告との婚姻生活を継続する意思を喪失した。民法770条1項5号の事由が存する」として離婚を求めたものである。本人尋問において，妻は「暴力は受けたことがないが，精神的な暴力を受けた。もう同じ家にいるのはつらいので離婚するしかないと決心して家を出た」と供述している。身体的暴力がなく，精神的暴力のみを離婚原因とするケースは，公表された判決の中では，他に例がない。第一審は，妻が婚姻継続意思を完全に喪失していること，離婚に

反対している夫も夫婦関係を修復するための行動をとろうとしてこなかったとして，妻の離婚請求を認めた。これに対し控訴審は，妻の「主張する事実の存否を確認することは困難である」とし，「第一審被告（夫）には，第一審原告の立場を思いやるという心遣いに欠ける面があったことは否定できないものの，格別に婚姻関係を破綻させるような行為があったわけではない」，「婚姻関係が破綻しているとまで認めるのは相当でない」として，離婚請求を棄却した。このケースは，40年近い結婚生活ののち，妻が家を出，控訴審の判決が出た平成13年には別居後3年余りが経つことになる。控訴審は，夫に反省を促し，今後和合の試みをすべきであると述べている。

　次に，性暴力のケースをみてみよう。［22］東京地判昭和34年6月26日判時196号27頁は，夫婦喧嘩において常に激しい暴力をふるう夫に対する妻の離婚請求を認めたものであるが，夫の性的要求に対し，神経痛のため気乗りがしない妻がこれを拒絶すると「暴力を加えて強要し，両足をもって逆さにつるし上げ，部屋の隅に投げ捨てたり，足ではがいじめにしたり，いやがるのに無理に下半身を裸にしたりなどして夫婦関係においても通常人のやらないことを強要した」。［16］は前記引用のとおり，夫が性交を強要しようとして暴力をふるっている。これらの事例では離婚が成立している。しかし，［6］は，命の危険を感じさせる暴力に加え，妻が「原告（夫）から言葉では言えないような性行為を要求されたこともあっ」た事実も認定しているが，前述したように，夫が真摯に反省すれば婚姻関係はなお修復の可能性があるとして，夫の離婚請求を棄却したケースである。

3）　暴力の原因―結果の理解

　公表例の事実認定においては，しばしば，夫の暴力は妻の側に原因があるとされている。たとえば，［14］は，夫が些細なことで妻に暴力をふるい，食器や椅子を床になげつけるのが日常であり，子どもにも常軌を逸した折檻をすること等を理由に，妻が離婚を求めた事例である。先に引用したように裁判所は，夫が妻の頭頂部の毛髪をつかみ引き抜いたことを認め

る一方で,「被告(夫)には公衆の面前で原告を叱りつけ,あるいは日常原告(妻)を侮蔑的言葉で呼ぶなどの点がある認められが,これが被告の生来の性質に基づく行為であるとは認められていない。すなわち,被告本人尋問の結果によれば,被告の言動には人並み以上の粗野な点がうかがわれるが,他に家庭人,社会人としてとくに欠陥があるとは見られず,原告に対する右のような行為も,結局原被告間の不和に基づくものと認められる」と述べている。[23] 東京地判昭和 59 年 12 月 26 日判タ 554 号 229 頁は,夫の激しい暴力に毎日殺されるのではないかと恐怖におびえる妻からの離婚請求が認容されたケースであるが,裁判所も夫が生活費を渡さないことや妻に対する執拗な難詰や暴力も婚姻破綻の原因となっていることを認定した上で,このような夫の行為の理由は「原告(妻)の,被告(夫)が生活費を渡すことがあたりまえと思う旨の不適切な言辞や,従前の若干かたくなな態度にあった」としている。もっとも,裁判所は,そうした事情があるからといっても,夫の行為は正当化できるものではないとしている。

さらに,裁判所が夫の暴力の原因として指摘する,妻の側の問題点の中には,今日の DV 研究の成果から検討するとき,暴力被害の結果としての心身の不調や抑うつ状態と考えられるものがある。たとえば,[17] では,「原告(夫)は,几帳面,清潔好きであり,家内の乱雑,ものごとがきっちりしないことに全く耐えることができず,一方被告(妻)が事務処理能力に若干劣る [34] ことは,長年の生活習慣のようなものであって,改善はほとんど不可能であるうえ,一度紛争が生じると原告はしつこく,口うるさく,被告は融通がきかず,感情的に原告に反発して原告の気持を逆なでするような言動をし,原告が激しく暴力を振るい,ますます被告が反発するという悪循環を繰り返すこととなった」と認定している。夫婦の不和は婚姻直後から始まっているが,ドイツで新婚生活を送ることになり,慣れない異国の地で初めての育児に追われる妻の立場を考えると,夫による

34　判決は,一方で,「被告の事務処理能力に関する欠点は通常人が許容し難いほどのものとはいえない」とも述べている。

連日の叱責と暴力によって，妻の主張するように「神経が弱り，……細か
い失敗を重ねた」としても不自然ではない。

また，[23] の事例では，「被告（夫）は，原告（妻）に対する右のよう
な種々の不満を，原告の些細な行動に爆発させ，原告に対し」長時間に及
ぶ説教をしたこと，その態度は，「強圧的で，反論を許すものではなく，
原告が少しでも意見を述べるや，なお憤激して非難と詰問が増すもので
あった」ことを認定している。さらに「原告は，被告を恐れ，常に被告の
意見を聞くのみで，全く自己の意見を表明することがなくなり，同時に被
告に対する反発心を増幅させていった。そのため原告の被告に対する態度
は若干かたくなな面があり，素直に感謝の念，いたわりの言葉を表現する
ことがなく，そのことにより，被告はますます原告に対する不満を募らせ
ていった」と述べている。いずれも，判決は，妻の態度が夫の暴力を助長
したかのように述べているが，暴力の原因―結果の因果関係の理解が，実
態とは逆転している可能性がある。

⑸　DV の実態からみた離婚裁判の問題点

社会一般の DV に対する理解においては，身体的・物理的な暴力，生
命身体に危害が及ぶもの，というイメージが強いようであるが，DV は，
配偶者への身体的暴力のみならず，経済的・精神的・性的暴力，子どもへ
の暴力など，多様な暴力が含むものである。その本質は「力による支配」
であり，加害者の目的は，被害者を意のままに支配することにある。その
手段として用いられるのが様々な態様の暴力であって，暴力それ自体が目
的なのではない[35]。DV は 100 人 100 様であるが，共通するのは精神的暴
力であるといわれる。多くの場合，加害者は日常的に被害者を侮辱し貶め，
行動や人間関係を制限することで孤立させ，次第に被害者は無力化し逃げ
る気力・体力をも奪われていく。加害者の一つ一つの行為は些細に見えて
も，執拗に繰り返され，精神的な虐待とあいまって，被害者の生きる力を

35　沼崎一郎『なぜ男は暴力を選ぶのか』13 頁（かもがわ出版，2002）。

削ぐものである [36]。したがって，加害者の行為を個別的に検討するのではなく，一連の言動を「全体として」総合的に判断する必要がある。以下，このような DV 理解の視点から，上記の裁判例の問題点を整理しよう。

　第一に，「暴力」の範囲の問題である。「暴力」の態様は身体的暴力のみならず他の多様な暴力も視野に入れて判断しなければならない。また，身体的暴力であっても，その程度，回数，常態かどうか（一時的か継続的か）等が，明治以来，離婚原因足りえるか否かの判断基準とされてきたが，個々の行為の程度や回数だけでなく，日常的な当事者の関係性の中で当該行為の意味を考える必要がある。暴力行為の回数の多いほど，傷害の程度が重いほど，被害者の精神的ダメージが深刻になる，と単純に評価することはできない。[4] のような「首を絞める」という行為は，たとえそれが一回限りのものであったとしても，被害者に与える恐怖は極めて大きく，かつ，加害者の行為は一般的にエスカレートしていく傾向があることからも，支援の現場で行われるリスクアセスメントにおいては，極めて危険性の高い行為であるとみなされている。DV に関する研究の知見によれば，暴力の程度によっては，一度しかふるわれなかった暴力でもトラウマが生じ，被害者は容易に加害者の支配下に置かれうること，また逆に，個々の行為はささいなものであっても，執拗に繰り返されることで，被害者に恐怖を植え付けることが分かっている。当該判決についても，暴力被害の実態に基づく評価が必要であったのではないだろうか [37]。

　また，今後重要になると予想されるのは，先に引用した判例 [3] の事

36　DV の態様，被害者の心理等について，小西聖子『ドメスティック・バイオレンス』（白水社，2001），レジリエンス『傷ついたあなたへ──わたしがわたしを大切にするということ DV トラウマからの回復ワークブック』（梨の木舎，2005），同『傷ついたあなたへ(2)──わたしがわたしを幸せにするということ DV トラウマからの回復ワークブック』（梨の木舎，2010）など。

37　犬伏は，当該判決について，身体的暴力の不当性を評価するにあたって，裁判所は，主に暴力行為の回数や外傷の有無に依拠しており，当該暴力行為によって引き起こされる被害者の精神的ダメージについて十分な考慮がなされていないのではないかとの懸念があると指摘している（犬伏・前掲注 1，516-517）。

例のように，精神的虐待という，従来の暴力概念からは捉えきれないものをどう評価していくかという問題である。水野紀子教授は，この事例の妻は，身体的暴力を伴わない精神的虐待，すなわちモラルハラスメントの被害者だった可能性があり，「モラル・ハラッサーは話し合いが不可能な人格障害者であることを考えると，この事案の当事者のその後が危惧される」と述べるなど，認定の難しいモラルハラスメントのケースを，裁判官が十分な認識のないまま判断することのリスクを指摘している[38]。精神的暴力は，あらゆるタイプの DV に共通して存在する暴力であるといわれている。第三者の目には見えにくく，立証もまた困難であるので，身体的暴力がなく精神的暴力のみの事例は，司法の場に現れることは少ないが，被害者は多いといわれている。認定はされなかったが，妻の主張が事実であるとすれば，これ以上の婚姻生活の継続を命じることは妻にとって苛酷であろう[39]。[8] は，精神的暴力に加えて激しい身体的暴力・性的暴力もみられた事例であるが，実務家から構成された離婚事件実務研究会の判例研究において，「本判決は……，言葉による強権的支配はあるが身体的暴力は伴わないなどといった事実認定になった場合に離婚原因があるといえるかどうかについてまでの判断はなされていない」と評されており，さらに，DV が近時の大きな社会問題であること，DV 防止法 1 条が定義する「配偶者からの暴力」には身体的暴力以外のものも含まれていることから，「身体的暴力を伴わなくても脅迫的な言動による強権的支配が離婚原因とされる可能性を示唆していると考えられる」と述べられている[40]。

　性的暴力に関しては，本節で検討した戦後の公表された離婚判例の中で，離婚原因の一部として訴えられた事例は，ここに挙げたものも含め，わず

38　水野紀子「人事訴訟法制定と家庭裁判所における離婚紛争の展望」ジュリスト1301 号 15 頁（2005）。

39　この事例は，妻が最高裁に上告したが，請求棄却となり，その後，再び離婚調停を申立て，東京高裁判平 17 年 2 月 23 日（未公表）において離婚請求が認められているとのことである（二宮周平『家族法（第 3 版）』86 頁（新世社，2009））。

40　離婚事件実務研究会編『判例にみる離婚原因の判断——その他婚姻を継続しがたい重大な事由』33 頁（新日本法規，2008）。

か数件である。DV は親密な関係，すなわち性的な関係にある当事者間における暴力であるので，そこでは，性的暴力も高い頻度で起きているといわれている。しかしながら，性的な事柄は極めて個人的な問題であり，「恥」とする意識も強い。このため，他者に打ち明けたり相談したりすることは躊躇されることが多いと推測されている。電話相談などでも，身体的暴力や精神的暴力の話しか出ないことが多いが，自助グループなどにおける被害者同士の間では，夫から受けた性暴力の経験が語られることがあり，そこでは，お互いがよく似た体験をしていることに驚くことが少なくないという。したがって，調停や裁判の場において，性暴力の問題が出ていない場合であっても，その夫婦の間で性暴力が全くなかった，とはいいきれない。現在のところは，性暴力を理由とする離婚請求は少ないとしても，今後は，増加する可能性がある。性暴力は，加害者にとっては通常の性行為の一環であり「たいしたことではない」と考えていることが多いようだが，被害者にとっては他のタイプの暴力に比べ最も精神的ダメージが大きく，深刻な PTSD に悩むとされている。中島は，「体の芯に，目には見えないけれど，生命に関わる人間のコアとも呼べるようなところがあり」，他の形態の暴力よりも，性暴力による攻撃は最も深くそのコアに達し，生きる力の源を傷つけると述べ[41]，性的暴力を受けたことによる心の傷を「自分が内側から侵されて腐っていく感覚」と表現している[42]。離婚訴訟においても，性暴力被害の深刻性が適切に評価されることが望まれる。

第二に，「暴力」の原因とその結果の捉え方の問題である。裁判所の判断では，一方配偶者の暴力行為は，他方配偶者の態度に原因があるとされることが一般的である。通常の人間関係ならば相互作用によって関係性が作られていくが，DV 加害者は，相手がいかに加害者の意を迎えようと努力しても必ず相手の言動に暴力の口実を見出すため，被害者は格別の理由なく暴力をふるわれるという。そこには相互的な関係性はなく，暴力をふ

---

41 中島幸子『性暴力──その後を生きる』5頁（レジリエンス，2011）。
42 同，10頁。

るう原因は，被害者の態度ではなく，加害者の選択にあるといわれる[43]。この，「加害者は暴力を選択している」というのは，DV 被害者支援の現場では共通認識となっているが，社会一般にはまだ十分な理解が得られていない。ふだん暴力をふるわない人が，あまりにもひどい侮辱をされたときなどに，かっとなって思わず手をあげてしまった，ということは男女にかかわらずあり得る。この場合，当事者間の相互作用の一環と捉えられ，DV とは区別して考えられなければならないだろう。当該事例が DV であるのか，そうではないのか，上記の裁判例から詳細を知ることはできないが，いずれも夫の暴力の程度から考えたとき，それが妻の態度に帰すことができる類のものであるのか，疑問が残る。

また，夫の暴力の原因とされる妻の心身の不調は，原因ではなく，暴力の結果である可能性もある。[17] の，些細なことで叱責が繰り返されること，[23] の「長時間かつ反論を許さない強圧的な難詰・説教」も，DV 被害者の体験でよく聞かれるものであり，精神的暴力の一形態である。裁判所は妻の態度を反発的と理解しているが，いずれの事例においてもそこで描写される妻の姿は，度重なる虐待により抑うつ状態に陥った DV 被害者の状況を彷彿とさせる。一定期間暴力に曝されたために生じた健康被害・抑うつ状態を妻本来の性質・性格と捉えて，夫の暴力の原因とする見方は，DV に関する調査研究が進み，社会問題として関心が高まる以前に，広く社会に流布した考え方であった。裁判官の裁量においても同様の見解が「経験則」として事実認定の根拠とされているとすれば，早急にDV の実態に即した「常識」に改められる必要がある。

第三は，有責配偶者からの離婚請求の問題である。[7] は，不貞行為を咎める妻に暴力をふるう夫が離婚を求めたのに対し，「婚姻関係は，現在

43 加害者の心理・行動について，ランディ・バンクロフト（髙橋睦子，中島幸子，山口のり子監訳）『DV・虐待加害者の実体を知る』（明石書店，2008），沼崎・前掲注 35，エレン・ペンス＝マイケル・ペイマー編（波田あい子監訳）『暴力男性の教育プログラム──ドゥルース・モデル』（誠信書房，2004）参照。

は長期にわたる別居により破綻しているといわざるとえないが，右破綻は……その主たる原因は原告にあ」り，有責配偶者の離婚請求は認められないと判断した。[6] も同様の理由で，暴力をふるう夫からの離婚請求を棄却した例である。DV 事例における有責配偶者からの離婚請求について，犬伏教授は，「「暴力による妻の支配」の改善に見込みのない夫との婚姻生活の継続を図ることによっては被害者の救済は実現できないと思われ，この点は別に配慮をすべきである」と述べている [44]。

　しかし，他方で，上記 [15] ～ [18] のように，夫からの離婚請求を認めた事例も，結論自体に異論はないが，その理由づけには検討の余地がある。暴力配偶者の有責性を低く評価し，他方配偶者にも責任の一端があると認定し，「有責配偶者からの離婚請求」に関する判例法理の制限を回避する論理は，離婚を認めるためのテクニカルなものであるのか，それとも夫の暴力を夫婦喧嘩の一形態ととらえる喧嘩両成敗的な発想によるものかは不明である。しかしいずれにせよ，「暴力の原因は，ふるう側にある」とする DV の理解からすれば，被害者側の落ち度が不当に強調されることに疑問なしとしない。暴力的な配偶者からの離婚を認めることは他方配偶者の福祉にとって望ましいものであるが，暴力被害の深刻性とその危険性を適切に評価した上での請求認容であるべきだろう。

　第四に，暴力を相対的離婚原因とする見方そのものを問い直す必要がある。770 条 5 号該当事由の有無の判断にあたっては，「婚姻中における両当事者の行為や態度，婚姻継続意思の有無，子の有無・状態，さらには双方の年齢・性格・健康状態・経歴・職業・資産状態など，当該婚姻関係に

44　犬伏・前掲注 1，520 頁。これに対し，小島妙子弁護士は，有責配偶者の離婚請求を認める立場について，「「追い出し離婚」を許すような解釈は受け入れられない」とし，「加害者の責任を明確にし，被害者の救済を図るという観点から再検討する必要がある」とする（小島・前掲注 1，785，788 頁）。両者の対立は，加害者の責任をどう考えるかという点と，離婚後予想される配偶者の経済的困窮をどのように保障するか，という点から，議論を深めていく必要がある重要な論点ではあるが，本節では立ち入らない。今後検討していきたい。

現れたいっさいの事情が考慮される」[45] のであり，暴行傷害の程度だけで
離婚請求の可否が決定されるわけではない。しかしながら，「暴力」とは
相対的に捉えるべき事柄だろうか。暴力や侮辱が日常的に繰り返されてい
ても，判決では，しばしば，夫が真面目に仕事をしていること，不貞行為
もないこと，家族を旅行に連れて行っていること等を挙げ，不満を持ち反
発する妻の非が指摘されている（[5] [14] [17] など）が，暴力は，何か
他のことと引き換えに耐えるべきことなのだろうか。また，有責配偶者の
離婚請求事例において，離婚の可否を決する判断基準は，未成熟子がある
ことや，離婚後妻が経済的苦境に陥ると予想されること等，通常であれば
妻や子の福祉に資するものと考えられるが，DV 事例の場合，裁判所が暴
力加害者との婚姻を継続せよと命じることは，暴力の容認となり，現実に
妻や子の福祉を損なう逆効果をもたらす。DV が人格への侵害・攻撃であ
り，その影響によって生じる心身両面にわたる健康被害の深刻さ[46] を考え
るとき，配偶者による暴力を 770 条 5 号に入れたままでよいのかどうか，
再検討すべき時期が来ていると思われる。

⑹　今後の課題

　本節では，明治期から現在まで，暴力を理由とする離婚請求について，
条文・学説・裁判例の変遷を追い，特に戦後の裁判例については，DV の
実態に照らして，その妥当性について検討を加えた。本節では，公表され
た離婚事例のうちから，暴力を理由とする離婚請求事件を抽出して，分析
の対象としたが，周知のように公表例は，全裁判例の一部に過ぎない。ま
た，これも周知のように，裁判例の公表は，個々の媒体特有の選択基準に
よって行われており，公表例が現実の裁判全体の傾向を反映したものであ
ることは担保されていない。実際，公表例は，当事者や弁護士から聞く離

45　阿部・前掲注 29，375 頁。

46　World Health Organization, *WHO Multi-Country Study on Women's Health and Domes-
tic Violence against Women*（2005），http://www.who.int/reproductivehealth/publications/
violence/24159358X/en/index.html（最終アクセス 2014/3/20），宮地尚子『医療現場
における DV 被害者への対応ハンドブック』83 頁（明石書店，2008）参照。

婚裁判の実状とはズレがあるように思われる。データに偏りがあることは否めないが，少なくとも，本節の分析によって，離婚請求事件において，配偶者からの暴力が裁判所の裁量の中でどのように評価されているのか，その一端は明らかになったと思う[47]。

　また，離婚件数全体から見たとき，大半は協議離婚が占め，訴訟になるのはその約1%に過ぎない[48]。その割合からすれば極めて少数である離婚裁判の動向を考察することの意義を確認しておきたい。たとえば調停においても，当事者は，もし不調に終わって訴訟になったとしたらどういう結果になるのか，ということを意識し，その可能性との兼ね合いで，より自己に有利な合意を相手方から引き出すことを考え交渉に臨んでいる。協議離婚においては，裁判離婚・調停離婚のありようが常に参照されるとは限らないが，今日の情報社会において，インターネットが利用できる環境にある当事者であれば，裁判情報にアクセスし，法利用のコストパフォーマンスを検討し，自己にとって最も有利な離婚方法を選択することも可能である。DV事例を裁判で持ち込んだとき，どのような結末が待っているかは当事者にとって極めて重大な問題である。

　さらに，日本の場合，裁判離婚の規定は，条文の文言から一義的に離婚請求の認否が予想できる作りにはなっておらず，裁判官は，「諸般の事情を考慮して」判断を下すという，裁量棄却の大きな権限を有している。そこでは，個々の暴力事例において裁判官が下す具体的な判断を通じて，条文には書かれていない法基準の創造が行われ，人々の前に立ち現われてくると考えられる。したがって，条文に何が書かれているかではなく，裁判の結果を見て，初めて，何が「法」かが分かるのである。社会の多数に

47　裁判における認定判断は，実務家も指摘しているように，「その当時の最高裁の判例，時代背景，その時代の社会通念などが色濃く反映されているものであり，この点を念頭に置いて，個々の裁判例を見る必要がある」（離婚事件実務研究会・前掲注40，6頁）が，本節では時代による差異を抽出するには，データが少なく，偏りがあることも推測されるため，DV防止法以前と以後の比較を行ったほかは，あえて，年代ごとの比較検討は控えた。

48　厚生労働省「平成21年度「離婚に関する統計」の概況」（2009）。http://www.mhlw.go.jp/toukei/saikin/hw/jinkou/tokusyu/rikon10/01.html（最終アクセス2014/3/20）。

とって，DV 事例が離婚裁判でどう扱われているかは，おそらく知られて
もいないし，関心も持たれていないかもしれない。しかし，一般に，紛争
解決の最終手段として認識され，またその権威性が承認されている「訴
訟」という場において，DV 事件がどう判断されるかは，いったんそれが
知られたときには，「法」が DV をどのように理解しているかという，強
力なメッセージを社会に対して発信することになる。社会に拡散する配偶
者暴力に対する誤解を回収し，夫婦間の「暴力」の本質に即した紛争解決
を促進するにあたって，裁判の果たす役割は極めて重大であると考えられ
る。DV の実態に適合する離婚法の立法論的検討も含めて，今後，夫婦間
暴力をめぐる離婚裁判の検討を深化させたい。

　以上，日本の離婚裁判においては，配偶者からの暴力が，身体的暴力の
みが判断の対象となっていること，単発の行為の程度・回数によってのみ
その重大性が評価されていること，夫婦という関係性の中で一連の行為が
被害者を無力化する性質を持つことは理解されず，逆に夫婦であるからこ
そ暴力も相対的なものとして過小評価されることを明らかにし，DV 加害
者・被害者の心理や行動にもとづく評価基準の確立が必要であり，暴力を
相対的離婚原因とみなす規定のしかた自体を見直すべきことを指摘した。
本節では，日本の離婚法を対象に考察を行ったが，DV は，刑事手続きに
よる加害者への制裁，保護命令，行政主体の支援制度など，多くの法領域
に関わる問題である。次節では，日本における法的対応の現状を評価する
ための比較対象としてカナダの DV 法制をとりあげて考察を行う。

第 2 節　カナダにおける DV 法制

(1)　カナダ社会と DV

　カナダは北アメリカ大陸北部に位置し，国土の面積においては世界第 2
位だが，人口では 39 位（2006 年の国勢調査で 3161 万 2897 人）である。先
住民（ファースト・ネイション，イヌイット）が居住する地にヨーロッパ人

が到来して以降，フランス，イギリスが植民地化を進め，抗争と独立のプロセスを経て，1982 年に主権国家となった。移民の国と称されるように，カナダでは 200 以上の民族が生活し，公用語は英語とフランス語であるが，それ以外に 100 以上の言語が話されており，現在でも年間 20 万人以上の移民を受け入れている。1971 年には世界で最初に多文化主義政策が採用され，現在では，人種・民族のみならず，性別やいわゆるセクシュアル・マイノリティ等，あらゆる少数者集団をも含めた「多様性の尊重」が社会の多くの分野で志向されている[49]。

　各種統計によれば，カナダ全体における DV の被害状況は，以下のとおりである。2009 年の調査[50]では，過去 5 年間の間に，現在あるいは過去の配偶者[51]から何らかの暴力を受けたことのある女性は，6.4%（60 万 1 千人），男性は 6.0%（58 万 5 千人）となっている。配偶者による暴力を経験した者のうち，警察に届け出たのは，22% である。先住民の場合，被害の割合は，非先住民のちょうど 2 倍となっている。2006 年の調査[52]によれば，警察に通報されたドメスティック・バイオレンスのケースのうち，女性が被害者であったのが 83%，男性が被害者であったのが 17% となっている。

　以下，カナダにおける DV 法制について，関連する法律，裁判所の対応，

49　カナダの概要については，在日カナダ大使館のホームページの資料に依拠した。カナダ大使館「カナダ発見 ── カナダについて」，http://www.canadainternational.gc.ca/japan-japon/about-a_propos/index.aspx?lang=jpn&menu_id=36（最終アクセス 2014/09/01）。

50　Statistics Canada. Canadian Centre for Justice Statistics. *Family Violence in Canada: A Statistical Profile*（2011）*http://www.statcan.gc.ca/pub/85-224-x/85-224-x2010000-eng.pdf*（最終アクセス 2014/09/01）.

51　ここでいう配偶者には，正式な婚姻によるもののほかに，common-law relationship と呼ばれる関係のパートナーも含まれている。common-law relationship とは，国や州によって扱いが異なるが，いずれにおいても，法律婚と同等ではないものの，一定程度の法的保護が与えられた関係である。さらにこの調査では，同性婚，別居中や離婚したパートナーも含む（カナダは 2005 年に同性婚を合法化している）。

52　Statistics Canada. Canadian Centre for Justice Statistics. *Family Violence in Canada: A Statistical Profile 2008*（Ottawa: Statistics Canada; Cat. No.85-224 X, 2008）.

民間団体による被害者支援の順に，考察する [53]。

⑵　DV への法的対応

1)　連　邦

　カナダは連邦制を採用しており，10 の州と 3 つの準州に区分されている。ドメスティック・バイオレンスへの対応も，連邦および各州・準州が連携しながらもそれぞれ独自の制度を展開している。連邦政府は，公衆衛生局が中心となって，司法省，保健省，人間開発省，移民局等々の 15 の政府機関によるワーキング・グループである FVI（Family Violence Initiative）を設置し，年間 700 万ドルの財政的支援を，ファミリー・バイオレンス防止を目的とした政府機関および各種団体の活動に支出している [54]。ドメスティック・バイオレンスは，児童虐待や高齢者虐待，デート DV とともに，ファミリー・バイオレンスの一形態として，FVI プロジェクトの対象領域と位置づけられているのである。

　連邦レベルの法制度としては，ファミリー・バイオレンスに特化した法律は制定されておらず，もっぱらカナダ全土に適用される刑法典（Criminal Code）による対応となる。ファミリー・バイオレンスの態様が，刑法典に規定された犯罪類型に該当すれば，訴追の対象となる。例えば，殺人や身体的暴力，脅迫，ストーキングのほかに，児童及び青少年への性的虐待，夜間の不法侵入，児童ポルノ，児童に生活必需品を与えないこと，児童を遺棄すること等も刑法典規定の犯罪類型に該当する。加害者が，配偶者や子供，その他権力関係や信頼関係にある者に対して当該犯罪行為を行った場合は，量刑において過重される要因とみなされる [55]。また刑法典

53　本節は，法執行研究会でのトロント訪問調査（2010 年 3 月 29 日より 4 月 1 日）に基づいている。
54　FVI については，カナダ司法省のサイト内の次のページを参照。http://www.justice.gc.ca/eng/fund-fina/cj-jp/fv-vf.html（最終アクセス 2014/3/23）。
55　Criminal Code c. 718.2.

には，ピース・ボンド（peace bonds）に関する規定があり[56]，被害者が加害者からの脅威あることを証明して治安判事に申し立てれば，刑事裁判所は，加害者に対し接近禁止などの一定の内容の命令（peace bonds）を出すことができる。期間は原則1年間で，命令違反は刑法犯として逮捕・訴追の対象となる。

2） 州

州レベルのDV法制は州によって異なる。刑法典による被害者保護を補うものとして，ファミリー・バイオレンス防止に関する制定法を持っているのは，アルバータ州，プリンス・エドワード・アイランド州，ニューファンドランド・ラブラドール州，ノースウェスト準州，ユーコン準州，ヌナブト準州，ドメスティック・バイオレンス防止を主たる目的とした制定法を持つのが，マニトバ州，ノバスコシア州，サスカチュワン州である。いずれも持たないのが，ブリティッシュ・コロンビア州，オンタリオ州，ケベック州，ニューブランズウィック州である。

オンタリオ州では，かつて Domestic Violence Protection Act（以下，DVPA）[57] が2000年に議会を通過し成立したものの，2009年に廃止となっている。DVPAは，その成立に際し，関係各方面より様々な懸念がよせられたため，そもそも発効に至らなかったとのことである[58]。その後，女

56　Criminal Code c. 810.

57　DVPAの日本語訳として，村井衡平「家庭内暴力防止法2000年——カナダ・オンタリオ州」神戸学院法学第35巻第3号153-167頁（2005）。ただし，ここで訳されているのは，DVPAの最終的なバージョンではなく，原案に近い初期のものと思われる。DVPAの最終的な内容については，以下を参照。http://www.canlii.org/en/on/laws/stat/so-2000-c-33/latest/so-2000-c-33.html（最終アクセス2014/3/23）。原案については，Legislative Assembly of Ontario のHPから，Bills & Lawmaking のページへ移行し，2000年に成立したBill117を検索すれば原案が掲載されている。http://www.ontla.on.ca/web/bills/bills_detail.do?locale=en&BillID=662&isCurrent=false&ParlSessionID=37%3A1（最終アクセス2014/3/23）。

58　DVPAには，介入命令（intervention order）と緊急介入命令（emergency intervention order）の規定があり，前者は相手方に通知があるが，後者は相手方に通知することなく裁判所は命令を出すことができる。DVPA成立当時の議論をみると，介入命令の場合，住居の所有者が誰であるかに関わらず，申立人に排他的占有を

性の権利擁護団体など多くの関係団体と議論を重ねた結果，Family Law
および Children's Law Reform Act 等いくつかの法律を改正し，既存の
接近禁止命令の強化等を図ることとなった[59]。具体的な改正点をいくつか
あげると，例えば Family Law における接近禁止命令の対象となる相手
方は，申請者と 3 年以上同居していることが要求されていたが，この改正
により，期間の定めが廃止された[60]。また，命令違反については，それま
で家族法の中に罰則の規定が置かれており，初回の命令違反は 5000 ドル
を超えない額の罰金か，3 カ月を超えない期間の拘禁，または，その両者
が命じられ，2 回目以降は 10000 ドルを超えない額の罰金か，2 年を超え
ない期間の拘禁，または，その両者が命じられるとされていたが[61]，改正
後は，罰則が廃止された。「処罰またはその他の手続きが法により明示的
に規定されている場合」（カナダ刑法典第 127 条第 1 項）に該当しなくなっ
たため，刑法に基づく犯罪として処罰の対象となり，2 年を超えない期間
の拘禁刑が課されることとなった[62]。Family Law にもとづく接近禁止命
令への違反は，それまで，Provincial Offences Act により処罰の対象と
されていたが，前述のように刑が軽いことのみならず，そもそも命令違反
があったときに被害者が警察に届け出ても，警察官の対応が不熱心で，ほ
とんど何もしてくれない，単なる紙切れにすぎないという批判が行われて
きた。従って，この改正により，接近禁止命令違反によって刑事手続きが
開始され，警察が本腰を入れて対応してくれるであろうと，被害者支援団
体を中心として大きな期待が寄せられている[63]。

　許可することができるようになっていたことが，論議を呼んだこと，また，緊急
　介入命令の場合，相手方が命令の送達を受けたときから 30 日以内に審理を請求す
　る権利が認められるものの，相手方への通知なく発令される点が，憲法違反では
　ないかという批判があったことなどが散見される。

59　An Act to amend various Acts in relation to certain family law matters and to repeal
　　the Domestic Violence Protection Act, 2000 http://www.e-laws.gov.on.ca/html/source/
　　statutes/english/2009/elaws_src_s09011_e.htm（最終アクセス 2014/3/23）.

60　Family Law Act c. 46(2)(b).

61　2009 年の改正前の，Family Law Act c. 46 (2)。

62　Criminal Code c. 127 (1).

63　例えば，An Act to amend various Acts in relation to certain family law matters and

　上記のように，DV への法的対応は州により様々ではあるが，基本的にはいずれの州も，連邦レベルの刑法典に基づくピース・ボンドと，各州が規定する民事上の接近禁止命令の2本立てによって，被害者の救済を図っている。この二つの裁判所命令の違いを，ブリティッシュ・コロンビア州の場合[64] を例に見てみると，まず，接近禁止命令が婚姻や同居等一定の要件を満たす関係性にあるパートナーに出されるものであるのに対し，ピース・ボンドは対象が限定されていないので，デートレイプなどの場合やカップル関係以外の場合にも使うことができる。ピース・ボンドはカナダ全土で有効だが，接近禁止命令は出された州にのみ効力が限定される。有効期間は，ピース・ボンドが1年間までだが，接近禁止命令は，期間が限定されておらず，個々のケースでの判断は裁判官に委ねられている。手続きの面でいえば，ピース・ボンドは警察で申請するが，接近禁止命令は，申請者の置かれた状況や希望に応じて，地方裁判所または高等裁判所で申請することができる。ピース・ボンドの申請は弁護士を必要とせず，手続きも無料であるのに比べ，接近禁止命令の場合は，弁護士なしでもできるが弁護士を頼むことが推奨されており，申請者は弁護士費用や裁判所の手数料[65] を支払わなければならないことになる。

---

to repeal the Domestic Violence Protection Act, 2000 の原案である Bill133 が，オンタリオ議会の社会政策常任委員会で審議された際の，ゲストスピーカーとして招かれた YWCA および Luke's Place のスタッフの発言参照。Committee Transcripts: Standing Committee on Social Policy - 2009-Mar-30 - Bill 133, Family Statute Law Amendment Act, 2009 http://www.ontla.on.ca/web/committee-proceedings/committee_transcripts_details.do?locale=en&Date=2009-03-30&ParlCommID=8875&BillID=2125&Business=&DocumentID=23640（最終アクセス 2014/3/23）.

64　ブリティッシュ・コロンビア州の治安維持省（Ministry of Public Safety and Solicitor General）が 2007 年に作成したパンフレット "For Your Protection: Peace Bond and Restraining Orders" より。http://www.pssg.gov.bc.ca/victimservices/publications/docs/peace-bonds-english.pdf（最終アクセス 2014/3/23）.

65　地方裁判所での申請は無料だが，高等裁判所の場合は，約 200 ドルの費用がかかる。申請者の経済状態によってはリーガル・エイドを利用することができる。

⑶ DV コート

オンタリオ州には，Domestic Violence Court Program（以下，DVC プ
ログラム）があり，DV 事件については，専門的トレーニングを受けた検
察官が担当し，同時に，被害者／証人支援プログラム（Victim/Witness
Assistance Program，以下，V/WAP）のスタッフによって被害者への保護
と支援が行われることになっている[66]。

以下，DVC プログラムが発展した経緯を概観する。1985 年から 1987
年にかけて州政府内に，Violence Against Women Initiatives が発足し，
最初の V/WAP プログラムができた。1996 年に最初の DV コートが，
ノース・ヨークとオールド・シティ・ホールの 2 か所にできる。前者は，
早期介入型（early intervention）と呼ばれ，加害者に暴力関連の前科が無
く，重大な暴力被害や武器の使用もなく，有罪答弁を行っている場合，裁
判所は被害者と相談の上で，加害者をパートナー暴力対応プログラム
（Partner Assault Response program）に受講させる。プログラムを修了し，
トレーニングの効果があったと判断された場合は，前科が記録されること
も拘禁刑を科されることもない。後者は，協調的訴追型（coordinated
prosecution）と呼ばれ，加害者が早期介入型の条件にあてはまらない場合，
効果的な訴追を行うために DV 専門の警察官が証拠収集にあたり，検察
官も専門的トレーニングを受けた者が担当する。加害者が有罪となった場
合は，検察官は，他の量刑に加えて，保護観察命令の条件として，パート
ナー暴力対応プログラムへの参加を命じるよう裁判所へ要請することを検
討する。被害者は，司法手続が継続する間，V/WAP のスタッフから常に
支援と情報提供を受けることができる。

1997 年にはさらに 6 か所で DV コートが設けられる。1998 年には，
アーリーン・メイが元の内縁の夫であったランディ・アイレスに殺される
事件が起き，メイ−アイレス検視陪審勧告書（May/Iles Inquest Jury Rec-

66　今回の調査では，オールド・シティ・ホール裁判所にて，裁判官，DVC の検察
　　官チーム，法務省被害者サービス事務局の担当者，V/WAP の担当者，裁判所ス
　　タッフ等とミーティングを持ち，話を聞くことができた。

103

ommendations）によって，全裁判管轄区に DVC プログラムを創設する
ことが勧告された。この事件は，DV の加害者であったランディが接近禁
止を内容とする誓約（recognizance）に違反し，令状が出ているにも拘ら
ず，その 2 日後に，銃を購入しアーリーンの自宅へ押し入り，彼女を殺し
て，自らも命を絶ったものである。それ以前にも，ランディの暴力行為に
対する逮捕令状が出された記録が，異なる郡の裁判所へ届くのに時間がか
かったり，銃器取得許可証の返還が保釈の条件であったにも関わらず，記
録に残されず，実際に返還もなされないままであったことなど，被害者を
保護するための制度が全く実効力を持たず，警察および裁判所の処置と記
録管理のずさんさが浮き彫りになった事件であった。そのため，検視陪審
が DV のゼロ・トレランス政策実現を目指して，警察，検察，裁判所，
DV 被害者支援団体，銃器取得の管轄機関，医療関係者，教育関係者，法
務長官，児童保護機関，加害者プログラム実施団体等に対し，総計 213 の
勧告を出している[67]。

　さらに，2002 年に，メイーアイレス事件と類似のハドリー事件が起き，
再び検視陪審勧告書が出されている（Hadley Inquest Jury Recom-
mendations）[68]。このときは，DV 事例の場合の特別保釈プログラム（Spe-
cialized Domestic Violence Bail Program）の創設が勧告された。これらの
事件および勧告書の内容に代表されるような関係諸団体からの要請を背景
に，2006 年にオンタリオ州の全裁判所管轄区（54 区）で DVC プログラ
ムが設けられるにいたった。

　上記の，早期介入型および協調訴追型の二つのプログラムは 2001 年に
統合され，現在は DV 事例への早期の介入，被害者支援の改善，より効
果的な訴追，加害者の説明責任の追及などが，プログラムの目標とされて

67　Office of the Chief Coroner of Ontario, *Jury Recommendation: Inquest into the deaths of Arlene May and Randy Iles*（1998）http://www.oaith.ca/assets/files/Publications/May-Iles-inquest-redommendations.pdf（最終アクセス 2014/3/20）.

68　Office of the Chief Coroner of Ontario, *Jury Recommendations: Inquest into the deaths of Gillian Hadley and Ralph Hadley*（2002）http://www.oaith.ca/assets/files/Publications/Hadley-Jury-Recommendations.pdf（最終アクセス 2014/3/20）.

いる。全裁判所管轄区に，指名された DV 専門の検察官が 1 名以上配置されており，大きな裁判所では，チームとなって訴追にあたる。ミーティングに同席してくれたのも，比較的若い年代の男女取りまぜた 5 人の検察官チームだった。彼らによれば，DV 専門の検察官には，希望者の中から指名されるとのことである。

　被害者には V/WAP が早期に接触し，情報提供，各種支援を行い，安全の確保をはじめ多様な相談に乗っている。検察官も，公判前には被害者と面接し，信頼関係を築く努力をしているという。警察は，義務的訴追政策（Mandatory Charge Policy）を採用しており，全ての DV 事例において，警察官は，合理的な根拠がある場合には当該事件を訴追（lay a charge）しなければならない。保釈が請求された場合には，必ずリスク評価を行うためのチェックリストが使用される。また，保釈に際して加害者の審問が行われる前に，検察官，警察官，V/WAP のスタッフが被害者と面接を行い，被害者の安全確保について対応を協議する。

　「パートナー暴力対応プログラム」は，加害者が，自らの虐待的な行動を正当化するために使っている考え方と信念を見直し，彼らのパートナーと非虐待的，利他的な関係を築くための方法を学ぶために，介入することを目的としている。プログラムを運営するスタッフは，被害者の了解を得て，加害者の受講中，被害者とコンタクトを取り，被害者の安全確保と情報提供等の支援を行っている。このプログラムは，アンガー・マネジメント・プログラム[69] ではないという。その理由は，加害者はパワーとコントロールを被害者に行使するために暴力をふるっているのであり，アンガー・マネジメント・プログラムでは，そのような意図的な暴力には対応できないこと，さらには，通常，アンガー・マネジメント・プログラムは被害者支援は行っていないが，被害者支援は，DVC プログラムに不可欠の要素である，という 2 点が挙げられている。「パートナー暴力対応プロ

69　人は，怒りの感情をコントロールすることができていないために，暴力をふるうという仮定の下に，感情の表現方法やコミュニケーションの方法などをトレーニングするもの。

グラム」は地域に根ざした多様な団体が提供しているが，いずれも法務省の監督下にあり，財政的にも援助を受けている。このように，DVC プログラムは，警察・検察・V/WAP を中心とした連携をより密にすることで，効果的な訴訟運営および被害者保護が図られている[70]。

ミーティングで配布された資料によれば，DVC プログラムについて，以下のような評価がなされている[71]。

・多くの被害者が，プログラムによって刑事手続き中，自分たちの安全に配慮されていると感じたと述べている。

・刑法犯全体と比べると，DV 事案は取り下げられることが少なく，有罪となる割合が高い。

・DV の暴力行為が起きたとき，加害者は，警察官によってすぐに保釈されることはない。

・パートナー暴力対応プログラムを修了する加害者の割合が 75％まで増加した。彼らは，DV に対する態度の変化を示している。

・DVC プログラムのない裁判所に比べると，DVC プログラムのある裁判所で起訴された加害者は，懲役刑を言い渡されている者の割合が

70　裁判官の役割については特に明記されておらず，DV コートの裁判官は，DV 専門というわけではなく，他の裁判と同様，各裁判官が交代で担当することになっている。次の資料を参照。Ministry of the Attorney General, *Implementing the Domestic Violence Court Program* (2000, Updated April 2003). http://www.domesticpeace.ca/domcuments/OntarioDVCImplementationManual2003.pdf （最終アクセス 2014/3/20）。DVC プログラムにおける研修についても，対象は警察・検察・V/WAP，保護観察官，通訳となっており，裁判官は入っていない。なお，インタヴューに同席してくれた，マリカ・オーマツ裁判官には，以下の論考があり，日本語に訳されている。マリカ・オーマツ「トロントにおける問題解決型裁判所の概要：「治療的司法」概念に基づく取り組み」立命館法学 2007 年 4 号 199-212 頁 (2007)。

71　トロントの DVC プログラムを検証した Dawson と Ronit は，V/WAP をはじめ，DVC プログラムのメンバーが被害者と共感的に接することにより，被害者の協力が得やすくなり，起訴率が高くなっていると述べている。Myna Dawson, Ronit Dinovitzer, *Victim Cooperation and the Prosecution of Domestic Violence in Specialized Court* (2006), http://www.domesticpeace.ca/stopviolence_dvcourt.html （最終アクセス 2014/3/23）。

多く，再び有罪となる割合が少ない。

前述したように，オンタリオでは DV に特化した法律が無いため，DVC プログラムも特定の法的根拠に基づいて行われているわけではない。DVC プログラムが DV の定義を明示しているが，刑法典が改正されて DV 罪ができたわけでもない。従来の犯罪類型の解釈を変えたのか，と尋ねると，ミーティングのメンバーからは，「対応（response）を変えただけだ」という答えが返ってきた。以下に，DVC プログラムによる DV の定義を紹介する。

　ドメスティック・バイオレンスは，親密な関係における，物理的あるいは性的な力（force）の行使であって，現実のものであると脅迫であるとを問わない。親密な関係は，異性間の関係と同性間の関係の双方を含む。これらの関係は，継続期間や，法的形式において多様であり，現在のそして以前のデートの相手，コモン・ロー・カップル[72]，法律婚のカップルを含む。
　女性も男性もともにドメスティック・バイオレンスの被害者になりえるが，ドメスティック・バイオレンスの当事者のうち圧倒的な多数派は，女性を虐待する男性である。
　これらの犯罪行為はしばしば暴力的かつ支配的な行動パターンの中で起きている。その暴力は，身体的暴力と，精神的，心理的，性的虐待を含む。子どもや他の家族，ペットや物を傷つけるという脅しも含む。暴力は，被害者を恫喝し，侮辱し，脅すために，あるいは被害者を無力にするためにふるわれる。ドメスティック・バイオレンスは，単発の虐待行為も含むが，個別に見れば軽く些細なものと思われるが，集合的に見れば虐待となるパターンを形作る，多くの行為をも含むものである。

72　オンタリオの家族法では，3 年以上同居しているカップルか，あるいは，子どものいるカップルである程度永続的な関係があれば，法律婚と同様の扶養義務が認められている（family law Act, R.S.O.1990, c. F. 3, sec. 29）。

　刑法典違反としては，殺人罪，暴行罪，性的暴行罪，脅迫罪，監禁罪，ハラスメント／ストーキング，誘拐罪，裁判所命令違反，財産犯などを含み，またそれに限られるものではない[73]。

⑷　民間団体による支援──シスターリング（Sistering）

　カナダにはDVや性暴力，障碍，貧困等，様々な困難を抱える女性のための支援団体が数多く存在する。ここでは，トロントの民間団体をとりあげ，カナダにおけるDV被害者支援の実際について考察する。

　シスターリングは，1981年よりホームレスや低所得の女性への支援活動を行っている[74]。シスターリングでは，夜間，街路やシェルターで寝泊まりしていた女性たちに，昼間，無料で温かい食事を提供するドロップ・イン・サービスを行っている。ここでは，食事の他に，衣類の提供を受けることもでき，洗濯やシャワー，仮眠用のベッドも利用できる。また，シスターリングは，行政の提供するサービスに関する情報提供や同行支援，弁護士の紹介を行うと同時に，スタッフによるケース・ワークや住居・就労支援も行っている。ドロップインを利用する女性たちの心や体の健康のために，医師や看護師，精神科医の診察が受けることができるクリニックが施設内にあり，カウンセリングやマッサージ，アロマセラピー，ヨガ，園芸などのプログラムもある。女性たちが編み物や縫物，陶芸などの作品を制作して販売するスタジオも運営されており，そこでは，女性たちが技術を身につけるだけでなく，作品の展示や企画，販売も体験することができ，補助的な収入も得ることができる。シスターリングの全てのプログラムやサービスは，英語以外に，スペイン語，中国語でも提供されている。さらに，ペルシャ語，ヒンズー語等8つの言語をそれぞれ話すことができるスタッフがいる。

　2007年には，年間1200人を超える女性が，シスターリングのプログラ

73　Ministry of the Attorney General, *supra* note 70, at 1-11.
74　シスターリングについては次のサイトを参照。http://www.sistering.org/（最終アクセス 2014/3/20）.

ムを利用した。詳細なデータはないが，スタッフによれば，シスターリングを利用する女性の約90%が，何らかの暴力——児童虐待，近親者からの性虐待，レイプ，DV——を受けているという。そのため，特別にトラウマ・サポートを目的としたプログラムもあるが，シスターリングのプログラムやサービス全体が，トラウマを抱えた女性たちが多いことに配慮したものとなっている。シスターリングがデイケアのプログラムを始めたのは，トロントでは，ホームレスの人が夜間利用できるシェルターは各所にあるが，昼間過ごす場所がなかったためとのことである。スタッフによれば，トロントでは，トラウマを抱えた女性たちは，適切なケアもサポートも得られず，仕事に就くことも困難な状況に置かれており，利用者の中には，買売春や薬物の使用に巻き込まれている女性も多い。このような状況は，社会的サービスの貧困と，安価で安全な住宅の慢性的な供給不足のためで，シスターリングが活動を始めた20数年前と現在も実態は変わらないという。

　シスターリングは，28人の有給スタッフと，約400人のボランティアによって運営されている。日本のDV被害者支援団体等と比べると，信じられない規模の人員だが，それが可能になっているのが，公的な財政支援であると思われる。2010年には，オンタリオ州の保健省から138万ドル，トロント市から約28万ドルの補助を受けており，それぞれ財源全体の50%と10%を占めている。日本の多くのDV被害者支援団体が公的な経済的支援をほとんど受けられず，財政難に喘いでいることを鑑みると彼我の差は大きい。

⑸　日本の DV 法制への示唆

　日本では，DV加害者に対する特別な法的制裁は用意されておらず，刑法の犯罪類型に該当する場合には当然処罰されるのであるからそれで足りるとされてきた。しかしながら司法機関が家族内の問題に介入することに消極的であったこと，また，被害者も告訴して有罪を勝ち得たとしても，加害者がわずかな期間で戻ってくること，加害者更生プログラムへの加害

者の参加を強制するシステムがないこと，などから，長期にわたって身の安全を保障する手立てのない日本では，加害者を訴えるということは被害者にとってリスクの高い手段であるといわざるをえない。そのため，加害者は，保護命令の対象となることはあっても，それは被害者や子など限られた者に一定期間近づけない，というだけであって，社会生活上の大きな不利益はなく，次のターゲットを見つけて，暴力行為を繰り返す者も少なくない。DV 加害者が制裁もあるいはサポートも受けることなく放置されているため，DV 防止法の目的たる暴力の防止・予防ということも掛け声だけで終わっている[75]。

　カナダが，DV の「ゼロ・トレランス」アプローチを目指し，過去約30 年にわたって，官・民がそれぞれに対立もありながら努力をしてきた経緯は，今後のわが国の DV 施策に重要な示唆を与えるものと思われる。特に興味深いのは，特別法を制定することも，DV 罪の創設など刑法を改正することもなく，DV コート・プログラムにおける DV の定義に依拠して，これまで司法制度が扱ってこなかったケースを裁判所の手続きに載せることができるようになったという点である。また，日本の場合，民間団体は，行政の委託を受けつつも，十分な財政的補助もなく，乏しい資源を駆使して被害者支援を行っているのに対し，カナダの民間団体が有する人的・経済的資源の規模は比較にならない。日本と DV 法制と比較したとき，法体系の違い，裁判所に託された機能の違い，行政と民間団体の協力体制の違い，国家の政策における DV 問題の位置付けの違いなど，検討すべき多くの要因があると思われる。今後の検討を通じて，日本における DV 施策の可能性を探っていきたい。

　ここまで，性暴力およびドメスティック・バイオレンスの問題について，それぞれ日本及び海外での法的対応の現状とその問題点について考察を

75　宮園久栄「DV 罪の創設に向けての一試論」法執行研究会編『法は DV 被害者を救えるか——法分野協働と国際比較』221-246 頁（商事法務，2013），矢野恵美「DV 加害者の処遇」同 247-258 頁参照。

行ってきた。次章以降では，特に，被害者支援の実状について，海外の例を参照しつつ，日本における課題について検討する。

第2部

被害者支援制度

◆ 第3章 ◆ カナダにおける性暴力被害者支援

は じ め に

　性暴力の問題は，欧米に遅れてではあるが，日本でも近年社会的に認知されるようになり，被害者支援のあり方についても検討が行われ，各地で，民間の支援団体を中心に医療機関や弁護士，警察等関係機関が連携し，ワンストップセンターの設立が相次いでいる。地域により連携の形態に異同はあるが，欧米や韓国の支援制度から示唆を受け[1]，これまで適切な対応が怠られてきた性暴力被害者への支援に取り組んでいる[2]。その嚆矢は，大阪の性暴力被害者救援センター SACHICO（Sexual Assault Crisis Healing Intervention Center Osaka）であり，2010 年に開設されている。その後 2012 年には，SACHICO の協力をもとに，内閣府犯罪被害者等施策推進室より「性犯罪・性暴力被害者のためのワンストップ支援センター開設・

1　カナダの性暴力被害者支援の取り組みを参考に，アメリカでは，病院と性暴力被害対応専門看護師とが中心となり，警察や民間団体とチームを作って連携する，性暴力被害対応チーム SART（Sexual Assault Response Team）が各地に作られ，韓国では 2006 年に警察病院内にワンストップセンター第 1 号が開設してから，2012 年までに 16 カ所のワンストップセンターが設置されている。SART については，たとえば Linda E. Ledray, *Evidence Collection and Care of the Sexual Assault Survivor The SANE-SART Response*, Violence Against Women Online Resources（2001） http://www.mincava.umn.edu/documents/commissioned/2forensicevidence/2forensicevidence. pdf（最終アクセス 2014/3/22），韓国のワンストップセンターについては，法務省法務総合研究所『平成 24 年版犯罪被害者白書』107 頁（2012）を参照。

2　2015 年 9 月現在では，北海道，宮城，福島，栃木，群馬，東京都，千葉，名古屋，福井，三重，和歌山，京都，大阪，兵庫，滋賀，岡山，島根，福岡，佐賀，熊本，沖縄に，性暴力被害者支援を目的としたワンストップセンターが開設されている。

115

運営の手引」が発表された[3]。その後，東京の SARC など全国で 10 数カ所のセンターが設立され，現在も各地でセンター開設の試みが進行中である。日弁連も，2013 年に「性犯罪・性暴力被害者のためのワンストップ支援センターの設置に関する意見書」を内閣府特命担当大臣（少子化対策）及び都道府県知事に提出し，国が地方公共団体と協力して責任主体となること，国が財政的支援に全面的責任を持つべきことを主張しているが，現時点では，国による財政支援の制度化は実現していない。そのため多くのワンストップセンターが資金調達に困難を抱えつつ活動を展開しているのが現状である。

　このような日本の性暴力被害者支援の活動に大きな影響を与えたのが，カナダの活動家リンダ・ジンガロ[4]と，医師のエリザベス・ワイノット[5]である。彼女らは日本の NPO である女性の安全と健康のための支援教育センターと協力し，過去何年かにわたってカナダのブリティシュ・コロンビア州バンクーバー市において，性暴力被害者支援の実践について学ぶ研修を行ってきた。同市では，医療機関を中心として，警察やカウンセラー，福祉機関などが連携した性暴力被害者への対応サービスが提供されている。本章は，筆者が参加した 2007 年の研修[6]で得た知見を参照しつつ，カナダ

3　内閣府犯罪被害者等施策推進室「性犯罪・性暴力被害者のためのワンストップ支援センター開設・運営の手引」。http://www8.cao.go.jp/hanzai/kohyo/shien_tebiki/index.html（最終アクセス 2014/3/19）。

4　Linde Zingaro, カウンセラーとして長年，様々な差別に苦しむ女性たちへの支援活動を行ってきた。詳しくは，ジンガロ『援助者の思想—境界の地に生き，権威に対抗する』（お茶の水書房，2008）の訳者解題（328-329 頁）を参照。

5　Elizabeth Whynot, ブリティッシュ・コロンビア州立女性病院院長。

6　NPO 女性の安全と健康のための支援教育センター，すぺーすアライズ，リンダ連絡事務所の共同企画による "Joyful Tour - Activists' Training Program Against Family Violence" である。2007 年 8 月 3 日から 10 日まで，バンクーバーのブリティッシュ・コロンビア大学の研修施設で行われた。日本からの参加者 26 名にスタッフ 3 名，通訳 3 名が同行している。研修のプログラムは，一日平均 3〜4 名の講師によって，グループ・ディスカッションや質疑応答を交えながらの講義形式で行われた。2 日目の午後には，バンクーバー市街で行われたプライド・マーチの見学も研修の一環として盛り込まれている。参加者は全員女性で，医療関係者が最も多く，その他，民間のシェルターや福祉機関等のスタッフ，教育関係者等，様々な職種・専門から構成されていた。研修後，参加者の多くが，何らかの形で性暴力被害者

の性暴力被害者支援の取り組みを考察するものである。

　当該研修においては，具体的な支援の手法のみならず，その背後にある
考え方についてレクチャーが行われた。講師陣は，カウンセラー，医師，
看護師など，現在，性被害者の支援に直接関与している専門職だけでなく，
コーチングの指導者や開発コンサルタント，小児病棟で活動するピエロな
ど，一見性暴力の問題と関わりがなさそうに思われる職種の講師も含む[7]。
彼女らによるレクチャーもまた，「支援」とは何かという点において共通
するものがあり，研修全体として，被害者支援のあり方を探求するものと
なっていた。

第1節　ブリティッシュ・コロンビア州立女性病院における
「性暴力被害対応サービス（SAS）[8]」

　バンクーバーにあるブリティッシュ・コロンビア州立女性病院は，こど
も病院，女性健康センターも併設された女性総合病院であり，分娩数は年
間7000～8000件に昇る。ここに，1982年，エリザベス・ワイノットらに
よってSASが創設された。24時間体制で，看護師1名とSANE[9]か医師

　　　支援の活動を新たに開始している。
7　講師陣を以下に紹介する。リンダ・ジンガロ（Linde Zingaro，カウンセラー），
　　エリン・グラハム（Erin Graham，元シェルター運営），ヤエル・ブラム（Yaer
　　Blum，組織開発コーチ），エリザベス・ワイノット（Elizabeth Whynot，元ブリ
　　ティッシュ・コロンビア州立女性病院院長），キャロル・デイル（Carol Dale，元
　　「女のための本屋」経営），ケイト・ギブソン（Kate Gibson，セックス・ワーカー
　　支援団体WISH代表），フィレッタ・フィッシュ（Filletta Fish，セラピューティッ
　　ク・クラウン），スザンナ・タム（Susanna Tam，弁護士），サラ・サンプル（Sarah
　　Sample，オンコロジー・ソーシャルワーカー），マリー・アブデルマリク＆ヘレ
　　ン・グリフィス（Marie Abdelmalik & Helen Griffiths，ブリティッシュ・コロンビ
　　ア州立女性病院SASスタッフ），マリー・モーガン（Mary Morgan，開発コンサル
　　タント）。最後に，正規のプログラムには予定されていなかったが，今回通訳とし
　　て研修に同行してくれた方の友人で，番外編としてレクチャーをしてくれたデヴォ
　　ン・マクファーレン（Devon MacFarlane，バンクーバー保健局，LGBTのための薬
　　物依存症支援プログラムPrism開発）。
8　SASは，Sexual Assault Servicesの略である。
9　SANEは，Sexual Assault Nurse Examinerの略で，「性暴力被害者支援看護師」

かどちらかが1名，計2名が待機しており，性暴力被害者が到着した病院の救急外来から呼び出しを受け，被害者（13歳以上の女性，男性，トランスジェンダー[10]で，被害後7日以内）へのケアにあたる。提供されるケアは，基本的な医療サービスとして①傷害の治療，②性感染症の治療，③妊娠への対応，さらに④法医学的検査，⑤精神的サポート，⑥他の関係各機関の情報提供である。

SASスタッフによると，SASでは，フェミニスト的アプローチ（女性中心的アプローチ，あるいは患者中心的アプローチとも言い換えられている）が採用されているという。これは，性暴力の原因はジェンダー間の不平等という社会的要因にあるとする，問題のフェミニスト的分析と，それに基づいたケアのフェミニスト的原則をさす。ケアのフェミニスト的原則とは，①ケアの目的は患者にコントロール（control）を取り戻してもらうこと，そのために，②提供するケアに関して選択肢（choice）を提供すること，③患者から真のインフォームド・コンセント（consent）を得ること，④スタッフは守秘義務（confidentiality）を遵守すること，である（これらは「4つのC」と呼ばれている）。

このようなアプローチがケアの指針とされている理由は次のように説明されている。例えば，性暴力の被害者は自分を責めることがあるが，これは，加害者ではなく被害者を非難する社会的規範を内面化していることによる。このような場合，当該規範は性暴力を許容する性差別的な社会構造によって生み出されたものだというフェミニスト的認識があってはじめて，被害者の不安に対処し，彼女を支えることができるからである。日本にお

と訳されている（NPO女性の安全と健康のための支援教育センター発行のリーフレット「性暴力被害者支援看護師養成プログラム」参照）。SANEとは，性暴力の被害者に適切なケアを提供するためのトレーニングを受けた看護師である。そのトレーニングには，法的証拠採取，性器および骨盤検査，STD検査とその治療，支持的カウンセリング，法的書類への記載，裁判での証言などが含まれる（むすぶ会（性暴力被害と医療を結ぶ会）『伝えてくれてありがとう むすぶ会講座まとめ2』61頁（むすぶ会，1998））。日本でも女性の安全と健康のための支援教育センターにおいて，1年間のSANE養成コースが実施されている。

10 受診数は年間300人であるが，その95%が女性であるという。

いても周囲の無理解によって被害者が傷つく「二次被害」の問題は深刻であるが，そのような事態を防ぐためには上記のようなアプローチが必要になってくるのである。

第2節　思想的背景

(1)　フェミニズムの継承と多様性の尊重

　上記のように，バンクーバーにおける性被害者支援の思想的背景は第一にフェミニズムである。この研修のコーディネーターであるジンガロ[11]は，自身がサバイバーであり，長年カウンセラーとして性暴力被害者への支援活動を行っているが，彼女は研修初日のオリエンテーションにおいて，この研修の目的を，①ジェンダーに基づいた暴力の問題について学ぶこと，②その問題をどのようにして若い世代に伝えていくか考えること，と説明した。彼女は，自分たちの支援活動をフェミニズム運動の中に位置づけ，そのフェミニズムが若い世代に十分に受け継がれていないことへの憂慮を以下のように語っている。

　70年代，フェミニズムは社会に抵抗するための力であり，若者たちが自ら作り上げて行くものであった。しかし現在では，フェミニズムは既にあるもの，古い世代のものであり，「フェミニズム」という言葉にアレルギーを示す若者も少なくない。今やフェミニズムは大学で教えられるものであり，アカデミズムに吸収され，一つの権威となってしまった。若い世代の人々は，もはやそれを自分たちが担っていくもの，継承すべきものと

11　ジンガロは，日本における「性暴力被害と医療を結ぶ会」の講座のために，ブリティッシュ・コロンビア州立女性病院院長ワイノットとともに何度か日本で講演を行っている。その記録はむすぶ会・前掲注9，同『伝えてくれてありがとう　むすぶ会講座まとめ3』（むすぶ会，2000）として出版されており，サバイバーの心理や支援のあり方について，またブリティッシュ・コロンビア州立女性病院での取り組みについての詳細を知ることができる。なお，ジンガロが2007年にUブリティッシュ・コロンビアで博士号を取得した際の博士論文（"Rhetorical Identities: Contexts and Consequences of Self-Disclosure for 'Bordered' Empowerment Practitioners"）の翻訳が，ジンガロ・前掲注4である。

は捉えていない。彼らは女性差別も女性への暴力の問題も既に解決済みと考えている。しかし実際には，いまだに男性による女性への暴力は世界中で頻繁に起きている。まだ問題は解決されていないのに，それが認識されていない，覆い隠されているのが現状である。以前，ジンガロは，21世紀が来る頃には女性への差別や暴力はほとんどなくなっていると予想していたという。しかし彼女たちをはじめ多くの女性たちの努力にもかかわらず，現実は落胆せざるを得ないものとなった。バンクーバーにおける女性運動や情報の発信地ともなっていた「女のための本屋（Women's Book-store）」の経営に携わっていたキャロル・デイルは，「女のための本屋」が経営難に陥り，閉店を余儀なくされた理由の一つに，フェミニズムへのバックラッシュを挙げている。そして今や原理主義的なものは幅を利かせているのに，なぜフェミニスト・ビジネスはうまくいかないのか，そもそも「フェミニストのビジネス」とは形容矛盾だったのか，と，嘆く。さらに両者は参加者に次のように問いかける。「なぜ私たちが負けてしまったのか分かりますか？」と。その答えは「家父長制があまりにも巨大だったから」というものだった。

　もう一つ，フェミニズムが直面している問題として指摘されたのは，異なる価値観を持つ人々とどう連携していくか，という課題である。性暴力被害者への支援の現場では，関係諸機関とのコミュニケーションは欠かせない。しかし，フェミニスト的アプローチはカナダであってもなお少数派であり，かつ，医療，司法，行政など，それぞれの制度が異なる目的・存在理由を持っており，場合によっては相互に衝突することも少なくない。例えば，医療機関は検査，警察は加害者の検挙等の固有の目的が優先され，被害者への精神面における配慮が二の次になりやすい。さらに，州政府も知事が変われば政策も大きく変更され，支援活動への補助金が削減される事態もありうる。かといってSASのように公立のサービスであれば，州政府と敵対することは制度の存続それ自体を危うくするため，行政とも良好な関係を維持することが必要となってくる。

　このように，若い世代や，価値観の異なる相手に対して，フェミニスト

120

がどのように自らのアプローチを伝えていくか，という課題に対して，ジンガロから提示されたのが，"sensibility" というキーワードだった。ここでの "sensibility" とは，苦しんでいる人の存在に気づく「感性」を指す。考え方が異なっても，センシビリティは共有できる，そこから出発すれば様々な立場の人たちが手を携えて世界を変えていける。そして，強調されたのが，問題の切り口は多様であり，異なるアプローチがありうること，お互いに相手のやり方を尊重しあい，コミュニケーションを大切にしなければならいこと，であった。連携の必要性は異口同音に他の講師によっても言及されている。ワイノットは被害者支援のためには，いろいろな立場の人間がチームを組んで活動することが必要で，「女性の安全が第一である」という合意があれば，異なる考え，違う立場の人たちと手をつなぐことは可能であるという。移民や難民，先住民の問題に関ってきた弁護士のスザンナ・タムも，世界を変えるためには異なる価値観の人たちともつながる必要があり，どんな視点からでも暴力被害に関する知識を共有することから連携をスタートさせることができると述べている。このように，フェミニズムを基調としながらも，異なる価値観との協働を目指すオープンな姿勢が，カナダにおける性暴力被害者支援の基本となっている。

⑵ 社会構築主義

フェミニズムの他に，もう一つ，支援活動を支える考え方として説明されたのが社会構築主義[12]である。社会構築主義によれば，社会の様々な事象は，固定的な本質を持つものではなく，人間によって社会的に意味づけされたものである。性差別や人種差別など，人と人との間の優劣の観念も中立的なものではなく，歴史的経緯によって作り上げられた変更可能なラ

---

[12] 日本においても社会学，心理学等，多くの学問分野に影響を与え，精神療法の領域においても，重要な思想的支柱であり，特に暴力被害者の治療に有効な考え方であるとされている。上野千鶴子編『構築主義とは何か』（勁草書房，2001），マクナミー゠ガーゲン『ナラティヴ・セラピー──社会構成主義の実践』（金剛出版，1998 年），シュタイナー・クヴァル『心理学とポストモダニズム──社会構成主義とナラティヴ・セラピーの研究』（こうち書房，2001）等参照。

ベルに過ぎない。従って，支援する側が支援される側をどのように観るか（どのようなラベルをはるか）が，支援される側に大きな影響を与える。その際具体的な方法として用いられているのが，ナラティブなアプローチである。例えば，セラピーも，「自分には価値がない」と思い込んでいる人たちが認識する「物語」を書き変える過程であるという。この「物語」には個人レベルのものと社会レベルのものがあり，前者を対象とするのがセラピーなどの個人的なケアであるが，後者の書き換えを目的とするのが社会運動ということになる。組織開発のコーチであるヤエル・ブラムによれば，Appreciative Inquiry（以下，AI）というコーチング手法も，個人レベルおよび企業等の中間団体レベルの「物語」の変更を目指す。従来の問題解決型アプローチが，問題や欠点に着目しそこから解決策を導き出すのに対して，AI は組織や個人の強みや長所，可能性に焦点を当てるところに特徴がある。個人や集団は，言説によって自らの現実を作り上げており，書物のように多様な解釈に開かれた存在であると捉える。そして肯定的な対話や想像力を駆使することによって，独自のよりよい「物語」を創っていく（＝理想像を実現する）ことができるという。

第3節　支援の原則

(1)　当事者の声を聴く

　本研修全体を通じて強調されたのは，支援とは，あくまで支援される側が望むことを提供するものである，ということだった。ワイノットは，支援活動の基本的なスタンスは「当事者の声を聴くこと」であると語っている。支援を受ける側の人々の話を丁寧に聴き，彼女たちのコミュニティの状況や習慣等に配慮した上で，彼女たちが求めているものを提供するプログラムを作る必要がある。単に支援する側の思い込みで作っても結局は利用してもらえない。たとえば，セックス・ワーカーへの支援活動を行っている WISH では，セックス・ワーカーの女性たちに飲み物やコンドーム，清潔な注射針を無料で提供している。代表のケイト・ギブソンによれば，

バンクーバーのセックス・ワーカーたちは，ほとんどが路上生活者で，極貧，虐待，薬物・アルコール依存などの複合的な問題を抱えているという。コンドームや注射針の提供は，一見，売買春や薬物濫用を助長するものと受け取られがちだが，彼女たちがまず望んでいるのは病気に感染しないで現在の暮らしを守っていくことであり，売春や薬物の使用を止めることは究極的な目標であったとしても，今目の前にあるニーズではない。支援する側の視点から良かれと思うものを提供するのではなく，何よりも彼女たちが望んでいるものを最優先することこそが，エンパワメントにつながるのである。

(2) エンパワメント

ジンガロによれば，エンパワメントとは，第1に，自分の欲求や願いを実現する力を自分で感じられるようになること。例えば，セックス・ワーカーに，どこに住みたいかと尋ねても，彼女はこれまで自分で住む場所を選べないような状況を強いられてきたために，考えたこともないので答えが出てこないことがある。自分のほしい物を選び，実現できる力を持っていると思えることからエンパワメントが始まる[13]。第2に，社会的資源にアクセスできる力を持つこと。上記の例でいえば，家を探すために必要な情報やサービスを入手できること。第3に，自分の選んだやり方で自分を表現できること。ジンガロは，これを voice とも表現した。社会には支配的な文化があり，そこに属していない者にはステレオタイプな判断が下され，個性が尊重されない。たとえば，異性愛中心の社会では，異性愛者は一人一人ユニークな存在として認知されるが，レズビアンやゲイ，バイセ

---

[13] ある性虐待のサバイバーは，回復の過程において「うらやましい」とか「怒り」とかの感情，「寒い」という感覚や「色」に対する感覚を取り戻していった体験を記述している（性暴力を許さない女の会ニュースレター「ファイトバック」第72号 4-10 頁（2008））。虐待に長期間さらされたために感情や感覚が麻痺してしまっているとき，欲求や願望を持つ，ということがどれだけ困難かということが推察される。自由を取り戻し，自分にも選べる，実現できる，その力があると分かって初めて，「あれがしたい」「これがほしい」という欲求が自覚されてくるということではないだろうか。

クシュアルの人々は十把一絡げに扱われてしまう。自らの存在が承認され
ない文化の下では，人々は声をあげる力があるにもかかわらず，自分の声
が届かないと認識し，自分を表現できなくなってしまう。従って，自分の
声を取り戻すことがエンパワメントの重要な要素となるのである。第 4 は，
他人を代表すること。WISH では，支援される側のセックス・ワーカー
が一定のトレーニングを積んで支援する側にまわるプログラムを提供して
いる。このように，他者を代表する責任を負う力を持つことも，エンパワ
メントの一形態である。

　ブリティッシュ・コロンビア州立女性病院 SAS におけるフェミニスト
的ケアの原則は，まさにエンパワメントの具体的実践例である。前述した
ように，SAS では，提供される全てのケアに関して選択肢を用意し，患
者のインフォームド・コンセントを得ることになっているが，その同意も，
一度得られたらそれで終わりではない。時間を置いて何度も確認する，し
かも相手の言葉だけでなく，体から出るサインをも読み取って，相手の状
態を確認するのである。事件直後で被害者本人が混乱した状態にある急性
期ケアは，一般的な医療とは異なるかもしれない。しかし，ここまで患者
の「気が変わる権利」を尊重するケアのあり方は，インフォームド・コン
セント一般にも重要な示唆を与えるものではないだろうか。

　また，SAS では患者が家族や友人等に付き添われてきた場合，本人以
外いったん部屋の外に出てもらい，患者に誰に一緒にいて欲しいか，そし
て，それ以外の人にはどの範囲までの話なら伝えてよいかを尋ねる。病院
に付き添ってきた家族や友人たちは，被害者を非難する，あれこれ指示を
する等，被害者を尊重する姿勢に欠ける場合が多いという。彼らは，良か
れと思ってではあれ，被害者の代わりに物事を選択したり決めたりしよう
とする。しかし，自己のコントロールが奪われる，ということこそが，ま
さに性暴力にさらされている間，被害者に起きていた事態であり，彼らは
それと同じ侵害行為を被害者に加えていることになるのである。被害者の
回復のためには，どんなささいなことでも，一つ一つ，本人に選択し，決
めてもらうことによって，自己のコントロールを取り戻してもらわなけれ

124

ばならない。これは，支援に携わる全ての人間が心しておかなければならないことだろう。

　支援を受ける側の自己決定の尊重は他の講師のレクチャーでも強調されていた。セラピューティック・クラウン（therapeutic crown）のフィレッタ・フィッシュは，小児病棟で子どもたちの病室を訪れるとき，まずドアのところで「入ってもいい？」と子どもたちに許可を求めるという。入院患者である子どもたちは，親や医師，看護師の指示に従わなければならない存在で，ほとんどの場合，何かを選択し，決定するのは周囲の大人ばかりである。彼女はその構図を逆転させ，何かにつけ子どもたちに選択肢を提供し自分で選んで決めてもらう。いつも子供に指示命令をする親や医療関係者には，ハンカチを折って作った大きな耳をつけさせられ，このときばかりは，子どもたちの「言うことを聞かされる」立場に立たされる。こうして彼女と遊んでいるうちに，治療や検査の辛さなどで心を閉ざしてしまっていた子どもたちに笑顔が戻ってくるという。もちろん治療方針などに関しては，幼い子どもに自己決定権を認めるわけにはいかないが，ささやかなことであっても可能な限り子どもたちに選択させ，決定する自由を与えることで，子どもたちの持つ力が引き出せることがうかがえる。

(3)　被支援者をどう観るか

　自己決定を尊重するには，その人に自己決定できる力がすでに備わっているという前提が必要となる。講師たちは，幼い子どもや性暴力の被害者に対しても，「この人たちは力が無いのだから，代わりに私たちが決めてあげましょう」と考えるのではなく，あくまで彼／女ら自身が選択し，決定することを重視する。彼らが自らのコントロールする力を「取り戻す」ことを何よりも大切だと考えている。つまり，彼らには選択し決定する力が本来「ある」と観ているのである。これは，相手をどういう存在と観るかが，相手に重要な影響を及ぼすという社会構築主義の考え方につながる態度である。前述したSASのケアやセラピューティック・クラウン以外の例を挙げてみよう。オンコロジー・ソーシャルワーカーであるサラ・サ

ンプルは，セラピューティック・タッチ（therapeutic touch）の施術者である。セラピューティック・タッチは気功に似た療法で，カナダでは代替医療の一つとして通常の治療に加えて用いられている。セラピューティック・タッチでは，施術者が患者の滞っているエネルギーの流れを変えるだけであって，施術者が自らのエネルギーを患者に「与える」のではない。そもそも人のエネルギーは，他人が「奪う」とか「与える」とかできるものではないという。また，前に紹介した AI のアプローチも，問題を抱えた個人や組織も，潜在的な可能性を持っているという前提から出発し，彼らの本来持っている力を引き出すことを目指す。研修全体を通じて貫かれていたのは，このように，支援する側は，支援される側を無力な存在ではなく，本来力の備わった可能性に満ちた存在と観るべきなのだという考え方である。

(4) 支援者の権威性

　支援に関する重要な論点の一つとして，支援する側とされる側の関係性についての自戒を込めた警告が研修を通じて繰り返された。それは，支援する側の権威性の問題である。たとえば，シェルターの運営に携わっていたエリン・グラハムは，支援がときとして支援者による被支援者に対する搾取となってしまう危険性を指摘している。支援する側，特に専門職の支援者は，自らの立場の権威性を自覚していなければならない。ワイノットは，自らの医師という地位の持つ権力性を認識しつつ，その力を地域の問題を解決するため，社会を変えるために使うよう心がけてきたという。SAS スタッフのアブデルマリクとグリフィスも，公的な機関で働く自分たちの権威や権力を自覚し，その特権を支援される側の人々のために利用する責任を認識しなければならないと語っていた。

　この問題は，エンパワメントによって支援される側から支援する側に回ったサバイバーにとっても無関係ではない。他者を代表し，「私たちは……」と主張する声を持ちはじめたサバイバーは，自らの力が権威に転化するリスクを自覚しなければならない。ジンガロは次のように問いかける。

「私たち」とは誰のことか，「私たち」と括ってしまうことで個を抹消する
ステレオタイプに陥っていないか，「私たち」と括られる人たちは本当に
「あなた」に代表してもらいたいと思っているのだろうか？これは，支援
する立場，誰かを代表する立場に立つ者全てが，自らに向けなければなら
ない問いではないだろうか。

　専門職の例として特に批判されたのが「研究者」だった。多くの研究者
が研究の成果を自分のためだけに利用し，研究「される」側にフィード
バックしないという。しかし，そう語ったグラハムもジンガロも，長い支
援活動の末に，ともに大学に入りなおしている。ジンガロは既に博士号を
取得し，グラハムも大学院で勉強中とのことだった。2 人は，支援の現実
をよく知っているからこそ，Dr. の肩書きがいかに力を持っているか身に
しみてわかっているのだという [14]。

　支援者と被支援者の関係性の問題は，多くの講師の口からその重要性が
語られた。フィッシュが，患者である子どもと周囲の大人たちの関係性を
ひっくり返すのも，支援する側の権威が支援される側にとって負担となっ
ているからである。その権威性を覆すことが，支援される側のエンパワメ
ントにつながっていく。また，セラピューティック・タッチの理論におい
て，施術する側がされる側に自らの力を「与える」のではない，とされて
いるのも，自分が被支援者に何かして「あげている」と思い違いをしない
よう，支援者を戒める効果がある。

第 4 節　既存の制度との確執

(1)　刑事システムとの齟齬

　上述した支援のあり方が直面する課題について，ブリティッシュ・コロ
ンビア州立女性病院 SAS が抱える問題を中心に考察する。前述したよう
に，SAS では，性暴力被害者である患者の自己決定を徹底して重視する。

14　裁判においても，一カウンセラーとして証言するのと，「ドクター・リンダ・ジ
　　ンガロ」として証言台に立つのとでは，裁判官の心証も違うという。

例えば，本人が拒否すれば法医学的検査も証拠採取もしない。ケアが終わってから事情聴取を行おうとドアの外で警官が待っているときでも，本人が話したくない，すぐに家に帰りたいと希望した場合は，裏口から患者を帰すこともある。捜査に必要な情報を被害者から収集することは警察官が当然しなければならない仕事である。しかし，それが被害者の自己決定を尊重することと衝突する場合，SASスタッフは，警察の要請の方を拒否する。加害者を逮捕し刑事責任を追及することは，社会に対して当該加害行為が許されないことを宣言するとともに，さらなる被害の発生を防止する機能を持つ。また同時に被害者本人の回復に資するとも言われているが，刑事システムが何よりも目的としていることは，上記のような社会的見地からの正義の貫徹であり，被害者個人のエンパワメントではない。民事事件では当事者の提訴によって訴訟手続きが開始されるのに対して，刑事事件が，被害者等当事者の意思に関らず，警察・検察の判断によって訴追されるのも，このためである。日本でも最近になって被害者の意思が尊重されるようになってきたが[15]，従来，被害者は証人にすぎず，刑事システム内での権利主体ではなかった。日本の場合，強姦罪等に関してはカナダと異なり，親告罪とされている。しかし，これは，伝統的に性暴力被害者に厳しく，2次被害は当然といった社会状況を前提とした上での制度設計であり，被害者の意思を尊重するよりも抑圧する方向に働くこともあると批判されてきた。親告罪とすることの功罪に関しては支援の現場でも議論が分かれている。いずれにしても，今後，性暴力被害者の意思を真摯に尊重する制度のあり方を追及するためには，性犯罪のみを個別に取上げるだけではなく，犯罪被害者全般を刑事システムの中でどう位置づけるかという議論とリンクさせていく必要があると思われる。

　もう一点，刑事システムとの関係で，「CSI効果（effect）」と呼ばれる問題を取上げたい。「CSI」は，日本でも放映されているアメリカの人気

15　平成12年5月19日に「刑事訴訟法及び検察審査会法の一部を改正する法律」「犯罪被害者等の保護を図るための刑事手続に付随する措置に関する法律」が公布された。

ドラマシリーズで，警察の科学捜査班（Crime Scene Investigation）の活躍を描いたものである。このドラマの人気によって，北米では法医学を志す学生が増え，社会一般でもまた国際的な看護師の組織でも，真犯人を突き止める科学的な方法として，法医学的手法が大いに期待されているという。しかし，SAS スタッフのアブデルマリクらは，法医学的検査によって証拠を採取したからといって，必ずしも加害者の有罪に結びつくわけではなく，性暴力の抑止につながっていないと語る[16]。しかし，医療機関の中には，法医学的検査＝性暴力被害者への対応と捉え，自分たちのところでは法医学的検査ができないから被害者に対応できないと被害者の受け入れを拒否するところや，法医学的検査さえすめば被害者への対応は終わりと考えているところもあるという。SAS では，上述したように，基本的な医療サービスに加えて多様なサポートを提供している。法医学的検査，法医学的証拠の採取は，ケアの選択肢の一つにすぎない。にもかかわらず，過度に重視されることによって，被害者支援のための他の重要なケアがないがしろにされることが懸念されている。また，法医学的検査のための新しい技術や器具が開発された場合も，無批判に導入するのではなく，あくまで患者のために必要なのか，自分の興味や関心だけで使おうとしていないか，患者にとって侵害的でないかどうかを慎重に判断すべきであることも指摘されていた。法医学的検査への期待が過熱しすぎることによって，

16　この点について研修ではそれ以上の説明はなかったので，詳細は不明だが，今後確認したいと考えている。おそらく，法医学的検査で，性交の事実が証明され，その相手が特定できたとしても，それが「レイプ」だったのかどうかはまだ別の問題となるからではないだろうか。一方，米国ミネソタ州ミネアポリス市において性暴力被害者支援を行っている SART（Sexual Assault Response Team）のリーダーの一人であるリンダ・リドレイは，トレーニングを受けた SANE によって質の高い証拠採取が行われることで，加害者が罪状認否で有罪を認める場合が多くなっていると語っている（女性の安全と健康のための支援教育センターにおける講演「SART：2 次加害を防ぐために」2007 年 10 月。講演記録は支援教育センター「通信」17 号 2-12 頁（2008））。こちらも詳しいデータなどは紹介されていない。SANE による証拠採取と加害者の有罪認定の間の関係について，アメリカとカナダで一見異なる評価が表明されているようであるが，これは日本において同様の制度を導入することを考える上で重要な論点であるので，追って調査し検証したいと考えている。

SANE まで自らの役割を警察官と同一視してしまい，被害者の意思が尊重されない事態になることが危惧されている。

⑵ 体制内化（institutionalization）の問題

これは，性暴力被害者へのサービスが実現したことによって，性暴力の問題を解決済みととらえる社会の流れを指す。その一つは，性暴力被害者への対応を医療の枠組みの中に封じ込める医療化（medicalization）である。これは，性暴力を，適切な医療さえ提供していればそれで済むような個人的な出来事として再定義してしまう。したがって，法医学的検査を行い，あとは PTSD に対処していれば，それ以上性暴力について社会は何もする必要はない，ということになる。

もう一つは，公的な制度の一部として創設された SAS が，本来変革すべき対象であるはずの社会体制の中に取り込まれる体制内化（institution-alization）である。SAS という制度が実現したことを以って，州政府は，性暴力の問題に対応済みだというポーズをとり，これ以上問題解決のために何もする気がないことを正当化している。性暴力の問題が脱政治化されてしまっているのである。まだまだ性差別も性暴力も続いているのに，社会はそのような現実を認めない──ジンガロをはじめ，何人もの講師が，性暴力は被害者個人を支援するだけで解決するものではなく，社会構造に起因する問題なのだから，社会の変革を目指すことを忘れないように，と繰り返し参加者に訴えていた所以であると思われる。

おわりに

カナダの被害者支援の特徴は，その徹底した当事者主義である。支援の内容も手続きも，全て被支援者の意思を最大限尊重することよって決められる。そこではサービスを提供するのは支援者であっても，支援の主体はあくまで被支援者である。専門的な見地から良かれと思うサービスを一方的に提供するのではなく，彼女たちが何を望み，何を願っているか，その

声を聴き，その心に沿うことこそが支援と考えられている。日本でも当事者主体の性暴力被害者支援サービスの実現が目指されているが，カナダの取り組みを参考に，今後課題となる点を挙げてみよう。

　第一に，関係機関，特に警察との連携の在り方が重要である。2010 年4 月開設のSACHICO と，2010 年7 月開設のハートフルステーションあいちは，ともに「病院拠点型」のワンストップセンターであるが，ほぼ同時期の開設であるにもかかわらず，2011 年3 月までの相談件数は，前者が電話及び来所の相談受付件数が 1850 件であるところ，後者は 100 件となっている[17]。利用件数の差が何に起因するのか，今後データの蓄積を待って詳細な分析が行われることが望まれるが，上記のデータについて性犯罪被害者対応拠点モデル事業検証部会による「性犯罪被害者対応拠点モデル事業等の検証報告」[18] が公表されているので，そこでの検証結果をみてみよう。

　報告書は，両者の相談件数の差については，相談者に対するアンケート調査が実施できないため，詳細不明としながら，以下の点を要因の一つと推測している。①電話相談の受付が 24 時間対応であるか否か（SACHICOは 24 時間対応，ハートフルステーション・あいちは，月曜日から土曜日の 9 時から 20 時まで），②ハートフルステーション・あいちは，相談者の来所可能範囲を踏まえ，通話範囲を愛知県全域及び岐阜県南部と限定したが，一方，SACHICO は，全国から通話可能とした。SACHICO の通話地域は，大阪府，近畿圏を中心として，関東圏，九州まで広範に渡っていること。また，来所については，大阪府下全域を中心として，兵庫県や京都府等となっていること。③SACHICO は，平成 22 年 4 月の拠点開所前からの活動の蓄積があったこと。④SACHICO においては，対象を「性暴力」として相談者の間口を広げたが，ハートフルステーション・あいちの対象は

17　内閣府犯罪被害者等施策推進室・前掲注 3 の，参考資料 1 「我が国におけるワンストップ支援センター(1) SACHICO　(2)ハートフルステーション・あいち」43-59頁。
18　同上，資料編 5，7-8 頁。

「性犯罪」であること。⑤ハートフルステーションあいちの相談件数に関しては，「警察が運営主体＝ 事件化が前提」というイメージからくる被害者の抵抗感が影響している可能性も，否定できない[19]。

最後の点は，カナダのブリティッシュ・コロンビア州女性病院の SAS が直面している刑事システムとの連携の難しさに通じる問題である。被害者は必ずしも警察に通報したいと思うわけではない[20]。また警察が対応する「性犯罪」は，現実に広く生起している性暴力被害の一部でしかない。警察との連携により速やかに被疑者が逮捕されることは，新たな被害の発生を抑止し被害者の回復に資する面もある一方，被害者の意思の尊重が最優先課題である以上，警察への通報は，適切なケアを受けたのちの選択肢の一つとして位置付けられるべきだろう。ただ，被害者一人一人に異なるニーズがあることを考えれば，警察主導のセンターの存在も，被害者の選択肢を増やすことには役立つと思われる。

第二は，被害者の多様性の問題である。女性といっても，その置かれている立場は多様であり，フェミニズムの枠組みだけで問題解決の処方箋が書けるだろうか。弁護士のスザンナ・タムは，フェミニズム，人種差別，ホモフォビア（同性愛者嫌悪），障碍者差別，貧困などを一緒に考えようと，インターセクショナル・アプローチ（intersectional approach）を提唱している。もちろんカナダの社会における多様性と，日本のそれとは同じではないが，日本においても，現実の被害者は，性被害の経験という共通点以外は，多様な人生を生きているユニークな個人である。性別，年齢，社会階層，国籍，性的指向，障碍や病気の有無等により，抱えている問題は異なる。性被害者の大半は女性であるし，性暴力のフェミニズム的分析が有

---

19 同報告書によれば，ハートフルステーション・あいちも，あくまで警察への連絡は被害者が希望するときにのみ行われる。

20 加害者が近親者や，知人であった場合など，加害者との関係性から，被害者は通報をためらうことがある。DV の場合も同様であるが，自分の身近な人を「犯罪者にしてよいのか」という自分自身の罪悪感と周囲からの圧力により，刑事システムにのせることを回避する例も少なくない。また，被害者が，複合的な差別の問題を抱えているようなとき，偏見を持って扱われることを避けるため，警察に限らず，権威主義的イメージのある公的機関の利用を避けることがある。

効であるのも確かであるが，さらに複合的な視点をも取り入れることが必要になってくるのではないだろうか。フェミニスト的アプローチを維持したまま，今後どのようにすれば，より多くの異なる価値観を持つ人々とも連携し，多様な被害者にきめ細かなサービスが提供できるかが，これからのワンストップセンターの成否を左右する鍵であると思われる。

　本章では，カナダのバンクーバー市における性暴力被害者支援の実践を概観し，そこでは「支援」とは，被害当事者の意思の尊重が最優先課題とされていること，支援者や専門職は自らの立場の持つ権威性を自覚し，被害者を弱者ではなく力を持った存在と「観る」ことが重要視されていることを確認した。その上で，刑事システムとの連携の難しさや体制内化の課題について考察し，それらが，日本でも始まった，性暴力被害者支援の実践に対して与える示唆について検討した。以下では，DV 被害者に対する支援制度の現状とその問題点について考察を行う。

第4章　DV 被害者支援の取り組み

第1節　DV 被害者支援における自治体間格差

(1)　問題の所在

「DV 防止法」が 2001 年に制定されて以来，2004 年，2007 年，2013 年と，改正が行われている。特に 2004 年の改正は通常の法改正過程と異なり，法や政治の専門家だけでなく，被害者自身が参画して実現した。しかしながら，その結果としての現行法は，被害当事者のニーズに十分応えたものとなっているだろうか。内閣府男女共同参画会議「女性に対する暴力に関する専門調査会」は，2001 年 4 月から DV をはじめとする女性に対する暴力の問題について討議を重ねている。その会合において，DV 防止法に関する多くの論点が，繰り返し議論の対象とされてきており，3 度の改正を経てもなお，解消されていないことが批判の対象となっている。特に地方自治体における被害者支援施策の不備は，被害者および被害者支援に携わる関係者からつとに指摘されているところであるが[1]，現時点でも，被害者や支援者たちが求める法政策にいち早く対応し，手厚い支援を既に実現している自治体も存在するのである。同じ法律の下にありながら，こ

1　DV 防止法の評価については，戒能民江（2002）『ドメスティック・バイオレンス』（不磨書房，2002），小島妙子『ドメスティック・バイオレンスの法──アメリカ法と日本法の挑戦』（信山社，2002），同「ドメスティック・バイオレンスと法──DV 法と親密圏におけるパラダイムシフト」齊藤豊治＝青井秀夫編『東北大学21 世紀 COE プログラムジェンダー法・政策研究叢書第 5 巻セクシュアリティと法』（東北大学出版会，2006），同「ドメスティック・バイオレンスをめぐる法政策──「人権アプローチ」と「福祉アプローチ」」辻村みよ子編『東北大学 21 世紀COE プログラムジェンダー法・政策研究叢書第 10 巻ジェンダーの基礎理論と法』（東北大学出版会，2007）等参照。

のように自治体間に深刻な施策の格差が生じているということは，法規定の不備以外にも問題があることを示唆しているのではないだろうか。仮にそうであるとするならば，現在，第四次法改正が望まれているものの，法律の文言を変えるだけでは，DV 被害者支援の現状が改善されると安易に期待することはできないことになる。

　本節は，このような DV 被害者支援における自治体間格差がなぜ生じるのかという問題を検討することを通じて，国のレベルにおける政策とそれが地方自治体において具体化され執行された結果とのギャップに関する分析の一例を提供することを試みるものである。なお，本節の議論は，行政担当者・民間シェルターのスタッフなどの支援者・行政の支援制度を利用した被害者等を対象に行った DV 被害者支援制度の現状に関する聞き取り調査に基づいている。本節で扱う情報の多くは，関係者にとって極めてセンシティブなものであり，その性質上，出所を明示することのできないものが少なくないことを，予めご了解願いたい[2]。

2　本節では，調査に協力いただいた民間シェルターや被害者のプライバシーと安全を守るため，また行政担当者に関しては，今後の職務への影響を配慮し，ともに特定されるおそれのある情報については公表しない方針をとっている。自治体の支援制度に関する情報も，既に公開されている情報以外については，原則として自治体名を明記していない。一般に，DV 被害者に関連する情報の取り扱いに関しては，加害者に悪用されることを防ぐため，細心の注意が要求される。行政のDV 担当部署や DV センターのスタッフに調査を依頼しても守秘義務を理由に断られることが多い。また民間シェルターに関しては，加害者の追求のターゲットになる可能性が高いため，住所は公開せず，ホームページを開設しているところもあるが，詳しい情報はもちろん名前すらも公表していないところもある。聞き取りに応じてくれた被害者の 1 人は，その後の支援者からの情報によると，シェルター退所後，加害者である夫に連れ戻され，現在行方が知れず音信不通のままであるという。被害者は，行政の支援制度を利用し生活再建を果たした後も，暴力の危険から解放されるわけではない。生涯，厳格な情報管理が必要とされるのである。リスクのある中，ご協力下さった方々にお礼を申し上げたい。

⑵　DV 被害者支援における格差の実態

1)　格差の諸相

　DV 防止法第 2 条は，国と地方公共団体双方の責務を規定しているが，地方分権推進の要請から，DV 支援の具体策は自治体の事務とされ，国の「配偶者からの暴力の防止及び被害者の保護のための施策に関する基本的な方針（2008 年 1 月 11 日　内閣府，国家公安委員会，法務省，厚生労働省告示第 1 号）」（以下「基本方針」）においても，地方の実情に応じた支援が行われることが期待されている。

　自治体に委ねられている DV 被害者支援制度は，相談・一時保護・自立支援の各事業から構成される。具体的には，配偶者暴力相談支援センターが中心となり，関係各機関との連携において，被害者からの相談に応じる，被害者から要請がありかつ DV 防止法の要件に該当する場合は一時保護を行う，一時保護施設利用中の被害者に対して住居，就職，生活など自立のための各種支援を行う，という流れになる。支援の実態をみていくと，格差があるのは単に自治体間だけでなく，同一自治体間でも，関係機関の窓口や一時保護施設によっても，さらには直接被害者に接する担当者によっても，対応にかなりの差があることがわかる。以下，そのような格差の多様な側面について検討する。

　a.　自治体の施策における格差　　各自治体の DV 被害者支援について，「進んでいる」とか「遅れている」と言われるとき，何を基準としてそのような評価が行われているのだろうか。単一の尺度によっては自治体間の取組みの度合を測定することは難しい。

　たとえば，各自治体の DV 関連予算をそれぞれの公式サイトで調べてみると，ある自治体は，細かく DV 被害者支援に限定した予算額を公表しているのに対し，別の自治体は，「女性に対する暴力対策事業費」（大阪府）「女性福祉対策費」（滋賀県）など DV 被害者支援以外のものも含まれている。自治体ごとに計上のしかたがバラバラであり，ネットで公開されたデータだけでは比較ができない。そこで，比較の一つの物差しとして用

137

いられているのが地方公共団体から民間シェルターへ行われている財政援助の額である（後掲表「都道府県別の民間シェルター数，民間シェルターに対する財政的援助額」参照）[3]。民間シェルターは，婦人保護施設などとともに自治体の委託により被害者の一時保護を行う施設で，民間の被害者支援団体によって運営されている。民間シェルターは，公的な施設や職員の不足を補い，相談から自立支援までを担っているが，シェルターによっては，法制度化されていない自立後のフォローアップに関しても支援を行っており，現行の被害者支援制度を支える重要な役割を果たしている。民間シェルターに地方公共団体がどれだけ財政的援助を行っているかは，その自治体の DV 問題への取組み状況を示す一つの目安となっている[4]。

自治体から民間シェルターへの財政支援の状況を見てみると，平成 18 年度では，神奈川県が第 1 位，北海道が第 2 位，鳥取県が第 3 位を占めている。現在入手できる最新のデータである平成 24 年度（見込額）になると，東京都が北海道，鳥取を抜いて第 2 位となっている。いずれも取組みの進んだ自治体として定評があるが，特に第 1 位の神奈川県は群を抜いている。鳥取県も東京に抜かれたとはいえ，人口比で考えると突出した額であることが分かる[5]。ここでは，この 2 つの自治体を取り上げ，民間への援助額以外に先進的と評価されている，具体的な施策のポイントをみていきたい。

第 1 は，被害者への経済的支援に関する施策が手厚いという点である。

---

3 都道府県別の民間シェルターは，平成 18 年のデータより新しいものは，平成26 年 8 月の時点で見当たらないが，内閣府男女共同参画局によれば，平成 25 年11 月現在で全国で 110 のシェルターが存在するとのことである。内閣府男女共同参画局「配偶者からの暴力被害者支援情報＞相談機関一覧＞民間シェルターとは」。http://www.gender.go.jp/e-vaw/soudankikan/05.html（最終アクセス 2014/09/03）。

4 自治体によっては，DV 関連事業の予算をネット上で公開していないところもあり，また，DV 被害者支援が複数の部署で担当されているため，各部署が別々に計上しており，それが必ずしも全て公表されているわけではないこともある。いずれにしても，現在公表されている DV 関連予算額より，民間シェルターへの支援額の方が，限定的なものではあるが，各自治体の取り組みの度合いを示す指標として有効であろうと思われる。

5 平成 22 年の国勢調査によれば，鳥取の人口は自治体中最下位で約 60 万人，最も人口が多い東京都が約 1320 万人であるから，鳥取の人口は東京都の 20 分の 1程度ということになる。

たとえば，他の自治体では，DV 被害者が生活保護を受けるのが容易ではないところも少なくない。ある支援者は，DV 担当部署の職員から「生活保護は本人のためにならないから申請させないように」と言われたと語っている。生活保護法には，住所が定まっていない者を排除する規定は存在しないが，その運用において住所不定者には生活保護を受けさせない福祉事務所も少なくない[6]。この状況は DV 被害者についても同様である。身一つで DV 加害者のもとから逃げてきた被害者は，多くの場合資力がなく自力での住居設定は難しい。住居が設定できなければ，就職も困難である。何らかの経済的援助なしでは，一時保護施設退所後，生活を成り立たせていくのは極めて厳しい。ある民間シェルターのスタッフによれば，行政の担当者から，経済的な支援制度はないと聞かされ，逃げたあとの生活が成り立たないため，逃げることをあきらめたり，加害者のもとに戻ることにした被害者の例は少なくないという。この問題を回避するために，神奈川県では，一時保護の対象者には速やかに生活保護の受給が決定され，鳥取県ではまず住居設定のための費用が援助され，住所が決まってから生活保護の手続きが開始されるという対応がとられている。

　第 2 が，一時保護期間中の被害者への面接相談がきめ細かに行われる点である。神奈川県では関係機関担当者を交えたカンファレンスが実施されている。カンファレンスでは，被害者が一時保護施設を出たあと，どのように生活再建を行っていくか，どのような支援が適切か，が被害者も同席の上，関係する担当者の間で検討される。そこで可能な選択肢の説明が行われ，被害者の意思が確認される。関係者が一堂に会するので，諸手続きが効率よく行われ，被害者も何度も同じ話をする必要がない。鳥取では，各被害者に担当の相談員が 2 人ペアでつくことになっており，1 週間に 1 度はシェルターを訪問して面接相談に当たっている。他の自治体では一時保護期間中，相談員の面接は一回だけというところもある。また，相談員はシェルターへ来てくれても，福祉事務所等，他の関係機関については必

　6　柴田純一『プロケースワーカー100 の心得（第 2 版）』139 頁（現代書館，2005）。

要があれば本人が出向かなければいけないところも少なくない。

　第3に，行政と民間シェルターとのパートナーシップが確立していることである。たとえば多くの自治体では，民間シェルターに委託が行われた場合，一時保護期間中の被害者の同行支援から各関係機関との調整連絡等に至るまで具体的支援の全てをシェルターが担うことになる。ある被害者は「相談員の人がシェルターに面接に来ていたが，どんな暴力を受けたのか，これまでのことを聞かれただけで，今後どうするかみたいな話は一切なかった」と述べている。この被害者は，シェルター退所後の生活をどうするかについては，シェルタースタッフが相談に乗ってくれ，関係機関との連絡・調整も全てシェルタースタッフがしてくれた，と話している。神奈川県では福祉事務所が一時保護から自立支援までの実施主体であることが明確にされており，民間シェルターは委託を受けて一時保護を担当するが，その間の同行支援等は福祉事務所のケースワーカーが行っている。民間シェルターと行政との間に対等な役割分担ができていることがうかがわれる。神奈川県下のあるシェルターを訪問したときも，そのシェルターで一時保護を受けている被害者は，ケースワーカーに付き添われてアパート探しに行っているとのことであった。不動産業者との連携でスムーズに居住設定できるかどうかがケースワーカーの腕の見せ所であるという。

　神奈川県の取組みは，早くから「神奈川方式」として知られてきた[7]。DV防止法について一般には，「DV独自の「自立」支援制度の創設は行われず，あくまで既存の制度枠組みの活用にとどまっている」[8]との批判があるが，神奈川県では，その「既存の制度的枠組み」（生活保護等）を「活用」することで，他の都道府県がなしえていない大きな成果を上げていると評価されている。神奈川県内の市町村も，法の2度の改正によってその責務が明確化される以前より，具体的支援の実施主体として制度を

　7　神奈川方式については，かながわ女のスペースみずら編『シェルターから考えるドメスティック・バイオレンス』（明石書店，2006）参照。

　8　戒能民江編『DV防止とこれからの被害当事者支援』154頁（ミネルヴァ書房，2006）。

担ってきた。ある支援者は「DV 防止法どおりのことをそのまま実行しているだけ」とコメントしている。現行の防止法の下でも実はここまで手厚い支援が実現できるという一例である。一方，鳥取県の施策は「鳥取モデル」と呼ばれ，神奈川県とは対照的に，DV 防止法によらない鳥取県独自の支援策を次々と打ち出してきた。たとえば，先にみた住居設定時の経済的支援の他にも，住居設定や就職の際に一時保護施設の施設長が保証人となり，損失が生じた場合には一定程度県が補填する制度，DV 防止法対象外の恋人や親・きょうだいからの暴力被害者の一時保護の実施などの施策がある。

　b. 施設間格差　　同一自治体内でも，婦人保護施設や母子生活支援施設，民間シェルターなど，DV 被害者が一時保護の支援を受ける施設によっても，対応の違いがある。

　婦人保護施設とは，本来，売春防止法の規定にもとづき，「要保護女子」の「保護更生」を目的に設置された施設であるが（売春防止法第34条，36条），DV 防止法制定後は，DV 被害者の一時保護施設としても利用されるようになった（DV 防止法第5条）。過去数年の統計によると，全国の婦人保護施設の利用者の約4割を DV 被害者が占めている[9]。婦人保護施設で一時保護を受けていたある被害者は，同時期の他の利用者について，自分以外に「DV で逃げてきた母子が2組，おばあちゃん，全身刺青の女の人，外国人の女性，路上生活でうつ病になったらしい人が2人，ほとんど部屋から出てこない若い女性が1人」いた，と話している。婦人保護施設は，こうした多様な境遇の利用者との集団生活の場であり，利用者には多くのルールが課されている。施設によって違いはあるものの，利用者同士の交流禁止（身の上話をしてはいけない），外出の禁止，入浴回数の制限，一日の時間割が決まっていること，禁煙・禁酒等々である。暴力から逃れることができても，なお，その心身への影響に苦しむことの少なくないDV 被害者にとって，上記のような厳格かつ多様なルールの中での生活

9　総務省「配偶者からの暴力の防止等に関する政策評価書」70 頁。http://www.soumu.go.jp/menu_news/s-news/13458_.html（最終アクセス 2009/6/17）。

は時に困難であり，不満を抱く利用者も多いといわれている。他方で，食事つきで，職員が常駐し，警備も万全であるなどの利点もある。保育士が配置されている施設もあり，そのような施設に入所したある被害者は，「食事を作らなくてもいいし，子どもの面倒も見てもらえたので，やっとゆっくり眠ることができた」と語っている。この他にも，民間シェルターに比べ，公的施設は，建物の老朽化，個室が少ない，などプライバシーの確保が難しい，交通の便が悪い等のハード面での問題を抱えているところも多く，利用者は「外界と隔離された「収容所」というイメージを抱く」と指摘されている[10]。

　一方，民間シェルターは比較的小規模なところが多く，自炊が原則であり，スタッフが常駐していないところもある。警備に関しては，公的施設のような警備体制をとるのは経済的に困難であるものの，民間警備会社と契約をしているところもあれば，警察に周辺のパトロールを強化してもらうよう依頼するなど，それぞれ配慮がなされている。ルールに関しては，基本的に利用者同士の交流は自由であり，その他入所者に課せられる規則もゆるやかである。婦人保護施設を退所後，民間シェルターへ移ったある被害者は，「小さなところで（利用者も）2〜3家族くらい，アットホームな雰囲気で，はじめてリラックスできました」という。

　c. 担当者間格差　同一施設内でも，直接対応する行政担当者やスタッフによっても，個々の被害者は異なる体験をすることになる。行政も民間も，被害者に対して適切な対応がとれるよう繰り返し研修を実施し，多くの支援者が被害者の気持ちに寄り添うサポートを心がけているが，他方で，担当者の不十分な情報提供や，心ない言葉によって被害者が傷つく二次被害も後を絶たないといわれている。たとえば，ある被害者は，婦人保護施設で一時保護されている間，「職員の人はなんか淡々としてるっていうか，表情がないし，うなづかないんです。共感が感じられなかった」と語っている。同じ自治体で支援を受けた他の被害者の中には，行政の電話相談の

10　戒能編・前掲注8，143頁。

窓口が，親身になって話を聞いてくれたことがありがたかったと話す者もいる。同じDVセンターでも相談員によって，「細かいアドバイスまでしてくれてうれしかった」という被害者もいれば，「ただ話を聞くだけで情報提供はしてくれなかった」という被害者もいる。

　民間シェルターのスタッフについては，「本当に何から何までお世話になって。毎日話も聞いて下さったし。癒されました」と語る被害者が多い。このような違いについては，民間シェルターのスタッフは何年も被害者支援に携わっているベテランが多いのに比べ，公務員である行政の担当者は，人事異動もあり必ずしも知識や経験が十分ではないこともある，という点も考慮に入れなければならない。ただ同じ条件であるはずの行政の担当者間でも，個人差があることが，被害者の話からうかがえる。

2）　自治体間格差のもたらす問題

　このようにDV防止法という同じ法律の保護の下にありながら，たまたま「どこの自治体で」「どこの施設で」「誰から」支援を受けることになったかによって，受けられる支援の質・量が大きく変わってくる。このような状況では，個々の支援制度利用者は，自分に提供された支援が，なぜ，どのような根拠にもとづいて，どの程度行われたのかが極めて分かりにくい。同じような境遇にある他の被害者と比べて，なぜ自分はこのような対応を受けたのか，それは自治体の施策の違いなのか，施設の方針の違いなのか，あるいはたまたま直接対応した担当者個人の資質によるものなのか。そこまで考える余裕のない被害者もいるだろうが，現に同じ一時保護施設利用者間で，施設退所後に利用できる支援の違いをめぐってトラブルになることも少なくないという。また複数の自治体で支援を受けた被害者の中には，それぞれの自治体の対応の違いに混乱し「なんでこうなるんですか？法律ではどう決まっているんですか？」と疑問をぶつけてくる人もいた。行政やシェルターの担当者から適切な説明を受けることができる場合はよいが，そのような機会を十分に得られないとき，行政やシェルターに対する不信感は，二次被害の訴えに発展することもありうる。また，

支援を提供する側からも格差の現状に不公平感を訴える声が上がっている[11]。積極的に DV 被害者支援に取り組んでいる自治体には，他の自治体から被害者が送り込まれる傾向があるといわれている。手厚い支援も，当該自治体の現在の人口と財政のバランスの上に成り立っている施策であるため，一時保護数が増加し続ければ，支援のレベルを落とさなくてはならなくなると懸念を表明する行政担当者もいる。

⑶　格差の背後にあるもの

以下では，なぜこのような自治体間格差が生じるのか，DV 被害者支援制度のあり方に影響を及ぼしていると思われる以下の 3 つの要因について考察する。

1）　DV の不可視性

DV は周囲の目からは見えにくい問題である。DV の不可視性とは，DV が家庭内でのみ起きるので第 3 者からは物理的に「見えない」，という意味だけではなく，DV がこれまでの社会の「常識」から余りにかけ離れているため，物理的には見えていても，それと認知できない，という事態をさす。このような DV の不可視性を引き起こす要因と指摘されているものを以下にあげる。

⑴家庭という私的領域かつ密室的状況でおきるため，第 3 者には実態が見えにくい。また，身体的暴力の場合でも外から痣や傷が見えなければ，それと気づかれることはない。精神的暴力や性暴力であれば，周囲が DV

11　たとえば，内閣府男女共同参画局の「女性に対する暴力に関する専門調査会」第 39 回（2006）において鳥取県の担当者が以下のように発言している。「県外から来られる方は，基本的には落ち着くまで県で見るようにしています。……医療費は県で見るとか，一時保護についても県の方で見るようにしておりますので，そういう意味では国ベースです。やはりどこの県にだれが行っても，必要な施策は受けられるようにお願いしたい」。内閣府男女共同参画局　男女共同参画会議「女性に対する暴力に関する専門調査会」（2001-2008）第 1 回～第 46 回議事録。http://www.gender.go.jp/danjo-kaigi/boryoku/index-bo.html 2009.3.10（最終アクセス 2009/3/10）。

被害に気づくことはさらに難しい。(2) DV 当事者自身に，「暴力」が行われているという認識がないことも少なくない。加害者は，自らの暴力行為を被害者への「しつけ」「教育」「愛情の表現」と考えており，被害者へもそのように説明するといわれている。そのため被害者自身も，「暴力」を受けていると気づきにくい[12]。(3) DV 加害者の大半は，パートナー以外には暴力をふるわず，友人や近隣，職場において良好な人間関係を築いているため，被害者が第3者に被害を訴えても，理解されないという事態が生じる。(4) DV 被害者支援や加害者プログラムに携わる関係者の間では，加害者が暴力をやめるのは非常に困難であると認識されている[13]。しかし，一般に，夫婦間に生じる問題は，片方だけに非があるのではなく，お互いに何らかの原因があるはずだと考えられることが多いため，一方的に暴力をふるう配偶者の存在が理解されにくい。(5) 児童虐待の場合等と違い，DV は被害者が大人であることから，被害者がなぜ暴力のある関係から自らの選択によって離脱することが困難なのか，一般に理解されにくい。DV 被害者は，加害者からの虐待により自尊感情が低下し，無力感に陥っていること，あるいは「別れるなら自殺してやる」等の脅迫を受けていたり，「働いていないからお前に親権がとれるわけない」等と言われることにより，「逃げる」という選択肢自体が考えられなくなるといわれている。また加害者から外出を制限されたり，監視されたりしているため，第3者

12　ある民間シェルターのスタッフは，暴力はないが夫との関係で悩んでいる，という女性からの電話相談を受け，念のために「あなたの夫は，あなたを平手でたたくことはありますか？」と聞くと，「はい，それならあります。」という答えが返ってきたという経験をしている。そのような相談者の例は非常に多いという。DV の被害者が，自分が暴力の被害者であることを認識できないのはなぜか，ということについては，「受け入れるにはむごすぎることだから」など，多くの理由があることが指摘されている（レジリエンス『傷ついたあなたへ──わたしがわたしを大切にするということ──DV トラウマからの回復ワークブック』27頁（梨の木舎，2005））。

13　中島幸子は，「DV 加害者が暴力をやめることは，日本語しか話せない人が，イタリア語の本を読んだだけで，さあ今日から日本語を一切使わずイタリア語で生活しよう，というのと同じで，非常に困難。不可能ではないかもしれないが，習得するには大変な努力と時間が必要」と語っている（2008年「レジリエンスファシリテーター養成講座 in 神戸」にて）。

に援助を求めることが物理的に困難な場合も多い。⑹ DV は同性同士の
カップルの間でもみられ，また，男性が被害者になるケースもあるが，多
くの場合，圧倒的に加害者が男性，被害者が女性という場合が多い。ジェ
ンダーによって被害の発生状況に偏りがあるため，男性を含む社会全体か
ら共感的に受け止められることが困難になっていると考えられる。

　このような DV 理解の難しさから，DV の加害者像，被害者像について
も混乱が生じているように思われる。DV 被害者の支援に携わる者の間で
は，DV の目的は，親密な関係にある相手を力によって支配することであ
り[14]，加害者は暴力を「選択」していると理解されている[15]。また DV は，
性別役割規範や男性優位の社会構造など，ジェンダー間に不均衡を生みだ
す文化や社会に起因する問題であると考えられている。これに対し，DV
加害者研究の専門家の中には，ある程度社会的な要因の影響があることは
認めつつも，加害者個人の，幼少時に受けた虐待やいじめなどのトラウマ
体験や，あるいは現在の仕事や人間関係等における強いストレスに，暴力
行動の直接的原因を求める者もいる[16]。このような考え方は，加害者への

14　たとえば，日本でもよく DV 被害者支援の研修で用いられる，DV 加害者の暴力
　行動の説明を図式化した「権力と支配の車輪」と呼ばれる図がある。これは米国
　ミネソタ州ドゥルース市の Domestic Abuse Intervention Project が開発した「ドゥ
　ルース・モデル」として知られる DV 加害者プログラムにおいて，DV 被害者たち
　の経験をもとに，加害者の虐待の目的と手段を図式化したものである（エレン・
　ペンス＝マイケル・ペイマー編著（波田あい子監訳）『暴力男性の教育プログラム
　──ドゥルース・モデル』3 頁（誠信書房，2004）。その図は，DV の目的は「権力
　と支配」の保持であり，そのための手段として「男の特権の利用」「強制と脅迫」
　「心理的虐待」などが使われ，さらにそれらの手段でうまくいかないときは，身体
　的暴力・性的暴力が使われるということを表している（尾崎礼子『DV 被害者支援
　ハンドブック──サバイバーとともに』26-27 頁（朱鷺書房，2005））。
15　沼崎一郎は，加害者は「相手を支配する手段として暴力を選ぶ男」であると表
　現している（沼崎一郎『なぜ男は暴力を選ぶのか』17 頁（かもがわ出版，2002）。）。
16　カナダの心理学者ドナルド・G・ダットンは長年に及ぶ DV 加害研究の結果から，
　成長期に，①父親から辱められること，②母親との不安定な結びつき，③虐待の
　直接的体験という 3 つの要素が，同時進行的に発展することで人格に影響を及ぼし，
　長じてパートナーに暴力をふるうような〈虐待的パーソナリティ〉が形成される
　と説く（ドナルド・G・ダットン（中村正訳）『なぜ夫は，愛する妻を殴るのか？
　──バタラーの心理学』91-216 頁（作品社，2001））。日本で DV 加害男性の暴力克
　服プログラムを行っている草柳和之は，DV 加害が女性差別に根ざしており，社

心理療法やアンガー・マネジメント，コミュニケーション・スキルの向上を目指した加害者プログラムが有効であるとする根拠となっている。

　DV 加害者プログラムに携わる専門家の間でも，心理療法の有効性を否定する見解がある。この立場によれば，加害者の行動は，トラウマやストレスのような心理的要因ではなく，加害者の持つ価値観や信念の問題であり，具体的にはジェンダー・バイアスにもとづいた男性としての特権意識と，パートナーを自分のモノとみなす所有意識，暴力を容認する考え方によるものであるという[17]。このような立場から，トラウマや感情，コミュニケーションではなく，加害者の特権意識に焦点を合わせ，加害者にそれを意識レベルだけでなく行動レベルでも捨てさせることを要点とした DV 加害者プログラムが推奨されている。

　このような加害者の暴力行動の原因に対する理解の違いは，全く異なる加害者像を描き出す。一方には，暴力をふるいたくないのにやめられず自らも深く傷つき，パートナーと望むような良好な関係を築けず苦悩する加害者像[18]があり，他方で，数十年にわたり虐待し続けても，仕事は順調，健康を保ち，友人関係も持続し，自身の虐待行為により心の痛みを感じたとしても，被害者よりも早く立ち直る人間として描かれている[19]。このような加害者像の違いは，暴力をやめさせるための処方箋として加害者にどう対処すればよいかだけでなく，被害者に何を期待するかについても異なる見方を生み出す。前者は，加害者への同情を呼び起こし，被害者に対し，加害者を傷つけないコミュニケーションのとり方や，加害者へのさらなる

会的な問題であることを認めながらも，「「分かっていてもやめられない」行動コントロール不能，ジェンダーと深くかかわる嗜癖の心理機制としての特質を有している」という（草柳和之『DV 加害男性へ心理的臨床の試み──脱暴力プログラムの新展開』97 頁（新水社，2004））。

17　ランディ・バンクロフト（髙橋睦子，中島幸子，山口のり子監訳）『DV・虐待加害者の実体を知る』366-383 頁（明石書店，2008）

18　中村正夫『男たちの脱暴力──DV 克服プログラムの現場から』（朝日新聞社，2003）。味沢道明『殴るな！──男のための脱暴力支援』（オリジナルブックマイン，2005）。

19　バンクロフト，前掲注 17，74-75 頁。

気遣いを求める。被害者が，周囲から「あなたの尽し方が足りないんじゃないの？」「どんなことをしてご主人を怒らせたの？」と言われるのはよく聞く話である。後者の考え方では，虐待は加害者－被害者の関係性にかかわる要素が原因で起きるわけではないので，被害者が対応を変えても，加害者の暴力は変わらず，暴力から逃れるためには，加害者から物理的に距離を置く以外にないということになる。

　加害者に対する見方の違いは，異なる被害者像をも生み出す。被害者は長期間，DV に曝された結果，抑うつ傾向や，場合によっては攻撃的になるなど不安定な精神状態にあることが少なくない。ところが，暴力の結果である心身の状態を本来の性格と誤解され，暴力の原因と非難される例は多い。ある被害者は，行政担当者から「あなたがそんなふうだから暴力をふるわれたのでは」と言われたという。このような発言も，加害者の暴力行動が心理的な要因によるものであり，被害者の落ち度が誘因となっているという考え方が背後にあると推測される。加害者の行動は被害者との関係性に起因するものではなく，本人の価値観の問題であるという立場に立てば，被害者像を固定することに意味はないということになる。

2)　「支援」の実状と問題点

　DV 被害者支援に関する著書，あるいは支援者向け研修などでは，「支援」とは，被害者が「奪われていた力を取り戻す」ことを手助けするものであり，被害者の意思を尊重することが最優先課題であると説かれている。被害者が本来持っている「力を取り戻す」ということを「エンパワメント」あるいは「回復」という言葉で表現することも多い[20]。被害者の意思

20　尾崎は，「支援者が特別な力を与えるのではなく，サバイバーがその内に秘めた「力」を取り戻し，あるいは認識して歩めるように援助することが，エンパワメントに基づいた支援です」と述べている。尾崎・前掲注14，76 頁。また，DV 被害者への支援のあり方については，支援者倫理などの形でまとめられている（NPO法人全国女性シェルターネット『DV サポートガイドライン』(2006)）。なお，エンパワメントという概念は，ソーシャルワークやカウンセリング，開発援助の場で使用されているが，明確な合意を得た定義はいまだ確立しておらず，論者により文脈により多様な意味を付与されて用いられていることが指摘されている（蜂

が尊重されるためには，被害者の話を丁寧に聞く（傾聴），必要な情報を
提供する，その上で自己決定をしてもらう，というプロセスが必要である
とされている[21]。また，支援者が敏感でなければならないのは，支援を提
供する側と，支援を利用する側の間の関係性である。支援者は「指示・命
令」「説教・説得」「アドバイス・忠告」など，自らの価値観や選択を被害
者に押し付けてはならないとされる[22]。それは，DV 加害者が被害者に対
して日々行ってきたことと同じであり，支援者にとって，最も戒めなけれ
ばならないことであるという[23]。では支援の現場の実際はどうであろうか。
相談，一時保護，自立支援の 3 つの段階に分け，関係者の声をもとに実状
の一端を描写し，その後，問題点を考察する。

　a.　実　状　　電話相談での経験として，ある被害者は，行政や民間シェ
ルターなどいくつかの窓口に電話をしたときのことを次のように語ってい
る。「どこにかけても，とにかく逃げなさい，その状況から離れなさい，

　　須賀真由美「外部者が定義するエンパワーメントから当事者が定義するエンパワー
　　メントへ――東ティモール・コミュニティ・エンパワーメントプロジェクトを事例
　　として」佐藤寛編『援助とエンパワーメント――能力開発と社会環境変化の組み合
　　わせ』26-27 頁（アジア経済研究所，2005）。また，森田ゆり『エンパワメントと
　　人権――こころの力のみなもとへ』（部落解放研究所，1998））。
21　支援の心構えや具体的なスキルについては，尾崎・前掲注 14，全国シェルター
　　ネット・前掲注 20，鈴木隆文・麻鳥澄江「ドメスティック・バイオレンス――援助
　　とは何か　援助者はどう考え行動術きか（改訂版）』（教育史料出版会，2004）参照。
　　なお，DV 被害者支援の考え方は，性暴力被害者支援において語られる被害者のエ
　　ンパワーメントという視点と共通したものがある。後者の例として，カナダのブリ
　　ティッシュコロンビア州立女性病院の性暴力被害者対応サービス（Sexual Assault
　　Services）の方針を紹介すると，「患者に力（control）を取り戻してもらうこと」，
　　「ケアの選択肢（choices）を提供すること」，「患者から真のインフォームド・コン
　　セント（consent）を得ること」，「スタッフは守秘義務（confidentiality）を遵守す
　　ること」を合わせて，「四つの C」と呼び，ケアのフェミニスト的原則と名付けて
　　いる（本書第 2 部第 3 章参照）。
22　尾崎・前掲注 14，98-99 頁。このような視点から，DV 防止法の用語についても，
　　「「保護」という言葉自体，保護するものと保護されるものを二分化し，保護され
　　るものへの差別のまなざしを含意する」と指摘されている（戒能・前掲注 8）111
　　頁）。
23　バンクロフトは，DV 被害者をどう支援するかについて「あなたの目標は DV 加
　　害者と正反対の人になることです」という（バンクロフト・前掲注 17，423 頁）。

しか（担当者は）言わないんです」。支援制度やシェルターの説明はありましたかと尋ねると，「ありませんでした。警察で初めて聞きました」という。電話相談で「DVだから逃げなさい」「別れなさい」しか言われなかった，という被害者は多い。他方，本人が「逃げたい」と言うまで「逃げなさい」と勧めない，選択肢の一つとして「逃げる」ことも提示はするが，という相談窓口の担当者もいる。また，「話は聞いてくれるけど，どうしたらいいのかは何も教えてくれなかった」と不満を漏らす被害者もいる一方で，「丁寧に何回も話を聞いてくれた，頭の中を整理するプロセスをたすけてくれた」という被害者もいる。

　一時保護施設においては，前述のように様々なルールが設定されていることが多い。婦人保護施設のある相談員によれば，DV被害者ではない他の利用者には，DV被害者の個人情報がいかに慎重に取り扱わなければならないかについて，十分に理解されないこともあり，身の上話をし合うことで，退所後，被害者の情報が加害者に伝わりトラブルになることが少なくないという。このため，DV被害者に限って入所中は仮名を使うことになっている施設もある。加害者に情報が伝わる危険性以外にも，交流禁止が必要な理由として，支援制度について間違った情報が流れて混乱が生じる恐れがある，入所者の状況によりそれぞれが受ける支援が異なっていることから誤解やトラブルが生じる，等があげられている。

　交流禁止以外のルールについて，ある被害者が利用していた婦人保護施設では，子どもに菓子やジュースを与えることも禁止されており，その理由として「自立の妨げになるから」と職員から説明を受けたという。「自分の生活態度を改めましょうって言われるんです。悪いことをして逃げてきたわけじゃないのに。すごく規制がかかって。刑務所みたい。」また，その被害者は，命からがら幼い子供を連れて逃げてきたが，持病の薬を持って出るのを忘れたため，薬を持参していないと一時保護施設に入れないと言われ，自宅に取りに戻らされたという。

　民間シェルターではすでに述べたように，全くルールを定めていないというところから，いくつかのルールを設定しているところまでさまざまで

ある。ルールのあるものの典型例は，シェルターに関する情報を口外しない，禁酒・禁煙，外出時にはスタッフに知らせる，非暴力，等である[24]。また被害者との面接に関して，ある自治体の婦人保護施設では，各利用者は 1 日 1 回必ず相談員と面接する時間があるが，別の自治体の婦人保護施設では，面接は 1 日 1 回 1 人ずつであり，入所順で行われるという。また別の自治体の民間シェルターのスタッフの話によると，婦人保護施設の利用者が「ここは相談できる雰囲気じゃないから」と，施設職員に内緒でそのシェルターへ相談の電話をかけてきたこともあるとのことだった。

　被害者は，一時保護期間中に，一時保護施設退所後の生活再建の方針を決めなければならない。通常は，そこで行政の担当者と面接し，相談の上，決定されることになる。ある被害者は，一時保護施設退所後，どの地域に住むか，どのアパートに住むか，生活費はどうするか等自立支援に関する行政担当者との話し合いについて「いつも，これしかないって感じで。こうして下さいって言われるだけでしたね」と，自分の意思や希望が尊重されたという感覚はないと語っている。別の被害者は，民間シェルターのスタッフが親身になって相談に乗り，彼女の希望ができるだけかなえられるように関係機関にかけあい，あちこち奔走して手配してくれたと話している。また，ある被害者は，一時保護施設に入所後，加害者に居場所が突き止められてしまったことを理由に，彼女の意思が確認されることもなく，急きょ遠方の自治体の民間シェルターへ連れて行かれたという。彼女は，そもそも家を出ることまで考えていなかったが，警察に電話したところすぐ逃げろと言われ，DV センターで保護されることになったため，子どもをおいてきている。警察からは 2 年間は戻ってきてはいけないと言われた（理由は不明）ため，子どもに連絡できないまま逃げた先の自治体に留まっているという。家を出たときも，民間シェルターへ移るときも，詳しい説明や本人の意思確認が行われなかったことに彼女は納得いかない思いでいる。「子どもをおいてきてしまって……説明も何もできないままなんです。

24　全国シェルターネット・前掲注 20，49-51 頁。

結局親権も，（子どもの）信頼も失ってしまって，他に方法がなかったのでしょうか」と語っている。

b. 問題点　このような支援の実状から，被害者支援の理念とされる「被害者の意思の尊重」が必ずしも貫徹していない事例が少なくないことがうかがわれる。以下では，そこにはどのような問題が含まれるかを指摘したい。

まず第1に，被害者の自己決定よりも，支援者の判断が優先されるケースが少なくないことがあげられる。被害者が支援者側の無理解の現れとして不満を抱くことが多いのがこのようなケースである。電話相談で，「逃げなさい」としか言われなかった事例，自立支援に関して行政側の指示に従うしかなかったという事例，遠方のシェルターに移された被害者の事例などがそれである。支援者個人の問題以外には，こうした事態が起こる理由として，一つには，限られた資源で実施される支援の中で，被害者の意思の尊重を貫徹することは容易でない，ということが考えられる。一時保護施設の利用者の場合，被害者は，原則2週間とされている一時保護期間中に，以後の生活再建について決断しなければならない[25]。しかし，被害者の話を丁寧に聴き，提供すべき情報を十分な理解が得られるまで説明し，疑問に対して答え，最終的に被害者が選択し決心するのを待つためには，かなりの時間を要する。2週間という限られた時間の中で，被害者にとって最適な支援を実現するのは困難である。また，時間的制約以外に，人員上の制約や財政的な限界から，本人の希望に沿うような支援の選択肢が提供できないことが少なくないのも実状である。

支援者の判断が優先されるもう一つの理由として，「被害者の意思の尊重」以外に「被害者の安全確保」という目的が優先される場合が考えられる。DV被害者支援においては，被害者の「安全確保」もまた，最重要課

25　小西聖子は，加害者のもとから逃げてきた直後の2週間とは，被害者にとって急性のストレス反応が出る時期であって，「こういう方に対応していくのには，本当は年単位ぐらいのゆっくりしたかかわりが必要でして，現在の2週間の中だと本当に急性の危機回避だけです」と述べている（内閣府・前掲注11，第2回議事録，2001年5月21日）。

152

題である。被害者が加害者から別れることを選ぼうとすると，加害者の暴
力がさらに激しくなる傾向がある。すなわち，被害者が支援制度を利用し
ようとしているときは，被害者のリスクが高まっていると考えなければな
らないのである。実際に，警察や行政に相談していた被害者が，その動き
を察知した加害者から，生命を奪われてしまうという事件が後を絶たない。
電話相談の担当者は，相談者は現在，安全な状況にあるのかどうか，必ず
質問して確認し，危険性の度合いによって対応を変えなければならないと
されている。上記で紹介した電話相談において，「逃げなさい」しか言わ
れなかったというケースも，こうした事情を考慮に入れると，担当者は被
害者には危険が迫っていると判断しての指示であったと考えることもでき
る。

　DV 被害者の支援においては，被害者のおかれた状況の危険性が高い場
合，介入という手段が必要となることもある。その場合，被害者との話し
合いの結果，「どんなに支援者が心配しても，満足できなくても，最終的
な決定は，すべてサバイバーのもの」[26] とし，あくまで被害者の意思を最
優先する考え方がある一方で，被害者が加害者のもとを離れようとしない
場合，支援者は断固として反対しなければならず，それは「一種の指示で
あり，ときには毅然とした命令でなくてはならない」[27] と，専門家として
の支援者の判断を優先する立場もある。

　婦人保護施設における交流禁止というルールも，婦人保護施設では，利
用者及び施設の「安全確保」が最優先されていることによると説明される。
一方，民間シェルターでは利用者同士が自由に交流できるため，自分だけ
がこんな目にあっているわけではないということが分かった，初めて自分
の経験を理解してくれる仲間に会えた，など自助グループにも似た効果が
あるといわれている。しかしながら，婦人保護施設のある相談員は，交流
禁止に含まれるデメリットの存在は認めつつも，加害者に情報が漏れるこ

26　尾崎・前掲注 14, 137 頁。
27　信田さよ子『DV と虐待──「家族の暴力」に援助者ができること』95 頁（医学
　　書院，2002）。

とのリスクが大きい以上，やはり交流禁止は必要なルールだと断言していた。このような「安全確保」を最優先する考え方については，その実際の「効果」を疑問視する声もある。相談窓口で「逃げなさい」しか言われないため，もう相談するのをあきらめた，という被害者がいたり，婦人保護施設の厳格な規則になじめず，夫の元に戻る被害者も少なくないといわれている。また本人の意思に反して加害者から引き離されても，結局加害者の元へ戻る被害者が多いので，「逃げたい」と言われるまで保護しない，と話す支援者もいる。「安全確保」が何より重要であるとしても，そのための手段の有効性は十分に検証されていないのではないだろうか。

　第2に，行政の相談窓口等，行政担当者から，被害者に対して情報提供が十分に行われていないケースが少なくないことが指摘できる。総務省のアンケート調査結果において，被害者が支援を「受けなかった」理由は，いずれの支援についても，「受けられる支援があることを知らなかった」が第1位となっている[28]。ある民間シェルターのスタッフによれば，行政の相談窓口で情報提供が不十分であったため，加害者のもとから逃げても，その後の見通しがたたず，結局支援制度の利用をあきらめる被害者も少なくないという。支援制度を利用している被害者に，十分な情報提供が行われないという場合，前述したように制度上の制約や「安全確保」のためである可能性もある。しかし，そのような場合であっても，なぜそうした状況判断をしなければならなかったのか，そのことについての説明が被害者に対して十分に行われるならば，被害者は納得することができるはずである。一時保護後，遠方の民間シェルターへ移された被害者の例も，行政側のリスク評価にもとづく判断があったとも推測できるが，その場合でも十分な説明があれば，被害者も子供の問題を相談することもできたであろうし，その後の精神的回復の道程も違ったものとなっていた可能性がある。行政担当者側にどのような判断があるにしても，「説明がない」「他の選択肢を教えてくれなかった」等情報提供がないことへの被害者の不満は大き

28　総務省・前掲注9，262頁（資料31）。

い[29]。

3) 自治体の政策過程

　自治体内部における政策過程において，DV 被害者支援制度の自治体間格差を助長する要因がないか，課題設定・政策決定・実施過程・政策評価という政策過程の諸段階を追って検討する。

　政策過程では，取り組むべき課題がまず認識され，その設定された課題を解決するための適切な施策が決定される。DV 支援制度の場合の概要は，各自治体が国の「基本方針」に従って策定した「基本計画」に見出だすことができる。各自治体の基本計画では，DV 防止法の前文を踏襲する形で，自治体により表現に若干の差はあるものの，DV は犯罪となる行為をも含む重大な人権侵害であること等，抽象的ではあるが，DV に関するおおまかな認識が示されている。さらに，課題となっている DV 問題の解決のために，様々な施策目標や取り組みが設定されている。しかしながら，たとえば被害者がいったん行政の保護下におかれながら，薬を取りに自宅に戻らされたというケースをみると，DV 被害者がさらされている危険性がどの程度のものなのか，支援制度の設計段階で十分に理解されていないことがうかがえる。具体的な支援の方法という点から見ても，一時保護施設入所者の安全確保を目的に設定された外出禁止というルールを厳格に遵守するが故に，入所前の被害者の安全を脅かすという矛盾した対応がなされているといわなければならないだろう。抽象的なレベルではともかく，DV とはいったいどのような問題で，現実に被害者はどのような暴力にさらされているのか，その具体的な危険性が，十分に認識されていない例である。

29　暴力の渦中にいる状況での電話相談や，暴力から逃げてきた直後の面接相談などの場合，提供される情報が多すぎても消化できない，頭に残らない，ということも，当事者・支援者双方から聞くことが多い。そのため，情報提供のタイミングも配慮する必要があるが，それも個々の当事者の状況に応じて行う必要があり，容易なことではない。情報提供をめぐる苦情の中には，行き違いによるものが含まれていることも考えなければならない。

　次に，実施過程を見てみよう。一般に，政策決定において提示された目的と実施された結果の間には，しばしば乖離が生じることが指摘されている。自治体の「基本計画」の段階で示されている目標が，支援の現場では実現されていない諸々のケースの中には，課題設定・政策決定の段階では十分に理解されていたはずの DV の本質やあるべき支援の姿が，実施の段階で齟齬が生じてしまった，いわゆる「実施のギャップ」として捉えるべき場合もあると考えられる。こうした「ギャップ」が発生する原因の一つとして考えられるのが，　第一線で活動する行政担当者の現場裁量の問題である。

　現場で直接市民と接する行政担当者，すなわち「ストリート・レベルの官僚」は，官僚組織のピラミッドの最末端に位置するが，「市民は彼らを通して行政を体験し，……彼らの行為そのものが，政府や自治体によって供給される政策そのものである」[30]。DV 被害者にとっては，法律の文言や自治体の基本計画に記されていることではなく，彼らの対応こそが，国や自治体の現実の DV 施策といってよい。ところが，行政職員の多くがそうであるように，DV 関連部署の職員も，その有する知識や経験，問題意識とは必ずしも関係なく，人事異動によって当該部署に配属される，というのが通常である。配属後，研修や日々の経験によって，担当業務に精通してくるとしても，数年後には，また別の部署に異動していく。また DV センターや福祉事務所の婦人相談員は，特別な資格が要求される職種ではなく，やはり研修や経験を重ねることで必要な知識を身につけるとされるが，嘱託という不安定な雇用形態であり，長期間当該職種で働き続けることができるとは限らない。「たまたま」熱心な人が，あるいは理解のある人が担当者になったのでラッキーだったが，その人が異動してしまったら，あとはどうなるんだろうと心配する被害者の声もよく聞く。被害者支援の中核を担う行政の担当者がそれほど長くないスパンで入れ替わってしまい，支援のノウハウの蓄積が容易でない現場に，広い裁量が与えられている現

30　マイケル・リプスキー（田尾雅夫＝北王路信郷訳）『行政サービスのディレンマ　ストリート・レベルの官僚制』8 頁（木鐸社，1986）。

状に，自治体間の支援格差を生み出すひとつの重大な要因があるように思われる。

　第一線で活動する行政担当者の問題として，もう一つ重要なのが，バーンアウト（いわゆる「燃えつき症候群」）である。前述した，相談員の対応が「淡々としていて表情がなかった」「共感がなかった」というケースのように，被害者からは「DV被害者に理解のない相談員」と捉えられる場合も，実はその相談員はバーンアウトの状態にあったということも考えられる。ベテランの相談員によれば，深刻な暴力被害の話を聞き，相談者の訴えに耳を傾け，対応に奔走する日々の中で，いつしか自分の感情が動かなくなってしまっていることに気づくことがあるのだという。これはDV被害者支援それ自体の難しさだけでなく，極めて限られた時間，人員，経済的資源の中での相談業務が，個々の相談員に大きな負担を強いていることに起因するものである。人員の増強やスーパーバイズの制度化など，相談員の負担削減のための対策がどの程度とられているかも，当該自治体の支援のレベルに影響を及ぼすと考えられる。

　政策評価の段階ではどうだろうか。DV支援における政策目標の達成度を何によって測定するかは難しい問題である。総務省は，配偶者からの暴力の防止及び被害者の保護に関する政策についての評価において，「政策効果は，主に配偶者からの暴力の発生件数の減少という形で発現されるものと考えられる」が，「配偶者からの暴力が発生していても被害者が自覚していない場合や，加害者からの報復や家庭の事情等から保護を求めることをためらうケースもあるなど，配偶者からの暴力の発生状況を正確に把握することは容易ではないことから，政策効果を把握するための基礎となる配偶者からの暴力の発生状況に係る政策目標は定められておらず，関係する統計データも整備されていない。このようなことから，政策効果の発現状況を評価するに当たっては，その手法に工夫が必要な状況となっている」としている[31]。具体的には，被害者や支援者へのアンケート調査や事

31　総務省・前掲注9，1-2頁。

例調査の結果を援用しつつ，統計的データを解釈するにとどまっている。暗数の大きいDV事例に関しては，たとえば，相談や一時保護の件数の増減が当該地域のDV発生件数の増減に直結するわけではない以上，件数それ自体を目標とすることはできない[32]。また，電話相談だけで一時保護に移行しないケースも，そこで一定の解決が得られたためなのか，それとも本人がまだ決心できない状況にあるのか，窓口の対応に傷ついたため支援の利用をあきらめたのか，内実は様々であり，相談件数と一時保護件数の関連も数字だけでは評価できない。このように達成度の評価が一義的に明確ではないことからも，政策目標を達成するために有効な手段の選択について，自治体によりまた担当者により，ばらつきが生じてくると考えられる。

それでは，DV被害者支援において取り組みが進んでいるといわれている自治体は，このような政策過程上の問題をどのように克服したのだろうか。第1に指摘できるのは，自治体の首長のリーダーシップである。神奈川県や鳥取県は，制度創設当時の知事がDV問題に理解があり，強力な指導力を発揮して制度構築にあたったといわれている。その後一貫して，全国のDV被害者支援の関係者から，一定の評価を受けており，スタッフの異動があっても，組織として常に一定水準の対応をとることが可能な体制が整備されてきたことが示されている。第2に，民間シェルターと自

---

32 自治体レベルでの政策評価の例として，神奈川県では，男女共同参画の取り組みの進捗状況を数字によって示している。「平成20年度版男女共同参画年次報告書」では，「異性に対する暴力の根絶と人権の尊重」という重点目標に対し，DV関連として(1)男女間における「平手で打つ」，「なぐるふりをして，おどす」などの行為を暴力と認識する割合，(2)配偶者等からの暴力に関する相談件数，(3)配偶者暴力防止法に基づく緊急一時保護件数，の3つが指標としてあげられている。(1)に関しては，2006年度と2008年度の県民の意識調査のデータが提示されており，目標値として，いずれの態様の行為についても暴力と認識する割合を100％に近づける，という目標値が設定されている。しかし，(2)，(3)に関しては，いずれも過去数年の件数が記載されているだけで，目標値の欄は空欄となっている。神奈川県「平成20年度版神奈川県の男女共同参画年次報告書」(2009)。http://www.pref.kanagawa.jp/osirase/jinkendannjo/annualreport/h20/h20.html（最終アクセス2009/8/19）。

治体との緊密な協力関係を指摘することができる。DV 支援に積極的に取り組む首長の背後には，行政に粘り強い要請を行ってきた実績ある民間シェルターなど被害者支援団体の存在があり，その結果として，行政と民間シェルターの間に強力なパートナーシップが築かれていることが多い。またその場合，行政から民間シェルターへの財政的支援も行われている。行政への働きかけを熱心に続けている民間団体は他の自治体にも多数存在するが，それらの働きかけに応答して動くキーパーソンが行政側に存在しなければ，当該地域の DV 支援は，思うように進まないといわれている。民間シェルターとの連携が密接に行われている自治体では，制度設計から個々の施策の中身に至るまで，長年の活動で培われた民間シェルターの知識と経験が活かされていると考えられる。また，行政担当者への研修も民間シェルターによって繰り返し行われている。その結果，政策過程において DV 理解や支援方針の混乱の影響を免れることができ，また，第一線の行政担当者も研修や日々の業務における民間シェルターとの連携を通じて，適切な支援を学んでいくことができるような仕組みが作られている。これらの自治体においては，行政担当者による二次被害がほとんど聞かれなくなってきているという。

⑷ 取り組みの進展と残された課題

　各自治体の DV 対策は刻一刻と進化しており，筆者が面接調査を行った 2009 年当時に比べ，その後多くの自治体においてさらに取り組みが進んでいる。最後に，自治体の施策の実施状況に関する最新データである平成 23 年度の内閣府調査「地域における配偶者間暴力対策の現状と課題に関するアンケート調査」の報告書[33] から，現在の自治体の取り組み状況を概観し，残された課題について考察したい。

　基本計画の策定に関して，都道府県では 100％の達成率であるが，市町

---

[33]　内閣府男女共同参画局「地域における配偶者間暴力対策の現状と課題に関するアンケート調査」報告書（2011）。http://www.gender.go.jp/e-vaw/chousa/pdf/2011houkoku_all.pdf（最終アクセス 2014/3/23）。

村レベルでは市で11.7%，町村では5.6%となっている。DVセンターの設置についても，都道府県では全て設置されているが，市では2.7%，町村ではゼロである。市町村の取り組みが進んでいないのは，平成19年度の改正により市町村の責務が遅れて規定され，しかも努力義務規定であることに起因すると考えられる。都道府県としての取り組みが積極的に行われていても，市町村によっては温度差があること，多くの場合DVセンターは都市部に設置されているため相談員も遠方の地域まで手が回らない実情があること等，同一自治体内でも地域間において格差が存在することは明らかであり，市町村レベルでの積極的取組は喫緊の課題である。

　それでは都道府県の状況はどうだろうか。DVセンターの窓口以外で，DV専門の相談窓口を設置しているのは，38.3%，そのうち，被害者へのカウンセリング，法律相談，男性相談，外国語相談を行っているのは，さらにそれぞれ半数以下となっている。研修については，相談員を対象とした研修のうち，相談の質の向上のための研修を実施しているのが66.7%，二次被害防止のための研修を行っているのが50.0%となっている。二次被害防止のための研修については，関係部署の職員も対象に実施している自治体が16.7%に留まっている。被害者支援の具体的な事業については，緊急の安全確保として最も多く行われているのが，「婦人相談所一時保護所への動向支援」の63.8%であり，最も少ないのが「緊急生活資金の支給，貸付」「民間賃貸住宅への入居のための助成」で，いずれも4.3%である。自立支援のための取組については，「公営住宅等住居のあっせん，優先入居」が最多で74.5%，「民間賃貸住宅入居に当たっての家賃の助成等」「当面の生活資金の支給，貸与」のような経済的支援は，それぞれ8.5%，10.6%となっている。

　各自治体の取り組みが進展しているとはいえ，上記のデータによれば，制度の要である相談員への研修でさえ100%行われているわけではなく，また，被害者の生活再建にとって，とりわけ重要である経済的支援に係るものについては，実施率が極めて低い。取組が「進んでいる」「遅れている」と評価される自治体間の格差は，依然として存在している。

　DV 被害者及び支援者側からは，全国どこでも一定水準の支援が受けられるよう，自治体間の格差の是正が求められている。個々の自治体において，手厚い支援の実現を可能とする一つの方法は，先に見たように民間シェルターとのパートナーシップの強化であるが，民間シェルターのない自治体も少なくない。DV 被害者支援における自治体間格差の解消のためには，これまで考察したような格差を生み出す多くの要因をどのようにコントロールしていけばよいのだろうか。たとえば，実効性の高い支援制度を設計するために，DV 被害の実態や支援策の効果を経済的アプローチによって数値化する試みが欧米では行われている[34]。また国によるガイドラインの作成や自治体への財政的支援の強化によって，全国一律の支援の実現を求める声もある[35]。筆者は，支援の格差は，被害者が支援手続の客体でしかなく，行政の裁量によって「保護」や「救済」を与えられる対象に過ぎないという制度設計それ自体に起因する問題ではないかと考えている。これは第 6 章で検討するが，全国どこでも一定水準の被害者支援制度の実現を可能とするため，法理論的根拠を探求していくことが今後の課題である。

　本節では，行政における被害者支援制度において，執行の諸段階で支援の質・量について格差が存在し，その背景には，理念はともかく「支援」の具体的手法についてコンセンサスが必ずしも形成されていないこと，行政民間とも十分な資源が確保されていない状況下で支援が行われているこ

34　これは 1980 年代後半より，オーストラリアをはじめ欧米各国で進められている研究である。WHO（世界保健機構）も，個人間における暴力被害の経済的コストを扱った各国の研究を比較検討した報告書において，このような経済的アプローチの限界を指摘しつつも，「経済的アプローチは個人間の暴力によって引き起こされた重大な損害を説得力ある方法で示すことができる」と述べている。World Health Organization "The Economic Dimensions of Interpersonal Violence"（2004）44. http://www.who.int/violence_injury_prevention/publications/violence/economic_dimensions/en/（最終アクセス 2009/8/9）。
35　原田恵理子「市町村における DV 対策の課題」ジェンダーと法第 6 号〔特集：国際人権法とジェンダー〕（ジェンダー法学会編）29-40 頁（2009）。

と，行政内部の政策過程において DV 被害者支援への取り組みを阻害する諸要因が存在すること等を指摘してきた。次節では，保護命令制度を取り上げ，DV 被害者の安全確保を目的として創設された当該制度が，適切なサポートなしでは利用困難な制度となっていることを論じる。

第 2 節　保護命令申立時における DV 被害者支援について

(1)　問題の所在

2001 年に制定された「配偶者からの暴力の防止及び被害者の保護等に関する法律」(以下，DV 防止法) では，DV 被害者の安全確保のため，保護命令制度を規定している。被害者は，地方裁判所に保護命令の申し立てをすることにより，加害者に，被害者とともに生活の本拠としている住居から 6 か月間退去を命じる退去命令と，被害者及びその子，親族など一定の関係者に接触することを 2 か月間禁止する接近禁止命令の発令を請求することができる (第 10 条)。保護命令は，被害者が加害者の元から逃れる前後に申し立てられることが多い。なぜなら，DV における暴力は，被害者が加害者から離れようとするときにエスカレートする傾向があるためであり，保護命令は，被害者の安全を確保するための重要な手段であると考えられている。しかしながら，後述するように，長期にわたる暴力にさらされ，心身に深刻なダメージを負った被害者にとって，保護命令の申し立てを単独で行うのは容易なことではなく，裁判所での相談や申立は被害者にとって負担の大きい手続きとなっていることが，当事者や支援者から指摘されている。現在，多くの場合，配偶者暴力相談支援センター (以下，DV センター) の相談員や，一時保護所およびシェルターのスタッフ，あるいは弁護士の支援を得ながら，保護命令の申し立てが行われているが，その場合でも，支援者の専門性を以てしても，手続きに伴う負担は必ずしも軽減されているわけではない[36]。

---

[36]　保護命令申立の際の，裁判所窓口での支援の困難性について，町村泰貴「ドメスティック・バイオレンス保護命令の実効性」北大法学論集 61 巻 6 号 63-80 頁

　本節は，DV 防止法における保護命令手続きが，なぜ，このように関係者にとって負荷の大きなものとなっているのかという問題関心から出発し，関係各機関及び当事者，支援者への聞き取り調査にもとづき，保護命令申し立て時における DV 被害者支援の現状を考察し，その問題点を剔出するとともに，その解決の道筋を検討することを目的とするものである。

⑵　保護命令制度の利用状況

　内閣府のデータによれば，DV 防止法に基づく保護命令事件の既済件数は，制度ができた翌年平成 14 年は 1398 件であったが，その後増え続け，平成 20 年に 3143 件まで達したあと，若干の増減を繰り返し，平成 24 年には，3,114 件となっている。一方，同 24 年の DV センターにおける相談件数は 89,490 件，警察における暴力相談件数は 43,950 件，平成 23 年度の婦人相談所における一時保護件数は 11,246 件となっている [37]。以上のデータから考えると，保護命令の申立件数は，警察への相談件数の約 14 分の 1 以下，DV センターへの相談件数の約 30 分の 1，一時保護件数の約 4 分の 1 でしかない。これは，保護命令の申立に至るようなリスクの高いケースは，相談事例のごく一部でしかない，ということだろうか。

　平成 23 年に行われた内閣府のアンケート調査によれば，女性の約 20 人に一人が配偶者から命の危険を感じるような暴力を受けているというデータが出ている [38]。これを平成 22 年国勢調査のデータを使って単純計算すると，全国で約 190 万人の女性が，深刻な暴力被害にあっているということになる [39]。それではなぜ，このように多くの女性が命の危険にさらさ

（2011）参照。

37　内閣府男女共同参画局「配偶者からの暴力に関するデータ」（平成 25 年 7 月 24 日更新）。http://www.gender.go.jp/e-vaw/data/DV_dataH2507.pdf（最終アクセス 2014/3/23）。

38　内閣府男女共同参画局「男女間における暴力に関する調査報告書（概要）」（平成 24 年 4 月）5 頁。http://www.gender.go.jp/e-vaw/chousa/images/pdf/h23danjokan-gaiyo.pdf（最終アクセス 2014/3/23）報告書全文では，33-34 頁。http://www.gender.go.jp/e-vaw/chousa/images/pdf/h23danjokan-6.pdf（最終アクセス 2014/3/23）。

39　平成 22 年国勢調査人口等基本集計第 5-1 表「配偶関係（4 区分），年齢（各歳）

れているにもかかわらず，保護命令件数や相談件数が上記の数字にとどまっているのだろうか。同調査によれば，過去5年以内に配偶者から被害を受けた女性の中で，誰かに相談した人は55.0%と半数を超えているが，そのうち，公的機関への相談は，6.5%の警察が最も高く，他はいずれも2%前後にすぎない（複数回答可）。DV防止法制定後10年以上が経過した現在でも，公的機関へ相談する人の割合は低く，保護命令を申し立てる人の割合は，さらに低い，ということになる。

　これらのデータから，保護命令がなくても被害者の安全が確保されているケースが少なくないのだ，と解釈することもできよう。しかしながら，100%安全を確保するのは事実上不可能で，逃げた後も，離婚やその後の子どもをめぐる取り決めのため，裁判所という第三者機関を通じてであれ，引き続き加害者との関係が継続する場合，保護命令を申し立てる必要性は大きいはずである。そうであるならば，保護命令の利用が積極的に行われない要因はどこにあるのだろうか。

⑶　保護命令をめぐる問題点

1)　保護命令と被害者の安全確保

　前節でみたように，保護命令は，DV被害者の安全確保を目的として創設された制度であるが，必ずしも積極的に利用されているとは言えない状況にある。その背景には多様な要因が存在すると考えられる。まず，被害者の安全確保という点からは，以下のような問題点が指摘されている。保護命令の申立を行うためには，被害者自らが裁判所に出向かなければならない。加害者の下から逃げて，シェルター等安全な場所に身を隠した被害者が，一時的にせよ，そのシェルターから出るという，極めてリスクの高

男女別15歳以上人口及び平均年齢（総数及び日本人）── 全国」。http://www.e-stat.go.jp/SG1/estat/List.do?bid=000001034991&cycode=0（最終アクセス2014/3/23）15歳以上の女性人口総数から，未婚者数及び不詳数を引いたものに，命の危険を感じた女性の割合4.4%という内閣府のデータ（前掲注38）による数字をかけたもの。

い行動をとらなければならないことになる。そのため，シェルターの方針によっては，加害者が追って来られないような安全な場所に被害者を逃がすので，保護命令はほとんど使うことがない，というところもある[40]。また保護命令発令後も，加害者から暴力を受けるリスクがゼロになるわけではない。2006 年 12 月 21 日には，徳島県で，接近禁止命令が発令中の DV 加害者が，被害者である妻の居所を突き止め，妻を待ち伏せして殺害するという事件も起きている。

2) 保護命令制度の認知度

保護命令制度について社会一般に対する広報・啓発や，被害者への情報提供は必ずしも十分に行われていない。内閣府男女共同参画局が平成 23 年に行ったアンケート調査によれば，DV 防止法の存在自体を知らない人と，存在は知っているが内容まで知らない人を合わせると，実に 86.7% に上っており[41]，DV 防止法制定後 10 年以上たっても被害者支援の具体的な内容についての理解は，未だ十分に社会に共有されているとはいいがたい。そのため，保護命令制度についても社会的な認知が進んでいないことが推測できる。また，各種相談機関においては，被害者支援策についての情報提供が行われているが[42]，例えば，相談窓口までアクセスするに至らない，あるいは，アクセスできない状況にある DV 被害者の存在を考え

40　これに対し，入所者には必ず保護命令を取ることを勧めているシェルターも多く，これは当該地域において DV 被害者が利用できる資源の多寡にも関連しており，一概にどちらがより適切かは判断することはできない。保護命令の取得を勧めるシェルターも，裁判所への同行支援など，当然のことながら被害者の安全確保には細心の注意を払っている。

41　前掲注 38，報告書全文 13 頁。http://www.gender.go.jp/e-vaw/chousa/images/pdf/h23danjokan-4.pdf（最終アクセス 2014/3/23）。

42　DV センターは，DV 防止法第 3 条第 3 項第 5 号により，保護命令制度の利用について，情報の提供，助言，関係機関との連絡調整その他の援助を行うこととなっている。また，警察庁「配偶者からの暴力の防止及び被害者の保護に関する法律の一部を改正する法律の施行について（通達）」（平成 16 年 11 月 17 日）では，警察での DV 相談において，保護命令等の支援制度につき説明を行うことが求められている。http://www.gender.go.jp/e-vaw/kanrentsuchi/02/k_14_seianki20041117-1.pd（最終アクセス 2012/5/21〔2014 年 3 月の時点では削除されていた。〕）

たとき，別の手段方法による情報提供や広報活動の拡大が求められよう。自営業や無職で自宅にいる加害者，外回りの営業職で日中も急に帰宅する可能性がある加害者などの場合，電話やインターネットでの情報収集や相談は難しい。また昼間家にいない勤め人であっても，帰宅後配偶者がインターネットで何を検索していたのかチェックしたり，電話をどこに何分くらいかけているのか記録を事細かに調べる加害者もいる。そのため，DV被害者の多くは，情報を探したり，誰かに相談したりしたくても，自分の行動が加害者に知られることが怖くて，積極的に動くことができない。DVとは何かということや，保護命令をはじめとする被害者支援制度の概要等について，ＴＶのコマーシャル・新聞広告等を活用した広報を行ったり，病院やスーパーマーケット，コンビニ，公共機関等，多くの人が普段利用することの多い場所に，ポスター・チラシ等を目につくところに配置するなど，特別に情報を探す努力をしなくても，自然に目に入るような方法が今後広く採用されることが望まれる。

3） 保護命令と被害者のニーズ

保護命令が発令されたとしても，その内容がDV被害者のニーズに適合的であるかという点についても問題がある。たとえば，退去命令については，2か月という期間が設定されているが，被害者がそこに安全に住み続け生活の再建を図るには短すぎ，被害者が新たな居住先を見つけ安全に転居を行うには長すぎるという，使い勝手の悪いものになっているという指摘がなされている[43]。さらに，退去命令の場合，接近禁止命令より，加害者の権利を侵害する可能性が高いとして，慎重な判断がなされていると言われており，被害者にとって使いにくいだけでなく，発令自体がされにくいという問題がある。また，同様に接近禁止命令の期間についても批判がある。DV事例の多くが離婚に際して協議ではなく調停を利用しており，調停係争中に，接近禁止命令の6か月が渡過してしまうことがほとんど

---

43 町村・前掲注36，76頁。

166

であるという。その後，期間の延長はなく，規定上，手続き的には「再申立」となり，初回申立に比べ発令のハードルが高いことが指摘されている[44]。

⑷ 保護命令申立に伴う困難

1) 裁判実務における取り組み

保護命令をめぐる様々な問題点をみてきたが，保護命令の申立手続自体が，ハードルの高いものになっていないだろうか。大阪地裁・東京地裁・名古屋地裁は，DV 防止法施行後より，保護命令制度の適正かつ迅速な運用を図るべく，事件処理につき留意すべき事項を定期的に公表するなどの取組を行ってきた。その中では，手続の運用において，裁判官等の言動により二次被害が発生しないよう，被害者の視点に立った配慮が必要であることが指摘されるとともに[45]，受付業務においても，申立人に十分配慮した対応が不可欠であると述べられている[46]。申立書の作成については，当初，「法の趣旨に即した迅速な判断を可能にするためには，何よりも不備のない充実した申立書が提出されることが重要」[47]とされ，裁判所書記官による補正の促しによる対応が期待されていたにとどまるが，2002 年には，申立人が弁護士を代理人として委任していないケースが目立つことが指摘され，申立書にも，本人がレ点のチェックを入れるだけでよい方式の採用（東京地裁）や，指示に従って書き込めば完成するような工夫（大阪地裁）など，申立人の視点に立った対応がとられるようになったことが報告されている[48]。さらに，2003 年における大阪地裁第 1 民事部の報告では，

---

[44] 可児康彦「保護命令の実務状況の問題点」法執行研究会編『法は DV 被害者を救えるか──法分野協同と国際比較』32 頁（商事法務，2013）。

[45] 菅野雅之「保護命令手続きのイメージについて──配偶者暴力に関する保護命令手続規則の解説を中心に」判タ 1067 号 6 頁（2001）。

[46] 深見敏正・髙橋文清「東京地裁及び大阪地裁における DV 防止法に基づく保護命令手続の運用」判タ 1067 号 20 頁（2001）。

[47] 菅野・前掲注 45，6 頁。

[48] 深見敏正・森崎英二・後藤眞知子「DV 防止法の適正な運用を目指して」判タ

法施行当初を振り返って、「申立相談者等への対応に法施行前の予想を遙かに上回る長時間を割かなければならない状況に陥り，個々の担当書記官の努力により何とか円滑な処理ができていたとはいえ，早急に対応策を採ることが望まれる事態に至っていた。また，申立手続のためだけでもかなりの時間を要するという受理手続の在り方は，申立人にとっても負担感の大きいものであったといえよう」と述べられている[49]。

この大阪地裁第一民事部の報告書では，このような状況の原因として，下記の点が指摘されている。1点目は，関係機関との連携が不十分であったということである。大阪地裁第一民事部（保全部）は，DV防止法施行前に関係各機関に対して「保護命令の運用や解釈について疑義がある場合は，慎重を期して，とにかく裁判所に問合せ，あるいは相談者を来庁させてほしい旨強調して伝えていた」ことから，「DVセンターにおいても，保護命令申立の準備はもとより，保護命令制度の説明や手続きの選択のアドバイスについても自制すべきとの運用を招来していたようであり」，そのため「申立相談に来庁する者の中には，保護命令の趣旨を全く誤解している者や，発令要件が明らかに欠けている者もいた上，発令が見込まれるものでも，何ら準備をせずに来庁するのが一般的であった」。その結果，対応にあたる書記官は，保護命令申立の前提となる様々な事実や背景事情等につき，相当詳細な事情聴取を行い，その上で保護命令や周辺制度についてもかなりの時間を割いて説明しなければならなかったという。2点目としては，本人用として準備されていた申立書が必ずしも本人にとって記載が容易なものではなかったこと，記載内容についてもできるだけ具体的且詳細なものを一律に求めていたことが挙げられている[50]。

これらの反省に基づき，以下のような改善策が採られた。第1に，平成14年7月の関係機関との意見交換会において，関係機関に対して「保護

1086 号 42-46 頁（2002）。

49 佐々木茂美・森崎英二・松本幸治・福島恵子・川本志穂「DV 防止法施行後の歩みを振り返って——保護命令申立事件の適正迅速な処理を目指して——大阪地方裁判所第一民事部の取り組み」判タ 1115 号 31 頁（2003）。

50 同上，31-32 頁。

命令申立の当否を含めて積極的に助言してもらい，その中で申立相当と思われる事案については申立書の作成にも積極的に関わってもらうよう働きかけた」ところ，多くの場合，DV センターで申立書作際の援助を受けてから来庁しているので事情聴取も申立書記載事項を中心とするもので足りるようになり，また申立書作成未了で来庁する場合でも，すでに適切な指導を受けているため，その後の受付までの所要時間を短縮することができるようになった。第2が，新申立書式の採用である。空欄を埋めていけばおのずと個々の暴力が特定されることになるような穴埋め式の書式が採用され，「更なる配偶者からの暴力により生命または身体に重大な危害を受けるおそれが大きいと認めるに足りる事情」との要件については，直接的な表現で記載を求めることを止め，端的に，相手方がさらに暴力をふるうだろうと考えている理由を問う形となった。また，暴力を正当化できる理由は通常あり得ないとの考えから暴力を振るわれた理由についての記載を求めないようにしたこと，要旨全体の記載スペースを余裕のあるものとして，書面作成に不慣れな申立人が，用紙自体から受ける心理的抵抗を軽減するよう配慮したこと，書式に添って記入方法を説明した作成要領を作成したこと等の工夫がなされた。第3に，改善されたのが，裁判官面接の活用である。申立書や陳述書に一律に詳細な記載を求めるのではなく，場合に応じて一定の事実が記載されていれば受理し，速やかに裁判官面接を行い，面接において事情を詳細に聴取し，陳述書への追加記載や審尋調書による記録化を行うというものである[51]。

　以上は大阪地裁の例であるが，現在，最高裁の HP においても，「保護命令の申立書にはひな型が用意されており，例えば申立ての内容はあらかじめ記載された項目にチェックを付ければ足りるとか，どの部分にどのようなことを記載すればよいかが明確に指示されているなど，申立書のひな型に順番に目を通していくうちに自然と作成できるような仕組みになっています」と説明され，保護命令手続きが利用しやすい手続きであることを

表すポイントの一つとして「保護命令の申立は容易にできる」とうたわれている [52]。このように，裁判所の実務において，保護命令申立の負担軽減が図られてきたが，現状ではどの程度の効果をもたらしているのだろうか。

2) 申立書作成の実際

　申し立ての書式は，裁判所により異なるが，現在オンラインで唯一入手可能な東京地方裁判所の書式を例にとると，9頁にわたる「書式44 配偶者暴力に関する保護命令申立書」[53] があり，ここに，「配偶者からの身体に対する暴力又は生命等に対する脅迫を受けた状況」（第12条1項1号）や，「配偶者からの更なる身体に対する暴力又は配偶者からの生命等に対する脅迫を受けた後の配偶者から受ける身体に対する暴力により，生命又は身体に重大な危害を受けるおそれが大きいと認めるに足りる申立ての時における事情」（第12条1項2号）等を記載する。これに陳述書，親族や子への接近禁止命令の場合はそれぞれの同意書を添付して提出することになる [54]。手続きの流れとしては，まず警察やDVセンターへ相談し，保護命令申立書に相談の事実およびその他の必要事項を記入した上で，地方裁判所へ提出する。警察やDVセンターへ相談していない場合は，公証人役場において，公証人の面前で陳述書の記載が真実であることを宣誓した宣誓供述書を作成の上，保護命令申立書に添付しなければならない（第12条2項）。

　上記の報告書にもあったように，申立書は，難しい法律用語を避け，穴埋めや選択式が採用されるなど，利用者にとって分かりやすいものとなる

52　裁判所「保護命令手続きについて」。http://www.courts.go.jp/saiban/wadai/2306/index.html（最終アクセス 2014/3/23）。

53　裁判所のHPから，裁判所トップページ＞各地の裁判所＞東京地方裁判所＞裁判手続きを利用する方へ東京地裁＞民事第9部（保全部）紹介＞ドメスティック・バイオレンス（DV）（配偶者暴力に関する保護命令申立て）。http://www.courts.go.jp/tokyo/vcms_lf/20140129-1.pdf（最終アクセス 2014/3/23）。

54　東京地方裁判所「ドメスティック・バイオレンス（DV）（配偶者暴力に関する保護命令申立て）」。http://www.courts.go.jp/tokyo/saiban/minzi_section09/DV/index.html（最終アクセス 2014/3/23）。

よう工夫がなされている。しかし，実際には，1 人で作成するのは必ずし
も容易ではなく，現在でも，支援者等からのサポートを得なければ，申立
書を作成するのは困難であると言われている。弁護士に依頼しない場合の
手続きの流れの一例を紹介すると，DV センターの相談員やシェルターの
スタッフが，時間をかけて入所者の保護命令申立書作成を支援し[55]，裁判
所まで同行し，書記官に申立書を提出し，そこで記載事項について確認を
受ける[56]。この段階で，内容が曖昧である箇所や，記述が不十分な箇所に
ついて指摘を受けながら支援者のサポートを得ながら書き直す作業を繰り
返す。弁護士に依頼する場合，依頼人である被害者の話を弁護士が直接聞
き取るところから始めるのは時間的な問題があるため，弁護士に相談に来
る前に，これまでの経緯や暴力の状況などを文書化しておくことが望まし
いとされている。

　裁判実務における取組にもかかわらず，なぜそれほど申立書の作成が困
難であるのかといえば，その理由の一つは，申立のタイミングにある。長
年暴力を受け続け，やっと加害者のコントロールを脱して一時保護された
被害者にとって，忘れたい過去の被害を事細かく思い出して言語化しなけ
ればならないのは精神的に負荷が大きい。一時保護所やシェルターという
安全が確保された場所に滞在し，相談員や支援者のサポートが受けられる
間に，保護命令の申立をするのが望ましいため，被害者にとっては，やっ
と加害者の下から逃げてきて，一息ついたと思うのも束の間，このタイミ
ングでの申立に取り組まざるを得ないことになる。虐待に対する心理的防
御のメカニズムとして，DV 被害者の多くは解離症状を有するため，申立

55　聞き取り調査では，保護命令申立書の作成に平均 8 時間程度の時間をかけてサ
　ポートをしているシェルターもある。入所後，まず，保護命令制度について説明し，
　申立てるかどうか，1 日かけて考えてもらい，申立てる決心ができれば，その後，
　7〜8 時間かけて，過去の暴力等を思い出し，それを言語化してもらう作業に入る。
　さらに，裁判所に提出に行って，書記官の指示に従い書き直して受理されるまで
　に半日かかるのが通常であるという。
56　シェルター等民間団体の支援者が，書記官による面接時にも同席を認められる
　裁判所もあったようであるが，このような運用状況は裁判所によって異なるよう
　である。

書に記載すべき，深刻な暴力被害の記憶ほど思い出せないこともある。また，記憶が断片化されており，時系列に整序したり，正確な日時を思い出すことも容易ではない。手続のためとはいえ，人に知られたくないような苦しい日々の出来事を，初めて会った支援者に語らねばならないという事態だけでも負担は大きい。

⑸ 保護命令申立時の被害者支援のありかた

1) 支援の必要性

DV 被害者の多くが PTSD 等，心身の様々な症状に悩まされている。報告されている DV 被害者の健康被害は，①身体の外傷，②性的暴力の影響，③外傷の後遺症，④精神的傷害，⑤性格や対人関係の変化，⑥妊娠中の DV による影響など，多岐にわたる[57]。PTSD 発症率は，自然災害による場合より高く，DV 被害者の約半数が発症しているとも言われている[58]。さらに，一時保護を受けている期間は，加害者のもとから逃げてきた直後で，被害者にとって急性のストレス反応が出る時期であり，専門家は「こういう方に対応していくのには，本当は年単位ぐらいのゆっくりしたかかわりが必要でして，現在の 2 週間の中だと本当に急性の危機回避だけです」と述べている[59]。保護命令を申立てる時期は，前述したように，この急性期に該当することが多い。既にみたように行政の相談員やシェルターのスタッフにより適宜サポートが行われてはいるが，それは個々の自治体やシェルターの方針であり，法制化されているわけではない。

　保護命令申立手続遂行に当たり，適切な支援が制度化される必要がある

57　宮地尚子『医療現場における DV 被害者への対応ハンドブック』84 頁（明石書店，2008）の表参照。

58　同上，83 頁。

59　内閣府男女共同参画局「第 2 回女性に対する暴力に関する専門調査会」における精神科医である小西聖子氏の発言による。議事録 2001 年 5 月 21 日。以前は内閣府のサイトにアップされていたが，2014 年 3 月現在，議事録は 2002 年度以降のものしかアップされていない。

と思われるが，それでは，どのような支援が望ましいのだろうか。ここで，海外の例として，米国の場合を取り上げる。米国における保護命令制度に関する報告によれば，特に申立に関しては，下記のような手続が採られているようである。ミシガン州の第三巡回裁判所では，PPO（Personal Protection Order）申立の受付のみを担当する部署が設けられており，3 人の専属係員が窓口指導にあたっている。チェック式の申立書が備え付けられており，そのチェックを埋めて暴力を受けた具体的状況を記載すれば申立書が作成できるようになっている[60]。ハワイ州のホノルルの家庭裁判所では，申立人は定型のインテーク・シートに簡単に事情を書いて提出し，これをもとにソーシャル・ワーカーが個別面接し，申立書を作成する。ソーシャル・ワーカーは家庭裁判所の職員である[61]。オレゴン州ワシントン郡裁判所では，被害者サービス部保護命令室があり，保護命令支援員らがDV 被害者の相談を受け，保護命令の申立を支援している。保護命令支援員は民間非営利団体の職員だが，裁判所や同じ庁舎内にある保護観察所と密接に連携している。裁判官の審問にも保護命令支援員が立ち会う[62]。いずれの例も，職種や裁判所内でのポジションは異なるが，保護命令申立をサポートする専門のスタッフが置かれている。日本では，書記官が受付業務を担当しているが，書記官に支援を要請するということは可能だろうか。

2) 書記官によるサポート

日本の場合，配偶者暴力に関する保護命令手続規則第 10 条より民事訴訟規則第 56 条が適用され，裁判所書記官が保護命令申立書の補正を促すことができるとされている。これによって申立書の不備を修正することができることになっているが，裁判所は中立な立場であることが求められているため，書記官も当事者の一方のみに利益となるような助言をすること

---

60 坂田威一郎「アメリカ合衆国ミシガン州における保護命令制度とその運用（各国の司法制度紹介）」世界の司法第 3 号 29 頁（2002）。
61 宮田敬子「ドメスティック・バイオレンスに対する保護命令」世界の司法第 3号 92 頁（2002）。
62 同上，93 頁。

はできない。その限界の中で，担当する個々の書記官の努力により，適切な申立書作成に向けた事実上の指導が行われている。その際，保護命令申立の受付業務を担当するのは，多くの場合民事保全部の書記官が，通常の業務の中で，保護命令申立の受付もローテーションを組んで対応しているのであって，DV 事例を専門とする書記官が養成されているわけではない。研修は，年に数回行われており，その中に DV に関する研修も含まれているが，裁判所の研修は多くの場合，内部講師によるものであり，DV 被害者支援の専門家による研修は行われていないようである。

　報告書にあったように，裁判所の実務運用により書記官の負担を減らす工夫が行われているものの，現在でも，保護命令制度の趣旨や DV という問題自体につき予備知識のないまま，あるいは誤解したまま裁判所を訪れ，申立相談を希望する利用者への対応には時間がかかることも少なくない。その際，限られた時間内での指導や助言となるため，場合によっては，利用者との間にコミュニケーションの齟齬を生じ，苦情を受けることもあるという。DV 被害者の心身の状況や，加害者による生命身体への危険など，DV 事例の特殊性を考えるとき，書記官に申立相談や申立書作成の指導等の対応を求めるのは，DV 被害者自身にとっても書記官にとっても負担が大きく，手続の迅速性や被害者への配慮という点では，必ずしも最善の方策ではないように思われる。

3）　行政の女性相談員によるサポート

　DV センターの女性相談員や福祉事務所の女性相談員など，担当部署は自治体の方針によっても異なるが，行政の女性相談員は，自治体の DV 被害者支援制度において，中心的役割を担っている。女性相談員は，法文上は「婦人相談員」と称され，売春防止法第 35 条に基づき，社会的信望があり，熱意と識見を持っている者のうちから，都道府県知事又は市長から委嘱され，要保護女子の発見，相談，指導等を行うこととされている。また，DV 防止法第 4 条により，配偶者からの暴力被害者の相談，必要な指導を行うこととされるに至っている。平成 21 年 4 月 1 日現在，47 都道

府県 444 名（うち婦人相談所 223 名），266 市区 598 名，合計 1,042 名の女性相談員が全国に配置されているとのことである [63]。

　DV 被害者支援に関しては，一時保護から自立支援まで，相談員が具体的にどのように被害者に関わるかもまた自治体によって差がある。いずれにしても DV 被害者にとって相談員の存在は心強いものではるが，一般に相談員は非常勤であって，任期も 5 年等と短く，更新されるとは限らないため，知識と経験が蓄積された頃に異動していくことも少なくない。また，相談員になるために，DV の専門的知識は必要ではなく，昨日まで全く異なる分野にいた者が今日から相談員として配属されることもある。従って，行政の DV 被害者支援にとって相談員に期待される役割は極めて大きいにもかかわらず，行政の人的物的資源に限界があることから，被害者のニーズに添った支援が常に行われているとは言い難いのが現状である。

　しかしながら，一部の自治体では，上記の限界を克服し，DV 被害者支援の知識と経験を積んだ相談員を擁し，被害者のニーズに対応している。例えば，大阪府堺市では，福祉事務所の女性相談員が DV センターの相談員を兼務する形になっており，DV 防止法制定前後から勤務するベテランの女性相談員が，DV 被害者支援制度の中核を担っている。福祉事務所に配属されていることから，DV 被害者の生活全般に目配りでき，各関連部署と連携して諸手続きを進めることもできる。保護命令に関しても，申立書の作成支援も行い，また大阪地裁堺支部の書記官とも連携し，意見交換会を開催するなど，保護命令制度の活用促進にとって貴重な活動を行っている [64]。これは，女性相談員のポテンシャルを活かすことが，DV 被害

63　厚生労働省雇用均等・児童家庭局家庭福祉課「平成 20 年度婦人保護事業実施状況報告の概要」。http://www.wam.go.jp/wamappl/bb16GS70.nsf/0/a5eb668eb545847f4925774900297b7b/$FILE/20100617_4shiryou1.pdf（最終アクセス 2014/3/23）。

64　これまでも自治体内の各行政機関相互あるいは民間支援団体との連携は積極的に進められてきたが，裁判所との連携については，関係諸機関が一堂に会する連携会議への参加等にとどまる自治体が多く，このように具体的なトピックに関して定期的に交流を行う例は全国的に見ても珍しく，先駆的試みであると思われる。

者支援にとって如何に重要であるかを示す好例であり，多くの自治体においても採用が期待される取組である。しかし，このようなポジションを女性相談員に提供していない多くの自治体においては，保護命令申立の支援は誰が担当するのが現実的なのだろうか。

4) 弁護士によるサポート

現在，保護命令の申立に際し，弁護士を依頼するケースの割合がどの程度になっているのかについて，公表されているデータはないが，聞き取り調査によれば，DV防止法当初に比べると，弁護士が代理しているケースは増えているという印象を持つ関係者が多いようである。申立書の書式が簡便なものになっているとはいえ，法的な文書である以上，法的知識を持つ専門家でなければ，何が要点かが分からないため，民間シェルターのスタッフがサポートする場合でも，最終的な申立書作成は弁護士に依頼することも少なくないという。ただ，弁護士利用に関しては，いつくか問題点があることが指摘されている。

第1には，申立人であるDV被害者は暴力被害の影響から仕事ができない状況にあったり，加害者の下から身を隠すため仕事を辞めなければならなかったり，と，様々な事情から，弁護士を依頼する資力が十分ではないことも少なくない。法テラスの活用等が望まれるところではあるが，弁護士利用の「敷居の高さ」はそれだけではない。第2に，通常の法律相談であっても，法律問題に直接かかわらない事柄をも含み多岐にわたって展開される依頼人の語りを，どう法的に操作可能な言説に焦点化していくかという作業が必要であるところ，DV被害者の面接については，それに加えて，その心身の状況に配慮しながら時間をかけて聞き取りを進める必要があり，DV問題に関する知識と専門的なスキルが必要となってくる。DV問題をテーマとした弁護士対象の研修プログラムも開発されているが[65]，現時点では，DV問題に関する知識や被害者対応の経験を持つ弁護

---

[65] 井上匡子他「ドメスティック・バイオレンス対応に関する弁護士向け研修プログラムの作成」法と実務7号235頁（2008）。

士は少数派にとどまる。多忙な弁護士が DV 事例を扱う場合，迅速かつ効率的な法律相談を行うためには，行政の相談員や民間シェルターのスタッフ等，DV 被害者への適切な対応に関し専門的なスキルを有する支援者の面接を経て，主張内容が文書化されているなど，既に情報が整理されていることが，依頼人弁護士双方にとって負担の少ない方法となっている [66]。

5）　民間シェルターによるサポート

業務形態から考えて，最もじっくり DV 被害者の話を「聴く」時間を持っているのが，民間シェルターのスタッフであると思われる。また長年，支援に携わってきた知識と経験から，適切な対応が期待できるのも，民間団体の支援者であろう。書記官や相談員，弁護士はそれぞれの業務の中で，通常対応する多様な事例の 1 つとして DV ケースを扱うのであり，DV に関する研修も受け，経験も積んでいるとはいえ，DV に特化したトレーニングを受けて養成された専門家ではない。各業務に設定された枠組みの中での対応であり，そこに過剰な期待を寄せるのは，ミスマッチであり，期待する方にとってもされる方にとっても建設的とはいえないのではないだろうか。それでは，民間シェルターが支援を一手に引き受けるべきかといえば，解決しなければいけない問題点がある。既に多くのシェルターでは，シェルターの利用者に申立書作成支援を行っているが，現在でも，一人一人に時間をかけて丁寧に話を聴いていく作業は，公的支援を十分に受けることなく限られた人的物的資源によってシェルターの運営にあたっているスタッフにとって，決して容易なことではない。一歩進んで，すべての DV 被害者に，申立書作成のサービスを提供するとなると，何より十分な財政的援助がシェルターに提供されることが前提となる。多くのシェルターが持ち出しを強いられており，厳しい財政状況を乗り切るべく苦戦し，

66　このように専門家の面接を経ていない場合，カウンセラー等による面談を受けてから，弁護士との面談を行うことを勧める弁護士もあり，実際にそのような方法をとることで主張内容が整理され，スムーズな相談が行われる効果があるという。

少数のスタッフで多くの業務をこなしているのが現状である[67]。民間シェルターのもつノウハウを最大限に活かすためには，公的な援助が必須である。他方，未だ民間シェルターが存在しない地域も少なくない。どの地域・自治体においても，行政と対等なパートナー関係を持つ，力のある民間団体が存在し，その力を十分に発揮できるよう，既存の団体には公的支援を，未だシェルターのない地域では，民間の力を集め育成するプロジェクトの実現を望みたい。

(6) 支援者調達の制度化

　端的に結論を述べれば，米国での取組みのように，申立書作成の支援を行う専門のスタッフが常駐し，サービスを提供するというシステムが実現できれば，DV 被害者が保護命令を利用する際の負担がかなり軽減されると思われる。現在の保護命令制度では，DV センターやシェルター利用は必須要件ではないため，そのような機関・団体での相談を経ずに裁判所を訪れる被害者の存在することを考えると，裁判所内で，制度の詳しい説明や申立書の作成支援を受けられることが望ましい。このような試みが実現されるには，財政的なことはもちろん，裁判所という制度上の問題など，いくつものハードルを乗り越える必要があると思われるが，現行制度の下では，DV 問題の専門家でない書記官にときとして過剰な負担を負わせることになっており，また申立を希望する DV 被害者にとっても，何の準備もなく裁判所に来ても容易に申立てられるような手続にはなっていないことは事実であり，何らかの方策が必要であることは明らかである。

　議論すべき点は多々あるが，ここでは，申立書作成支援を行う専門スタッフの調達をどのように保護命令制度に組み込むかという点に絞って考察したい。第 1 に，弁護士や司法書士等の専門家にチームを組んでもらい，プロボノ活動の一環として，依頼するという方法があるだろう。第 2 に，

67　欧米の女性の暴力被害者を支援する民間団体の中には，政府から多額のファンドを受け，専従のスタッフを擁し，100 名単位のボランティアを束ねて活動しているものも少なくない。本書第 1 部第 2 章第 2 節，第 3 部第 5 章参照。

書記官とは別に，裁判所職員の中から，DV 事例の専門家を養成する，という方法もあるだろう。第 3 に，行政の女性相談員や民間シェルターのスタッフが常駐するブースあるいは出張所のような場所を裁判所内に設け，そこで保護命令申立の支援を提供するという方法が考えられる。先に見たように，女性相談員の雇用形態が旧来のままであるとするならば，より専門的なスキルと理解の蓄積が可能な民間シェルターの相談員がサービスを提供する方が，被害者のニーズに添うものとなるかもしれない。これは，女性相談員の行政組織上の地位のありかた如何による。

　このように，理論上はいくつかの選択肢が考えられるが，いずれが適切かは，DV 被害者支援の鉄則として語られることの多い，専門家の持つ権力性の自覚という点からも検討する必要がある[68]。いずれの立場であっても，DV 被害者支援に携わる場合，研修等によって，この点はトレーニングを受けていると考えられるが，被害者の視点から考えたとき，職種によっては，その社会的なイメージから，対等に話ができるとはなかなか思えない場合もあるのではないだろうか。加害者から支配―服従の関係を強要され，自己主張を抑えられてきた被害者が，支援者との間でも，そのような関係性を再現することのないよう，いずれの職種が保護命令申立手続の支援を担当するにしても，この点の配慮を欠かすことはできないだろう。

　保護命令制度全体からみたとき，申立書作成の支援は，小さな点にしか見えないかもしれない。しかし，利用者が法制度に接する最初のポイントで，どのような体験をするかは，その後の法利用を左右する大きな要因となりえると思われる。保護命令制度自体には他にもいくつかの問題点があり，申立作成支援が適切に実現されたとして，それが積極的な制度利用に直結するとは言い切れないが，DV 被害者の安全確保を目的として創設された保護命令制度の実効性を上げる，より適切な制度設計を考えるために，申立書作成支援のありかたが見直される必要があると思われる。

68　この点については，鈴木隆文・麻鳥澄江『ドメスティック・バイオレンス――援助とは何か　援助者はどう考え行動すべきか（改訂版）』（教育史料出版会，2004）参照。

　ここまで，親密圏における暴力の問題の中でも，性暴力とドメスティック・バイオレンスを対象に，どのような法制度が対応すべく構築されてきたか，実体法上の諸問題と被害者支援制度に分けて，検討を行ってきた。次章以下では，被害者の権利擁護の実効性を確保するために，何が求められているのかを考察する。第一は，ジェンダー公平な裁判の実現であり，アメリカの司法におけるジェンダーバイアス撤廃の実践を例として，その可能性を検討する。第二は，被害者の法主体性の確保であり，暴力被害を権利侵害という視角から捉え直し，「救済」のプロセスにおける被害者の位置づけについて論じていく。

第 **3** 部

被害者の権利擁護を目指して

第5章　ジェンダー公平な司法へ
―アメリカにおける NGO と裁判所の協働―

は じ め に

　米国では，法曹全体を対象とした継続教育は，continuing legal education（以下，CLE）と呼ばれ，各州の最高裁判所所轄の CLE 担当の委員会等により運営されている。これに対し，裁判官を対象とした研修については，司法教育（judicial education）という表現が使われており，連邦および各州の裁判所の司法教育部門によって運営されている[1]。いずれも，プログラム自体は，全米的なあるいはローカルな各種団体によって提供されている。その多様なプロバイダーの中にあって，唯一，司法におけるジェンダー・バイアスの問題に特化したプログラムを提供し続けてきたのが，1980 年に設立された「裁判における男女平等促進のための全米司法教育プログラム」（National Judicial Education Program to Promote Equality for Women and Men in the Courts，以下 NJEP）であった。

　日本の裁判所においては，判事補・判事に対する研修は，任官時や新たなポストに就いたときに行われる職務導入研修のほか，裁判分野別研究会，総合分野研究会，派遣型研修など，いくつかのタイプがある。このうち，職務導入研修において，ジェンダーに関わるテーマが，それぞれのカリキュラムの中に1コマ程度扱われるのが通例となっている。具体的には，

1　このように法曹全体を対象とした教育と裁判官を対象とした教育は，制度上区別されているが，裁判官を対象とした教育プログラムの中には，各州の MCLE の単位として認定されているものもある。したがって裁判官研修を受けながら，同時に自分が所属する州の MCLE の単位を取得することが可能となっている。

DV，セクシュアルハラスメント，女性差別撤廃条約，リプロダクティブ・ヘルス等について外部講師による講演形式で行われる[2]。第1章第1節，第2章第1節でみたように，性暴力およびドメスティック・バイオレンス事例に関する裁判例を検討すると，被害の実態，加害者・被害者の心理や行動パターンについて十分な知識が裁判官に浸透していないことがうかがわれる。特に上記の暴力被害については，加害者・被害者の性別に偏りがあり，多くのケースが加害者＝男性，被害者＝女性の組み合わせとなっている。したがって，被害の実情にそぐわない裁判結果が散見されることの背景には，単なる知識の欠如に加えて，ジェンダー・バイアスの存在も疑わざるを得ない。

　以下，本章では，米国における法曹継続教育を概観したのち，NJEPと裁判所がどのように協働して，裁判所におけるジェンダー・バイアス撤廃に向けて取り組んできたのかを考察し，日本の司法において，ジェンダー公平を実現するための手がかりを見出したい。

第1節　米国の法曹

　米国における法曹養成制度及び裁判官等の選任システムについては，既に多くの文献で詳細に紹介されているので，要点のみを確認しておきたい[3]。

(1) 養成及び選任制度概観
　米国における法曹養成制度は，州によって異なるが，多くの州ではアメリカ法律家協会（American Bar Association，以下ABA）の基準を満たし

　2　渡辺千原「日本の法曹継続教育におけるジェンダー」南野佳代編『法曹継続教育の国際比較──ジェンダーから問う司法』243-250頁（日本加除出版，2012）。

　3　米国の法曹養成制度，裁判官及び検察官の任用・選任制度については，田中英夫『英米法総論（上・下）』（東京大学出版会，1980），浅香吉幹『現代アメリカの司法』（東京大学出版会，1999），丸田隆「アメリカの法曹制度」広渡清吾編『法曹の比較法社会学』155-183頁（東京大学出版会，2003）参照。

たロー・スクールでの3年間の法学教育を受けることが要件となっている。その後、各州で司法試験が行われる。司法試験合格後、多くの州ではただちに弁護士資格が付与されるが、司法試験前後に実務講習の受講が課されている州もある。法曹団体としては、全米の法曹が任意に加入できるABAや、州ごとの法曹団体がある。前者は任意加入であるが、後者については、近年、半数以上の州で強制加入となっている。さらに、任意加入の法曹団体としては、郡（County）や市等、地域レベルの法曹協会や、また、特定の法領域やマイノリティ・グループなどの、共通の利害関心に基づいた法曹団体など、多様な組織が存在する。日本の弁護士会と異なり、対象は弁護士だけでなく、法曹資格を有するもの全てを含み、さらに認定されたロー・スクールの学生も加入することができる。

　連邦裁判官の任命は、最高裁判所、控訴裁判所、地方裁判所の裁判官の場合、合衆国憲法第3条に基づいて、大統領が指名し、上院の過半数の承認によって任命される。資格要件は制限が無く、米国籍の有無や、年齢、弁護士資格の有無も規定されていない。しかしながら、非公式には、専門的な能力、政治的資質、自薦活動等の要因が関わっていると指摘されている。定年は定められていないが、一定年齢に達していれば辞職することが認められている。

　州の裁判官の選任方法は、州によっても、また裁判所の種類によっても異なる。20世紀初頭までは党派的選挙が主流であったが、現在では、無党派的選挙やメリット・プラン[4]による選任方法が多くの州で採用されている。資格要件として、連邦レベルとは異なり、当該州の弁護士資格を持っていることが要求される。また、州や裁判所によっては、一定の事務経験を要求されるところもある。任期については、終身制をとるもの、4年、6年など、一定の年数が定まっているものなど、様々である。

　4　浅香、同上、143頁。弁護士会選任の弁護士代表、裁判官代表、知事が選任する非法律家から成る、当該裁判所の judicial nominating commission（裁判官指名委員会）が、裁判官にふさわしい能力を有する候補者の名簿を作成し、知事がその中から1名を選ぶ方式。

　検察官の選任は，連邦レベルにおいては，大統領から任命とその後の上院で承認によって行われる。資格要件は，任命される地区に在住していることと，弁護士資格を有することである。州レベルでは，郡の公務員として選挙で選ばれるところが多いが，任命による州もある。

(2)　法曹の中の女性

　ABA の 2010 年のデータから米国の法曹人口に占める女性の割合をみると，法曹全体では 33.3% が女性である[5]。法律事務所に勤める弁護士については，事務所の規模にもよるが，パートナーのうち女性の占める割合が 19.9%，アソシエイトでは 45.0% となっている[6]。裁判官については，連邦レベルでは 22.3%，州レベルでは 26% が女性である。ロー・スクールについては，学生のうち 47.2% が，学部長（Deans）のうち 20.6% が女性となっている。

では女性の割合は近年どのように推移してきたのだろうか。ABA の調査によると，法曹のうち女性が占める割合は，1980 年には 8%，1991 年には 20%，2000 年には 27%，そして上記のように 2013 年には 33.3% である。80 年代から 90 年代にかけて飛躍的に増加していることが分かる[7]。裁判官における女性の割合の変遷そのものを表す統計ではないが，オバマ大統領及び過去 5 人の大統領が指名した裁判官についてのデータが公表されてい

5　ABA Commission on Women in the Profession, A Current Glance of Women in the Law 2013, http://www.americanbar.org/content/dam/aba/marketing/women/current_glance_statistics_feb2013.authcheckdam.pdf（最終アクセス 2014/3/23）.

6　法律事務所に勤める女性弁護士の割合について，ABA のデータ（同上）は，National Association for Law Placement のデータに依拠している。National Association for Law Placement, Representation of Women Among Associates Continues to Fall （2012）　http://www.nalp.org/uploads/PressReleases/2012WomenandMinoritiesPressRelease.pdf（最終アクセス 2014/3/23）。NALP のデータでは，法律事務所の規模や都市による割合も出している。なお，パートナーとは，法律事務所の共同経営者など，事務所の経営に決定権を有し，事務所の得た利益の分配を受ける者である。アソシエイトとは，出資者ではなく，法律事務所に雇用される弁護士を指す。

7　ABA Market Research Department, Lawyer Demographics （2012）, http://www.americanbar.org/content/dam/aba/migrated/marketresearch/PublicDocuments/lawyer_demographics_2012_revised.authcheckdam.pdf（最終アクセス 2014/3/23）。

る[8]。表 1 は，そのデータに基づいて作成したものである。オバマ大統領が，候補者の約半数を女性とすることを目指していることが読み取れる。クリントン元大統領の時代に 4 分の 1 を超えたあと，いったん，ブッシュ（息子）元大統領の時代に下がってしまった女性候補者の割合が，オバマ大統領によって，半数近くまで確保されようとしている。

<表 1 >　連邦裁判官における女性の割合の推移 —— オバマ大統領
および過去の 5 人の大統領が指名した裁判官

大統領	任期	%	人数
オバマ	2010-	41.6	87
ブッシュⅡ *	2001-2008	21.8	71
クリントン	1993-2000	29.4	111
ブッシュⅠ **	1982-1992	18.7	36
レーガン	1981-1988	8.8	32
カーター	1977-1980	15.7	41

＊ブッシュⅡ＝ジョージ・W（ウォーカー）・ブッシュ
＊＊ブッシュⅠ＝ジョージ・H（ハーバート）・W（ウォーカー）・ブッシュ

第 2 節　米国における法曹継続教育

(1)　CLE

米国の法曹継続教育は，第一次世界大戦後に帰還兵の社会復帰訓練の一環として行われた研修から始まった[9]。当初は，強制的なものではなかった

8　Alliance for Justice, The State of the Judiciary –The Obama Administration: The first 20 Months（2010），http://www.afj.org/judicial-selection/afj-report-state-of-the-judiciary-obama-at-20-months.pdf（最終アクセス 2011/11/20）。2014 年 3 月現在，この資料は削除され以下の資料が公開されている。Alliance for Justice, The State of the Judiciary --Judicial Selection During the 113thCongress（2013）　http://www.afj.org/wp-content/uploads/2013/10/Judicial-Selection-During-President-Obamas-Second-Term.pdf（最終アクセス 2014/3/23）。

9　米国 CLE の発展過程の詳細については，アメリカ法曹協会（宮澤節生・大坂恵里訳）『法学教育改革とプロフェッション —— アメリカ法曹協会マクレイト・レポート』（三省堂，2003）参照。

が，次第に一定の単位を修得することが義務とされるようになり，現在では，50州のうちコネティカット，メリーランド，マサチューーセッツ，ミシガン，サウスダコタの5州を除く45の州が，義務的継続教育（mandatory/minimum continuing legal education，以下MCLE）を採用している（2014年3月現在）。MCLEは，各州の最高裁判所がルールを制定し，プログラムの具体的な運営は，最高裁判所あるいは州の法曹協会内部に設置されたCLE委員会（名称はさまざまである）が担当している。州法曹協会への加入が義務付けられている州では，大半が州法曹協会内に委員会が設置されており，これに対し，州法曹協会への加入が任意となっている州では，最高裁判所内に委員会が設置される傾向がみられる。なお，MCLEが採用されていない州であっても，州法曹協会はCLEのプログラムを提供しており，当該州の法曹は，全米レベルあるいは州レベルで提供されているプログラムを，他州の法曹同様に任意に受講することができる。

　MCLEのルールは州によって若干の差異はあるが，基本的には，いずれの州も年間10時間前後の研修の受講，そのうち，一定時間，特定の内容の研修を受講することを義務付けている[10]。必要な研修の単位が取得されない場合は，最高裁判所によって業務活動の停止が命じられる。特定の内容とは，法曹倫理や専門家責任，差別撤廃，薬物乱用などである[11]。MCLEは，一般的に当該州において法実務に携わっている全ての法曹が対象とされているが，州によっては，弁護士登録をして1年目の者，70歳など一定年齢以上の者，議会やアメリカ軍に所属している者，公務員，

10　MCLEの内容については，各州のCLE担当委員会のホームページにアップされているが，ABAのホームページに全州の情報が網羅的に掲載されている。American Bar Association, Mandatory CLE, http://www.americanbar.org/cle/mandatory_cle.html（最終アクセス2015/2/14）。MCLEの州別の情報およびプログラムの内容を詳細に紹介した日本語文献として中網栄美子「米国ロー・スクールの継続教育について〜法科大学院における継続教育を考える〜」法曹養成対策室報No.3（2008），107-122頁参照。

11　カリフォルニア州を例にとると，3年間で25時間の受講が義務付けられており，そのうち，4時間が法曹倫理，1時間が薬物乱用あるいは精神疾患の発見と防止，さらに1時間が法曹における偏見の撤廃についての研修であることが必要とされている。

連邦や州の裁判官などを免除の対象としている[12]。プログラムを提供して
いるプロバイダーは，ABA や各地域（州，郡，市等）の法曹協会，州最高
裁判所，ロー・スクール，企業，NPO など多様である[13]。

　プログラムの内容は，ビジネス法，労働法，医事法，知的財産権，国際
法，税法，家族法等の各法分野をテーマにしたものから，刑事裁判や訴訟，
実務経営に関するコースなど，多岐にわたり，媒体もオンライン教材をダ
ウンロードするもの，CD/DVD を購入するもの，あるいは，ライブのセ
ミナーや，web 会議など多様である[14]。プログラムの長さも，1 時間〜1 時
間半までのコースから，1 週間程度の泊りがけのセミナーもある。例えば，
NPO 団体である全米法廷技術研修所（National Institution for Trial Advo-
cacy，以下 NITA）が提供するセミナーは，2011 年のプログラムでは，最
長で 1 週間，料金は約 2500 ドルとなっている。自分の所属する州のルー
ルによっては，このセミナーに参加するだけで，年間必要な MCLE の単
位の大半を取得することができるようになっている。

　ABA の法曹継続教育模範規則では，上記のような認定された CLE の
コースの受講以外にも，MCLE の要件を満たす活動が認められている。

12　ABA が MCLE に関して作成したモデル・ルール（法曹継続教育模範規則）では，
　　MCLE の対象とならないのは，退職した法曹あるいは，法律の学位が必要ではあ
　　るが，依頼人を代理すること等は要求されない職業についている者のみとしている。
　　ABA は，そもそも「免除」という概念は MCLE の目的にそぐわないとして，免除
　　の規定を置くことを推奨していない。ABA Model Rule for Continuing Legal Educa-
　　tion Sec.5 およびその注釈参照。American Bar Association, ABA Model Rule for Con-
　　tinuing Legal Education with Comments（2010），http://www.americanbar.org/content/
　　dam/aba/migrated/2011_build/cle/mcle/aba_model_rule_cle.authcheckdam.pdf（最終ア
　　クセス 2014/3/23）。
13　たとえば，ニュー・ヨーク州では，州 CLE 委員会公認のプロバイダーが 208 団
　　体（インハウスを除く）リストアップされている。ABA をはじめとする各種法曹
　　協会，コロンビア大学等のロー・スクール，NPO では Practicing Law Institute（PLI）
　　や National Institute for Trial Advocacy 等，企業では National Academy of Continuing
　　Legal Education 等の名前が挙げられている。NY Continuing Legal Education Board,
　　New York State CLE Accredited Providers（2014），http://www.courts.state.ny.us/at-
　　torneys/cle/aplist.pdf（最終アクセス 2015/2/11）。
14　ABA および NY 州法律家協会，ハーバードなどのロー・スクールが提供してい
　　るプログラムの詳細については，中網・前掲注 10 参照。

州の CLE 委員会が認定した CLE に関する活動，すなわち，自己学習，教育活動，CLE に関する著作，コンピュータを利用した教育活動，法律事務所内の研修などである。例えばカリフォルニア州のルールをみてみると，MCLE の単位が認められる活動として，プログラムやコースの受講のほかに，講演やパネリストとしての活動，ロー・スクールで教えること，自己学習等が規定されている [15]。

(2) 司法教育

裁判官の研修については，後述するように連邦と州で制度が異なる。プログラムの受講が義務的かどうかについては，連邦裁判官は任意であるが，州裁判官の場合は，現在いずれの州も，必要とする要件に違いはあるものの受講が義務付けられている。

1) 連邦裁判官

連邦レベルにおいては，ワシントン D.C にある連邦司法センター（Federal Judicial Center）が裁判官の継続教育を担当している [16]。連邦司法センターは，1967 年に創設された連邦最高裁の下部組織であり，日本における司法研修所に相当する。ただし，裁判官の研修だけではなく，裁判所職員や保護観察官等の司法関係者を対象とする研修も行っている。連邦司法センターの年次報告書によれば，2013 年には連邦裁判官向けに 43 のプログラムが提供され，2675 人が参加している。また裁判所職員を対象に 171 のプログラムが提供され，10630 人が出席している [17]。

15　カリフォルニア州法曹協会の，州法曹協会規則（Rules of the Bar）Title 2, Div 4 Minimum Continuing Legal Education, Chap 3 MCLE Activities approved for MCLE credit 参照。The State Bar of California, Rules of the State Bar, http://rules.calbar.ca.gov/Portals/10/documents/Rules_Title2_Div4-MCLE.pdf（最終アクセス 2015/2/14）。

16　連邦司法センターの研修の詳細については，稲葉一人「アメリカ合衆国における連邦裁判官に対する研修制度——連邦司法センターにおける新任地方裁判所裁判官に対する研修を中心にして」判例タイムズ 880 号 55-69 頁（1995）参照。

17　Federal Judicial Center, Annual Report 2013, 5, http://www.fjc.gov/public/pdf.nsf/lookup/AnnRep13.pdf/$file/AnnRep13.pdf（最終アクセス 2015/2/11）。

　連邦地方裁判所，破産裁判所の新任裁判官と新任の治安判事は，それぞれ1週間のフェイズＩオリエンテーションに参加する。経験豊富な裁判官が，事案の処理，訴訟手続き，証拠，実質的な法律問題について，現実的なシナリオに基づいて研修を行う。裁判官の役割や態度，倫理，法廷における危機管理，量刑，裁判所の種類に応じた裁判官の役割などもカバーされる。

　新任裁判官が約12か月それぞれの裁判所で裁判官として勤めたのちには，やはり1週間のフェイズⅡオリエンテーションに参加する。ここでは，法的あるいは実務的問題とともに，事案処理，司法倫理，裁判官の役割といった問題について研修が行われる。控訴裁判所の新任裁判官は，判事執務室の運営，同僚との関係についてのオリエンテーションを受ける。また，連邦地方裁判所の裁判官とともに，司法倫理や判決理由の書き方，事案処理のためのＩＴの使い方など，共通する分野においての研修を受ける。

　継続教育のプログラムとしては，センターは2013年に14の特別セミナーを開催している。テーマは，神経科学に関する3つのプログラム，雇用法，知的財産権，humanities and science，法と遺伝学，法と社会，法とテロリズム，調停技法，特許訴訟，電子情報の開示，環境資源法，携帯端末の効果的な使い方である。またワークショップを12か月ごとに1回開催し，裁判官に参加の機会を提供している。扱われるのは，様々な法律問題や裁判官としてのスキル，その他裁判官の職務に関係の深いトピック（神経科学や文化的偏見，コンピュータ技術など）である。連邦地方裁判所の首席裁判官を対象としたカンファレンスも開催されており，裁判所運営における予算削減の問題やリーダーシップの問題などが取り上げられてる。さらにオンラインセミナーも実施されており，これは法律上，管理上，実務上の諸問題を扱い，録画されたものはオンラインでその後も視聴することができる[18]。

18　*Id.*

2) 州裁判官

州の裁判官に関しては，各州が最高裁判所やロー・スクールが提供する独自の研修制度を用意しているが，中心となっているのが，ネバダ州リノのネバダ大学キャンパス内にある全米司法大学院（National Judicial College）である。全米司法大学院は連邦司法センターより一足早く発足しており，ここから，米国の司法教育は始まったと言われている。全米司法大学院創設の経緯は，1961 年に ABA がアメリカ司法協会（American Judicature Society）及び Institute of Judicial Administration と共に，効果的な司法行政のための合同委員会を組織したことに端を発する。合同委員会は，司法教育を提供する機関の創設を必要とする勧告を出し，その勧告に基づいて 1963 年設立されたのが全米司法大学院である。当初は ABA の下部組織であったが，1978 年にネバダ州の NPO に認定されている。ABA，ネバダ州，司法省，ネバダ大学から継続して財政的支援を受け，さらに多くの企業，財団，政府機関，個人からの寄付によって運営されている。

毎年，平均 95 のプログラムを提供し，3000 人以上の裁判官が，全ての州及び自治領，そして 150 カ国から参加しているという。毎月 6 回程度，数日から 10 日間ほどのセミナーが，ライブや web 上で開催されており，費用は 300 ドル前後から 1500 ドル程度となっている。2011 年のプログラムによれば，訴訟手続きに関するもの，各法分野の最新トピックなど，内容は多岐にわたり，多くの州で MCLE の要件となっている倫理，公平性，偏見に関するプログラムも，web セミナーで 3 回提供される予定となっている。また，オンライン教材も提供されており，その中には無料のプログラムもある。

第 3 節 裁判における男女平等促進のための
全米司法教育プログラム（NJEP）

(1) 設立の経緯

　60 年代米国において，公民権運動に力を得た女性解放運動の高まりの中で，1966 年全米女性機構（National Organization for Women，以下 NOW）が設立された。初代会長はフェミニズム第 2 派の旗手であるベティー・フリーダンである。それ以前の，1964 年には公民権法が制定され，第 7 編には雇用の全段階において，人種，肌の色，宗教，性別，出身国による差別禁止が規定されている。しかしながら，実際に，雇用における女性差別事件において公民権法第 7 編に基づいて訴訟が提起されても，原告の主張が認められることはなく，雇用における女性の差別禁止をうたった同条項の趣旨は遅々として実現されないままであった。そこで，NOW は，女性の権利擁護を目指した立法と教育を実践するために，「NOW 法的弁護と教育基金」（NOW Legal Defense and Education Fund，以下 NOW・LDEF）[19] を設立し，女性差別廃止のためのキャンペーンや訴訟支援，書籍の出版等の活動に取り組み，さらに，ジェンダー・バイアスがいかに裁判の公平性を損なっているかについて，裁判官を教育するためのプロジェク

19　NOW・LDEF は 2004 年に Legal Momentum と改称している。Legal Momentum は非営利団体であるが，たとえば，2010 年の年次報告書によれば，収入総額 5,695,362 ドルのうち，最も大きな額を占めているのが政府の助成金で，約 25% である。ドナーのリストを見ると，最も高額である 25 万ドル以上というランクを占めているのは，フォード財団と，司法省の Office on Violence Against Women 及び Bureau of Justice Assistance となっている。Legal Momentum, 2010 Annual Report, http://www.legalmomentum.org/sites/default/files/uploads/2010-annual-report.pdf（最終アクセス 2014/3/23）。2012 年も総収入の 32% に相当する 1,337,000 ドルの補助金を得ており，100 万ドル前後の公的財政支援を受けるのが通例だったが，2013 年の年次報告書によると，2013 年度は政府の補助金はゼロとなっている。詳細については不明。Legal Momentum, 2013 Annual Report, http://www.legalmomentum.org/sites/default/files/uploads/Legal%20Momentum%20FY%202013%20Annual%20Report.pdf（最終アクセス 2014/3/23）。

トを始動させる。当時，公民権法制定の前後に全米司法大学院，連邦司法センターが発足し，裁判官の再教育が制度化されていたが，ジェンダー・バイアスが司法教育の項目であるとは認められていなかった。NOW・LDEF が着手した司法教育プロジェクトが，1980 年に全米女性裁判官協会（National Association of Women Judges）との共催事業として設立された NJEP である。NJEP の責任者であるリン・シャフランは，2001 年日本に招かれた際の講演で，当時を振り返って次のように語っている。

　　NOW・LDEF の理事達は，社会に浸透している性役割の固定観念が判決にも浸透しているという事実，これを裁判官に対して教育する何らかの手段をみつけなければならないと確信しました。そうでなければ，公民権法第 7 編のみならず，女性の権利に関わる全ての法律の権利回復趣旨はいつまでたっても実現されないのです。なぜなら，法律の実効性は，法律の内容そのものと同じだけ，法律を解釈し，適用し，運用する裁判官にも依拠しているからです[20]。

NOW・LDEF から，このような企画を持ちこまれた多くの財団は，全く必要性のないアイディアだと拒絶反応を示した。彼らの見解は，裁判官は，公正・公平であり，それが彼らの仕事なのだから，偏見について裁判官を教育する必要などない，というものだった。さらに，法曹界の実情に精通している弁護士や裁判官，ジャーナリストたちの反応も極めて懐疑的で，裁判官が，裁判所におけるジェンダー・バイアスの存在を認め，これ

20　Schafran, Lynn H,"Promoting Gender Fairness in the Courts Through Judicial Educa-tion"（2001）17（邦訳：リン・シャフラン（2001）「裁判におけるジェンダーの公平性促進のために──アメリカ司法教育の実践」ワーキング・ウィメンズ・ネットワーク編『裁判におけるジェンダー・バイアスをなくすために──アメリカの司法教育に学ぶ』ワーキング・ウィメンズ・ネットワーク＆ワーキング・ウィメンズ・ヴォイス）。この講演は，日本における女性雇用差別訴訟である，住友電工事件，住友化学事件での敗訴に危機感を持った弁護士や女性たちの要請に応じて，シャフラン氏が 2001 年 4 月に来日し，実現したものである。引用は講演録の日本語訳によった。

を司法教育の課題とみなすことはないだろうと主張した[21]。しかしながら，NOW・LDEF はジェンダー・バイアスに関する司法教育の必要性を証明するため，判例や判決記録，報道記事などを収集し続け，1981 年には NJEP の司法教育のパイロット・プログラム（"Judicial Discretion : Does Sex make a difference?"）がカリフォルニア州で開催される。1983 年には，NJEP のプログラムに触発され，ニュー・ジャージー州最高裁が，全米初の「裁判所におけるジェンダー・バイアスに関するタスク・フォース」を設置，1986 年には州裁判所首席裁判官会議（Conference of Chief Justices）で，法廷におけるジェンダー・バイアスに関する NJEP のプログラムが実施された。これが，かつて司法には存在しないと考えられていたジェンダー・バイアスが，司法教育プログラムの一項目として本格的に実施された初めての機会であった。このように，NJEP の活動によって，ジェンダー・バイアスは，判決の破棄差戻しや裁判官への制裁の根拠になり得るものとして，また，その除去と防止が人々の裁判所への信頼を確保するための優先課題として，全米の裁判所で認識されるようになっていく。

(2) 活動内容

NJEP の活動には，3 つの柱がある。第 1 が，上記のように，裁判所におけるジェンダー・バイアスに関するモデル・カリキュラムを作成し，全米各地の Judicial College や司法組織，法律家協会，ロー・スクール，その他一般の団体などへ提供すること，各団体が自ら実施する場合にはサポートのための助言等も行うことである。第 2 に，州および連邦の首席裁判官によって設立された「裁判所におけるジェンダー・バイアスに関するタスク・フォース（以下，タスク・フォース）」をサポートし，調査及び調査結果に基づく勧告の実現の支援，タスク・フォースが常任委員会となった後の活動に関するアドバイスの提供等，全面的な協力体制をとっていることである。第 3 は，専門家および一般市民の関心を喚起するため，法律

21　*Id* at 16-17. Schafran, Lynn H., *History of Women in the Legal Profession: Edited Transcript*, 31 WRLR 211, 215（2010）.

関係の専門誌やその他のメディアへ，裁判所におけるジェンダー・バイアスやそれを除去する方法に関する論文や報告書を発表することである。

　ところで，NJEP がその活動の根拠としている「ジェンダー・バイアス」とは何を指すのだろうか。2003 年に作成された司法教育・CLE の教材から，NJEP の定義を紹介しておこう。

　NJEP は，4 つの側面からなるジェンダー・バイアスの定義を活用している。

◆女性と男性の性質や役割についてのステレオタイプな考え方
◆社会によって行われる，女性と「女の仕事」の価値の引き下げ
◆女性および男性それぞれの経済的社会的生活の現実についての神話と誤解
◆他方の性に負わせない負担を，一方の性にのみ負わせること

　ジェンダー・バイアスのこれらの側面が，裁判所，法律専門家集団，ロースクールにおいて作用していることが，事実審や控訴審における判決理由，法曹懲戒手続きの決定，調停者・監護のエヴァリュエイター・後見人・裁判所職員・その他の司法関係者の決定，判決記録，実証的研究，コート・ウォッチ報告書，新聞記事，テレビやラジオの報道，法律家協会の報告，ロー・スクールのケースブックの分析，裁判所におけるジェンダー・バイアスに関するタスク・フォースの報告書の中に，示されてきた。ジェンダー・バイアスは，両性に影響を及ぼすが，その犠牲者は圧倒的に女性が多い。ニュー・ヨーク州裁判所における女性に関するタスク・フォースの報告書は次のように述べている。「女性はしばしば平等な正義，平等な扱い，平等な機会を拒否されている」[22]。

　このようなジェンダー・バイアス概念に基づく NEJP の司法教育プログラムは，2011 年現在，オンラインで 27 の教材が提供されている。教材

22　Schafran, Lynn H. & Elizabeth J. Vrato, Gender Justice & Law: From Asylum to Zygotes - Issues and Resources for Judicial, Legal and Continuing Legal Education, NJEP, 9-10 (2003)，ここで引用されているニューヨーク州の報告書は下記を参照。New York Task Force on Women in the Courts, *Report of the New York Task Force on Women in the Courts*, 15 FORDHAM URB.L.J.1, 15 (1986-1987).

のテーマは，裁判所におけるジェンダー・バイアス，DV，マイノリティ女性，性暴力という4つの問題領域に分かれている。形式は，PDF文書，DVD，ビデオなどである。例えば，「性暴力を理解する―知人および見知らぬ相手によるレイプと性的暴行への司法の対応（Understanding Sexual Violence: The Judicial Response to Stranger and Nonstranger Rape and Sexual Assault)」という教材は，講師用のマニュアルと，DVD，受講者資料の3つのパートに分かれている。DVDでは，モデル・ケースに基づき，問題となる法廷でのやりとりが再現されており，それに基づいて現役の裁判官5人（女性3名，男性2名）が登場し，ディスカッションを行う。これが論点ごとに繰り返される。臨床心理学者や精神科医が，インタヴュー形式で被害者・加害者の心理について解説を行うシーンも収められている。全体の司会進行を務めるのは，テキサス州刑事最上級裁判所判事（男性）である。

第4節　裁判所におけるジェンダー・バイアスに関する タスク・フォース

⑴　発足の経緯

　1983年にニュー・ジャージー州で最初のタスク・フォースが設置されたあと，翌年1984年には，ニュー・ヨーク，ロード・アイランド，アリゾナの各州でもタスク・フォースが設置され，同様の動きは拡大していく。これに呼応して，1988年の州裁判所主席裁判官会議は，全主席裁判官に対し，裁判所におけるジェンダー・バイアスの調査・研究に取り組むタスク・フォースの設置を要請する決議を採択する。その後の約10年間でほとんどの州でタスク・フォースが設置され，調査結果とそれに基づく勧告が提出される。そのような状況を受け，1999年には，各州の主席裁判官，州裁判所事務官，州法律家協会会長が出席する「司法制度における市民の信用と信頼に関する全米会議（National Conference of Public Trust and Condition in the Justice system)」において，ジェンダー，人種，民族に基

づく偏見に関する各州裁判所のタスク・フォースの勧告を優先的に実行することが決議される[23]。

　これまでに，43州とコロンビア特別区，プエルトリコ，7つの連邦裁判所においてタスク・フォースが設置され，大半が報告書を刊行している。現在では，タスク・フォースは解散し，ジェンダー・バイアスに特化した常任委員会に移した州や，より広範な目的の委員会の中に組み込まれた州もある[24]。

(2)　活動内容

　一例としてワシントン州のタスク・フォースを取り上げ，その最終報告書[25]をもとに活動内容を概観する。1987年に設立されたワシントン州のタスク・フォースの名称は，「裁判所におけるジェンダーと正義に関するタスク・フォース」である。メンバーは以下のような構成になっている。議長は州中間上訴裁判所主席裁判官が務め，執行部は7名（裁判官3名，弁護士4名），委員26名（裁判官14名，弁護士7名，ロー・スクールのプロ

23　各州の裁判所におけるタスク・フォース発足の経緯については，下記を参照。Schafran, Lynn H. & Norma J. Wikler, Operating a Task Force on Gender Bias in the Courts – A Manual for Action, NJEP (1986), https://www.legalmomentum.org/resources/operating-task-force-gender-bias-courts-manual-action（最終アクセス 2015/2/14）.

24　The Bureau of Justice Statistics が刊行している State Court Organization, 2004 によれば，2004年の時点で，ジェンダー・フェアネスの実現を目的とした委員会を持つのは10州，ジェンダーだけではなく，他のマイノリティ・グループの公平性も目的とする委員会を設置しているのは，12州である。Bureau of Justice Statistics, State Court Organization 2004, Table 14. Judicial Councils and Conferences http://www.bjs.gov/content/pub/pdf/sco04.pdf（最終アクセス 2014/3/23）. 前者の例がニュー・ヨーク州で，1984年当時は，Task Force on Women in the Courts であったが，2011年には Judicial Committee on Women in the Courts となっている。後者の例はカリフォルニア州で，1987年の段階では Judicial Council Advisory Committee on Gender Bias in the Court と呼ばれていたが，2011年には Access and Fairness Advisory Committee (gender & minority fairness) という名称の委員会となっている。

25　H. Joseph Coleman, Final Report of the Washington State Task Force of Gender and Justice in the Courts (1989), http://www.courts.wa.gov/committee/pdf/Gender%20and%20Justice%20in%20the%20Courts–Final%20Report,%201989.pdf（最終アクセス 2011/8/21）。

198

フェッサー2 名，カウンティ最高裁のコミッショナー2 名，シアトル市ファミ
リー・バイオレンス・プロジェクトの責任者が 1 名）の，計 34 名である。そ
のうち，ファースト・ネームから推測すると，約 6 割に相当する 20 名が
女性であるように思われる。事務局として，スタッフ 3 名，アドバイザー
1 名，コンサルタント 2 名，インターンと調査助手 3 名が配置されてい
る [26]。

　1989 年の報告書によれば，裁判所におけるジェンダー・バイアスを調
査するために取られた方法は，文献調査，公聴会の開催（7 回），アンケー
ト調査（5 回），ケース・スタディである。全部で 75 の勧告が出されてお
り，その内訳は，最高裁判所に対するもの（5），裁判官に対するもの（15），
議会に対するもの（19），州法律家協会に対するもの（7），裁判官・議会・
郡・法律家協会に対するもの（1），検察官協会及び検察官に対するもの
（9），裁判所事務局及び裁判所事務官に対するもの（6），警察に対するも
の（5），州内のすべてのロー・スクールに対するもの（1），ジェンダーと
正義実行委員会（タスク・フォースの後継委員会）に対するもの（7）。

　このうち，最高裁判所に対する勧告を紹介しておこう。

1.　ジェンダーと正義タスク・フォースの勧告を実行する取り組みをモ
　　ニターし，促し，評価するために，裁判官，弁護士，一般人から成る

26　いずれの州もタスク・フォースの報告書にはメンバーの名前が記載されている
　　ものの，肩書が書かれていないため，委員の地位や職業が分からない場合も少な
　　くない。裁判官には敬称が付けられているため，裁判官の人数だけは分かること
　　もある。大半が裁判官で占められているタスク・フォースもあれば，半数程度に
　　とどまる場合など，構成も州によって異なる。例えば，ニュー・ヨーク州の 1986
　　年の報告書によれば，タスク・フォースのメンバーは，議長が裁判官，委員 22 人
　　中裁判官が 8 名である。NY Task Force on Women in the Courts, Executive Summary
　　of the Report of the New York Task Force on Women in the Courts（1986），http://
　　www.nycourts.gov/ip/womeninthecourts/pdfs/ny-task-force-on-women-in-the-courts-
　　summary.pdf（最終アクセス 2015/2/14）. ワシントン州の 1989 年の報告書に記載さ
　　れているアドバイザーは，NJEP のシャフラン氏である。ニュー・ヨーク州でも，
　　シャフラン氏，ウィックラー教授など，NJEP のメンバーがアドバイザーとして名
　　前が挙がっている。Coleman, Id.

「ジェンダーと正義実行委員会」を設置すること。

2. 裁判官，弁護士，裁判所職員によるジェンダー・バイアスに基づい
   た行動は専門職として不適切であり，正されるべきであると宣言する
   こと。

3. 裁判官のジェンダー・バイアスに関する苦情について，報告し，対
   応する手続きを整備すること。

4. 裁判官行動規程を改正し，裁判官はジェンダー・バイアスに基づく
   行動をやめなければならないこと，裁判官は，ジェンダー，人種，信
   条を理由とするか否かに関わらず，偏見に基づくいかなる行動にも介
   入し，これを正さなければならないことを，明記すること。

5. 裁判官行動規程を見直し，ジェンダーによる差別を行う事業や社会
   組織への裁判官の参加について，より厳しい制限を置くこと。

1999〜2000 年の報告書によれば，上記 75 の勧告について再検討した結
果，大半は実現されているが，裁判所システム内でさらに高い水準で公平
性が実現されるよう，教育プログラムやトレーニングなどの真摯な取り組
みが必要であると述べている。あからさまなジェンダー・バイアスはほと
んどみられなくなったが，とらえにくい偏見（subtle bias）は未だ存続し
ており，特に白人でない女性が気づかない間にもっとも影響を受けている
と指摘している [27]。2011 年現在，委員会の名称は「ジェンダーと正義委員
会（Gender and Justice Commission）」となっている。メンバーの構成は
以下の通りである。議長は最高裁主席裁判官，委員は裁判官が 9 名，郡
書記官が 1 名，事務官 3 名，弁護士 6 名，ロー・スクールのプロフェッ
サー 1 名，市民団体代表 1 名の，計 22 名，うち約 8 割の 18 名が女性と
なっている。裁判官の内訳は，中間上訴裁判所判事 1 名，事実審裁判所判
事 6 名，部族裁判所判事 2 名である。

27　Washington Gender and Justice Commission, 1999-2000 Annual Report, http://www.
courts.wa.gov/committee/?fa=committee.display&item_id=142&committee_id=85
（最終アクセス 2011/8/21）。

(3) 成 果

NJEP の 1998 年の報告書[28] から，実現された勧告の成果を紹介する。

1) 判決理由におけるタスク・フォース報告書の引用

100 以上の州裁判所及び4つの連邦裁判所の判決理由中に，タスク・フォースの報告書の内容が引用されている。例えば 1996 年のマサチューセッツ州のケースでは，DV を理由とする離婚の後，家庭裁判所は両親に共同親権を付与し，DV 加害者である父親には第一次の身上監護権，母親に二次的監護権を与えた。母親が控訴，中間上訴裁判所は原審を破棄。父親が上告，最上級裁判所も破棄差戻を命じた（422 Mass.590, 664 N.E.434）。DV の子どもへの影響を適切に評価する必要性について，マサチューセッツ州タスク・フォースの報告書[29] が引用されている（判決文の 595,596 頁）。

2) 司法関係者の行動規範に関するもの

各州最高裁判所タスク・フォースの勧告に基づき，弁護士や裁判官だけでなく裁判所職員についても，性差別的言動を禁じる行為規則が多くの州で制定されるに至っている。以下，具体例を紹介する。

ジェンダー・バイアスに関連する問題についてベンチブックが作成された例として，ワシントン州の「裁判官のためのドメスティック＝バイオレンス・マニュアル」，ニュー・ヨーク州「裁判官席にて——ジェンダー・バイアスへの裁判官の対応」がある[30]。ニュー・ヨーク州の最高裁は他にも，

---

28 Schafran, Lynn H., Norma J. Wikler, Jill Crawford, Gender Fairness Strategies Project: Implementation Resource Directory, NJEP（1998），http://www.legalmomentum. org/resources/gender-fairness-strategies-project-implementation-resources-directory（最終アクセス 2015/2/13）.

29 Massachusetts Supreme Judicial Court Gender Bias Study Committee, *Gender Bias Study of the Court System in Massachusetts*, Reprinted: 24 NEW ENG. L. REV. 745（1990）and 23 SUFFOLK U. L. REV. 576（1989）.（マサチューセッツ州の調査委員会の報告は2部に分かれて，それぞれ別の雑誌に採録されている。）.

30 Washington Gender and Justice Commission, Domestic Violence Manual for Judges（2006），http://www.courts.wa.gov/index.cfm?fa＝home.contentDisplay&location＝manuals/domViol/indexWashington State Gender and Justice Commission（最終アクセ

裁判官向けの DV 関係の資料を数多く作成している。

　裁判官行動規程も，ジェンダー・バイアスに言及したものが採用されるようになった。まず，1990 年に作成された ABA の 裁判官行動模範規程（Model Code of Judicial Conduct）を見てみよう。

Canon3：裁判官は，裁判官としての義務を公平かつ勤勉に遂行しなければならない。

B(5)：裁判官は，偏見や先入観なしに，裁判官としての義務を遂行しなければならない。裁判官は，裁判官としての義務の遂行において，言語または行動によって変更または偏見を表してはいけない。それは，人種，性別，宗教，民族的出身，障害，年齢，性的指向，社会経済的地位に基づく変更または偏見を含むが，それに限定されるものではない。さらに，裁判官の指揮監督に服する裁判所職員やその他の者の同様な言動も許してはならない。

B(6)：裁判官は，法的手続きにおいて，弁護士が，言語または行動によって，人種，性別，宗教，民族的出身，障害，年齢，性的指向，社会経済的地位に基づく偏向や偏見を，相手方当事者や証人，弁護人その他の者に対して，表すことを控えるよう要求しなければならない。このセクション 3B(6)は，人種，性別，宗教，民族的出身，障害，年齢，性的指向，社会経済的地位，その他の同様な要素が法的手続きにおいて争点となっている場合，適法な弁護を妨げるものではない（下線筆者）[31]

ス 2011/8/21）NY Judicial Committee on Women in the Courts, On the Bench: Judicial Response to Gender Bias (1999), https://www.nycourts.gov/ip/womeninthecourts/pdfs/OntheBench.pdf（最終アクセス 2015/2/14）前者は 1992 年に出たオリジナル版の改訂版である。600 頁以上もある大部のマニュアルである。後者は，法廷内外においてセクシャル・ハラスメントなど，ジェンダー・バイアスが問題になる法曹の言動について，裁判官がどのように対応すべきかがまとめられている。

31　この条項は 2007 年に改正され，Canon2 rule2.3 (A)(B)(C)(D) となっている。禁止事項として，harassment が追加され，また，偏見の要因として，gender, ethnicity, marital states が追加された。American Bar Association, ABA Model Code of Judicial Conduct (2007), http://www.americanbar.org/content/dam/aba/migrated/judicialethics/ABA_MCJC_approved.authcheckdam.pdf（最終アクセス 2014/3/23）.

1998 年の時点では，22 の州とコロンビア特別区が同趣旨の規定を採用し，16 州がモデル・コードとは規定のしかたは異なるものの，偏見や差別を禁じる条項を置いている [32]。

弁護士の行動規程についても，例えば，ABA の法律家職務模範規則（Model Rules of Professional Conduct）が，タスク・フォースの勧告を受け，1998 年に以下のように改正されている。法律家の非行を規定した Rule8.4 のうち，(d)「司法の運営にとって有害な行為に関与すること」について，新たにコメント [3] が付け加えられた。この中で，依頼人を代理するにあたって，人種，性別，宗教，出身国，障害，年齢，性的志向，社会経済的地位に基づく偏見を，その言動によってそれと知りながら表明した弁護士は，その行為が司法運営を害するとき，Rule 8.4（d）に違反したことになる，とされている。現在，カリフォルニア州を除く全ての州が，ABA 法律家職務模範規則にのっとった行動規程を作成している [33]。

3) 裁判所のルール及びサービスに関するもの

陪審の説示がジェンダー・バイアスの観点から見直された例を取り上げる。ミシガン州のタスク・フォースは，刑事事件における正当防衛ケースの陪審への説示について，「死に至らしめる力」の行使が正当化される場合の中に，性暴力に抵抗する場合を追加するよう勧告を行った。それに対し，州最高裁は 1991 年のケース（*People v. Barker,* 437 Mich. 161）で，事実審裁判官は，陪審に対し，被告は性暴力に抵抗するために相手を死に至らしめる程度の力を行使することが認められると説示しなければならないと判示された。その後，ミシガン州標準刑事陪審説示 CJI2d 7.15 は，最高裁の考え方を取り入れる方向で変更された。

---

32 Schafran et al., *supra* note 28 at 22.
33 ABA 法律家職務模範規則は，日弁連から対訳が出版されている。藤倉浩一郎監修，日本弁護士連合会訳『完全対訳 ABA 法律家職務模範規則』（第一法規，2006）。

　また，多くの州で法廷及び裁判所内における性差別的言動を規制する
ルールの策定や，ジェンダー・ニュートラルな言語の使用に関するハンド
ブックの作成等が行われた。また，従来の裁判所内の苦情処理制度では，
ジェンダー・バイアスの問題は十分に扱われてこなかったため，いくつか
の州では，新しいルールが設定されるようになった。さらに，子どもを持
つ女性が裁判所を利用しやすくするために，保育サービスも提供されるよ
うになった。従来，多くの州裁判所には，親が手続きをしている間子ども
を預ける場所がなく，そのため，特にシングル・マザーの不利益になるこ
とが指摘されてきた。これらの点に関し，勧告を実施している例として，
ニュー・ヨーク州では，裁判所内での言葉遣いに関して，「公正な話し言
葉（Fair Speech）」というパンフレットを作成している[34]。また，州裁判所
の利用者を対象に，裁判所へのアクセスの確保や，偏見のない対応を求め
る権利，苦情処理システム等について説明したガイドブック「ジャスティ
スワーク」を発行[35]，保育サービスに関しても，全州に 34 の Children's
Center を裁判所内に設けている。

　また，裁判所における雇用上のジェンダー・バイアスに関しても，是正
の取り組みが行われるようになった。裁判所が子どもを持つ女性にとって
働きにくい場所であること，裁判所職員の雇用に際して，女性に対する差
別とハラスメントが日常茶飯事であること等が，各州タスク・フォースに
よって指摘された。それを受けて，いくつかの州が，オンブズパーソン制
度の導入，雇用に関する紛争の調停プログラムの創設，フレキシブル・
ワーク・スケジュールの設定などに取り組んでいる。

34　New York Judicial Committee on Women in the Court, Fair Speech: Gender- Neutral
Language in the Courts（1997），https://www.nycourts.gov/ip/womeninthecourts/pdfs/
fair-broch2.pdf（最終アクセス 2015/2/14）.

35　New York State Unified Court System, Justiceworks: A Public Guide to Ensuring Ac-
cess and Equality in the New York State Courts, http://www.nycourts.gov/courts/8jd/
pdfs/justiceworks2001.pdf（最終アクセス 2015/2/14）.

4)　司法関係者への再教育に関するもの

裁判官の研修については，現在，NJEP をはじめとして，Family Vio-
lence Prevention Fund，全米女性裁判官協会，全米司法大学院等がジェ
ンダー・バイアスに関するプログラムを作成・提供しており，さらに各州
のタスク・フォースや法律家協会も独自に同種のプログラムを作成し，研
修を実施している。CLE に関しても，各州のタスク・フォースと法律家
協会が連携し，ジェンダー・バイアスの問題を扱ったプログラムの作成と
実施にあたっている。

また，法曹だけではなく裁判所職員も再教育の必要性が勧告されている。
裁判所利用者と裁判所職員の間で，ジェンダー・バイアスをめぐるトラブ
ルが多く，とりわけ DV ケースに関して裁判所職員が正規の手続きに入
る前のゲート・キーパーの役割を果たしていることが指摘されている。各
州において，ガイドラインの作成，研修の実施などの取り組みが行われて
いる。

5)　地域コミュニティとの連携

米国には，各地域に "Court Watch" と呼ばれる裁判所のモニタリング
をするボランティア・グループがある。タスク・フォースの勧告に基づき，
裁判所におけるジェンダー・フェアネスの実現のため，いくつかの州では，
Court Watch の活動を行っている地域の市民団体と連携し，データの収集，
裁判所手続きのモニタリング等を依頼し，協力を要請している。

6)　データ収集ツールとデータ・ベースの整備

ジェンダー・バイアスの実態を明らかにし，適切な対応をするためには，
まず質的および量的なデータを収集する必要がある。これまでは，裁判所
における情報の多くは性別ごとに記録されていないものも多かったことが
指摘されている。各州は，さまざまな領域で適切なデータを検索可能な形
式で収集する必要性の認識を裁判所全体に広げ，データ収集のための手法

の開発に取り組んでいる。

7) 立　法

NJEP の報告書には 50 以上の立法例が掲載されている。たとえば，コ
ネティカット州，ユタ州においては，夫婦間レイプの免責条項が撤廃され
ている。テキサス州では，それまでなかった，離婚後の扶養手当に関する
規定が新たに制定された。カリフォルニア州，ニュー・ヨーク州では，
DV を，親権を決定する際に考慮すべき要因とすることが明文で規定され
るに至った。

(4)　今後の課題

タスク・フォースが，調査を終了し勧告を出したからといって，当然の
ことながら，それで裁判所におけるジェンダー・バイアスが解消したわけ
ではない。タスク・フォースが出した勧告を実施するための委員会が引き
続き多くの州で設置され，さらに「ジェンダー・フェアネスの制度化」を
目標とした常任委員会に形を変え，各地でジェンダー・バイアス撤廃の活
動が継続されている [36]。しかしながら，1983 年にニュー・ジャージーで全
米初のタスク・フォースが発足してから，10 年後までには多くの州で最
終報告書が提出されており，2000 年当時既に，裁判所内外で，ジェン
ダー・バイアスはもう解決済みの課題であるとの認識が広がっていたこと
が指摘されている。社会レベルにおいては「もうジェンダー・フェアネス
は達成された」と言われ，裁判官個人のレベルにおいても「もう研修を受
けたから分かった」という声が聞かれた [37]。

---

[36]　本章の以下の部分は，これまでの各州裁判所におけるジェンダー・バイアスを
排除する試みを集積し，21 世紀に向けての課題と対策について論じたシャフラン
とウィクラーの以下の文献に負っている。Schafran, Lynn H. & Norma J. Wikler,
Gender Fairness in the Courts: Action in the New Millennium, NJEP（2001），http://
www.legalmomentum.org/resources/gender-fairness-courts-action-new-millenium（最
終アクセス 2015/2/13）.

[37]　2010 年 6 月に藤本亮教授（現在名古屋大学）とニュー・ヨークで行ったシャフ
ラン氏へのインタヴューによる。

　タスク・フォースの活動が一定の成果を上げたために，逆に「もうやるべきことはない」という意識が広まってしまっていることを新たな課題と位置付け，NJEP が掲げるのが，「ジェンダー・フェアネスの制度化」である。特定の委員会のみの活動にとどまることなく，司法制度に関わる他の機関，個人と協働し，ジェンダー・フェアネスの問題を関連する全ての裁判所改革に統合することで，ジェンダー・バイアスの撤廃の取り組みの継続が求められている。

　具体的には，第 1 に，新任法曹，新任職員も，ベテランの法曹や職員にも，継続して教育を行って行くことである。巷間に流布する「法曹に若い世代が増えればジェンダー・バイアスの問題は解消する」という見解に対して，シャフラン氏は，次のように反論し，全ての世代への再教育を継続していくことの重要性を説いている。

　　この仮説は，2 つの点で誤っている。第 1 に，性差別的なステレオタイプや偏見は，意識的な努力なしには取り除くことができないほど，社会の中に深く根を下ろしている。第 2 に，偏見は，多くの場合，男女のそれぞれの経済的社会的生活の現実に対する知識の欠如に起因する。例えば，なぜ DV 被害者は虐待的な関係にとどまっているのか，なぜ見知らぬ人間からのレイプより知り合いによるレイプの方がより心理的にダメージが大きいのか，そのような知識を生まれつき持っている人間など存在しない。したがって，司法制度に関わる全ての機関や団体は裁判所におけるジェンダー・バイアスの実態を把握し，その克服のためにスタッフを教育しなければなならない。地域の諸団体もまた自分たちのメンバーや一般の人々を教育するために，裁判所におけるジェンダー・バイアスの本質とその帰結を理解することが重要である[38]。

　第 2 に，タスク・フォースの活動を引き継ぐ常任委員会を設置し，活動を一時的なものから裁判所内の恒常的な制度に組み込まれたものにすることである。実際に，タスク・フォース解散後，いくつかの州で常任委員会

38　Schafran & Wikler, *supra* note 36 at 68, note 52.

が設置されているが，他の問題領域と協働する委員会に移行したケースが約半数ある。その場合，単一の問題領域だけの委員会より，より広範な信頼を得られるなど，より効果的に改革を進めていくことができる長所がある一方，スタッフや予算の獲得競争がより厳しくなり，特にジェンダー・フェアネスの問題は他のマイノリティ・グループの問題より早期に取り組まれたので，「既に多くを得ているから，他の問題を優先せよ」と主張されることが多い。そのため，勧告を提出したものの，他領域の問題の調査のため，実施に手がつけられない，検討課題が拡散してしまい，具体的かつ効果的な対策がとりにくい，などの問題点が指摘されている。これに対して，NJEP は，問題領域ごとに分科委員会を設け，予算を分ける，議長を順番に交代する，検討課題に優先順位をつける，など，ジェンダー・フェアネスの問題が後景に退いてしまわないような工夫を助言している。

　第 3 に，ジェンダーに関わる問題を，司法教育，CLE の関連するプログラムに統合することである。ジェンダー・バイアスとは，あらゆる法領域にみられるものである。「偏見」や「公平性」のタイトルの下でのみ扱われるのではなく，司法教育，法学教育，法曹継続教育を通じて，関連する全ての法領域のプログラムの中で探求されるべきものである[39]。これが重要なのは，一つには，裁判官たちが，自分たちが審理し，判決を下している個々の法領域の問題において，どのようにジェンダー・バイアスが作用しているかを理解させることができるからである。さらに，「公平性」コースを決して受講しようとしない裁判官たちや，一年に一度「公平性」コースを受講して，それで「修了した」と考える裁判官たちが，常に研修の中でこの問題にさらされ続けることが可能になるからである[40]。

---

[39]　Schafran & Vrato *supra* note 22 at 6.

[40]　Schafran & Wikler *supra* note 36 at 30. シャフラン氏によれば，現実問題として，裁判官が研修内容をどの程度理解したのか，把握する方法はなく，観光地で行われる長期のセミナーなどでは，一日のコースが始まる前と後のサイン・イン，サイン・アウトは確認できても，実際に日中会場にいて受講しているのかどうかまで把握できないという。司法教育のプロバイダーの間では，実際にコースを受講し，

お わ り に

　最後に，NJEPの戦略について紹介し，日本において，より公平な司法を実現するために，我々に何ができるのかを考える一助としたい。日米の司法制度が大きく異なるものであるとしても，司法における偏見を取り除くための方策について，われわれが米国の試みに学べるものがあるのではないだろうか。今後，司法制度の比較にとどまらず，社会－文化的要因との関連において，日米の裁判所におけるジェンダー・バイアスに関する取り組みの違いを分析し，さらなる公平性の確保に向けて，日本の司法のあり方を検討することが必要であると思われる。

　かつては，裁判官にジェンダー・バイアスに関する教育プログラムなど受け入れられないと言われていたにもかかわらず，その後ほぼ全米にタスク・フォースは設置された。NJEPの戦略について，NJEPの初代責任者，ウィックラー教授は次のように述べている。

　　NJEPは1980年に，一つの鍵となる認識から生まれた，ある戦略の下に設立されました。それは，ジェンダー・バイアスに対する懸念は，客観性・公平性・中立性の理想にかないたいという裁判官自身の願いと何ら変わることのないものだということです。言葉を変えれば，公平な裁判を求める人々は，フェミニストの課題を伝統的なフェミニスト・グループが進めるような形でおしつけようとはしなかったということです。変わりにNJEPが目的としたことは，裁判官が彼らの仕事──正義を司ること──を遂行するのに際して，それも彼らの理想により忠実に，そしてより確かな知識を持って職務に当た

　受講内容を一定程度理解できている裁判官のみに単位を与えるためにはどうすればいいか，が問題になっているとのことである。このような状況を前提とすれば，なおさら，ジェンダー・バイアスの問題を，「ジェンダー」「バイアス」等の単一のコースで終わらせてしまっては，裁判官の受講及び理解の程度が，はなはだ心もとないものとなることは想像に難くない。

ることを助けるために，事実新しい感受性を裁判官にもたらすことでした[41]。

　ジェンダー・バイアスについての NJEP の定義に見られるように，偏見は「女性および男性それぞれの経済的社会的生活の現実についての神話と誤解」から生じるのだ，という理解が，NJEP の考え方の基礎であり，その戦略の根拠となっている。シャフランも，自分たちの仕事は，「事実の提供」である，という点を著作の中で再三強調している。2000 年に The Judges' Journal に掲載された記事では，NJEP の目標を，「公平で，適切な情報に基づいた司法の実現（equal, informed justice）」であるとしている[42]。インタヴューにおいても，ある裁判官から，NJEP のアプローチを，「それは情報主導（information driven）ですね」と評されたエピソードをあげ，自分でもその表現は的を射ていると思うと述べている。NJEP では，偏見を意図的な場合と，事実を知らず先入観で判断しているだけで悪意のない場合とを区別し，後者の場合，NJEP のプログラムを受講した裁判官から，好意的な反応を得ているという。シャフランも，「自分が知らないことが存在している，ということをこれまで知らなかった。あなたたちのプログラムのおかげで，存在しないと思い込んでいた問題に目を向けることができた」と裁判官に言われたエピソードを紹介している[43]。

　さらに，近年，NJEP は，事実の提供としてのジェンダー・バイアスに関する司法教育プログラムを，「社会的文脈教育（Social Context Education）」の一環として位置づけるようになっている。「社会的文脈教育」とは，カナダの司法教育から生まれた言葉であるが，NJEP は，「裁判官及びその他意思決定をする人々が，彼らの仕事を適切に遂行するために，世

41　Wikler, Norma J., *Water On Stone: A Perspective on the Movement to Eliminate Gender Bias in the Court*, Court Review, Fall 1989, 9. この個所は，シャフラン氏の 2001 年の講演で引用されているため，ワーキング・ネットワークによる講演録の訳によった（シャフラン・前掲注 20，14 頁。なお，Wikler (1989) は，Schafran & Vrato (2003) に Appendix A として再録されている。

42　Schafran, Lynn H, *Judges Cite Gender Bias Task Force Reports*, The Judges' Journal, Spring 2000, 34, 34.

43　Schafran, *supra* note 21 at 216.

界が実際にどのように動いているのかということについて知る必要がある全てのこと」と定義している[44]。問題を抱えて裁判所に来る人々は，問題を解決してもらうために来ている。ところが，例えば，児童虐待のケースの場合，子どもの発達過程や家族のダイナミクス，ドメスティック・バイオレンス，子どもの性的虐待など，関連する領域の知識を持たない裁判官や裁判所職員が対応したとき，問題を解決するどころか，多くの場合逆に悪化させてしまう。事件が生起する社会的文脈を知らなければ，裁判官は適切にケースを処理することはできない。NJEP は偏見や倫理の問題だけではなく，医学，心理学，経済学，科学など，裁判の実質的な判断に情報を提供する領域に焦点を絞った教育とトレーニングの開発の必要性を主張し，今後のプログラム開発に反映させていこうとしている。

　社会的文脈教育の本質とその重要性について語ったシャフランのインタヴュー中の言葉を紹介して，本章のむすびとしたい。

　　裁判員やプロの裁判官，陪審など，判断を下す仕事をする人々に，世界で何が起きているかについて教育する，という問題は途方もなく重要なものです。私たちが取り組もうとしていることは，あなたがどこにいても，どんな種類のケースであっても，それは，単に偏見やステレオタイプの問題ではなく，事実に関する，正確な知識の完全な欠如なのです。

44　Schafran & Vrato, *supra* note 22 at 18.

は じ め に

　DV 防止法により，配偶者暴力の防止，被害者の保護と支援の責務が国及び地方公共団体にあることが認められ，現在，多様な被害者支援の施策が展開されるに至っている。そのうち，保護命令については，要件さえ具備されていれば，全国どこの裁判所に申立てても，法に規定された内容の命令が発令されることを理論上期待することができる。他方，行政機関における支援制度に関しては，その具体的内容は法律ではなく，国の「配偶者からの暴力の防止及び被害者の保護のための施策に関する基本的な方針」（以下，基本方針）及び地方公共団体の基本計画によって定められ，DV 被害者がどこの自治体で支援を受けるかによって，提供される具体的支援の内容は大きく変わってくる。DV 被害者支援における自治体間格差は，DV 防止法施行当初より専門家，支援者，被害当事者によってその問題性が指摘されてきたが[1]，法施行後 10 年以上を経た現在でも，解消され

1　本書第 2 部第章 4 第 1 節「DV 被害者支援における自治体間格差」，戒能民江『DV 防止とこれからの被害当事者支援』138-139 頁（ミネルヴァ書房，2006）参照。また，先進的な DV 施策で知られる鳥取県は，「配偶者等からの暴力防止及び被害者支援計画（第 2 次改訂版）」（2010）において，「今後の課題」の一つとして「地域格差の解消」を挙げ，以下のように述べている。「DV 被害者の保護，自立支援については，現在の国の制度では十分なものとは言えず，本県では独自の支援策を実施しているところであるが，全国的には都道府県間で大きな格差が生じている。本来，被害者の保護及び自立支援は全国どこでも同じ水準で実施されるべきおものであり，今後国に対して新たな被害者自立支援制度の創設について要望していく必要がある」（25 頁）。

ているとは言いがたい状況にある。相談，安全確保（一時保護），生活再建（自立支援）など支援制度の詳細が，自治体の裁量に委ねられ，全国どこへ行っても一定水準以上の支援サービスが提供されるということにはなっていない，という現実の背景には，国や自治体の財政事情，地方分権等々，事実上の多様な制約及び制度的要因が関連していることは推測される。が，さらに根本的には，DV 防止法による被害者支援制度において，被害者は手続の客体にすぎず，自治体による安全確保も生活再建の支援も，DV 被害者の権利として観念されているわけではない，ということが理由として挙げられるのではないだろうか。

DV 被害者の権利主体性，といいうとき，具体的には，DV 被害者は，自治体に対して支援を請求する権利があるのか，自分が受けた支援が適切ではなかったという理由で，自治体を相手取って訴訟を起こすことができるのか，あるいは，国や自治体に対して，DV 防止法に基づいた，より適切な支援制度を創設せよと要求することができるのか——等々，ということになるが，これら被害者の権利につき，DV 防止法は何ら明確に規定していない。また，このような問題が，これまで論じられることもなかった。DV 被害者の置かれた社会的経済的状況，およびその心情を考えたとき，このような権利があったとしてもその行使は現実的ではないかもしれない[2]。権利があれば，それですべて問題が解決するわけでは，もちろん，ない。しかし，被害当事者のニーズに応じた適正な支援制度の実現を国や自治体に要請していく，その理論的根拠として，また，何よりもDV 被害者の回復のために，DV 被害者の権利主体性を考えることは，極めて重要ではないだろうか。

2　暴力被害から逃れた直後はもちろんのこと，生活再建が実現し，ある程度安定した暮らしが可能となった時期であっても，経済的心理的コストを考えたとき，このような訴訟を起こすのは困難であることが推測される。それは権利があったとしても，それを行使するために必要な資源にアクセスすることが困難な，DV 被害者の置かれた社会的経済的状況の問題であり，また同時に，多くの被害者が離婚調停等の司法手続きの中で経験する疎外感や司法への不信感の問題でもある。

　本章は，DV 被害者の「支援を受ける権利」を構想するために，第一に，DV 防止法における DV 被害者の法的地位がどのようなものか，そこにおいて，「支援を受ける権利」を構想することにどのような意味があるのかを考察する。第二に，DV 被害者の「被害者性」に着目し，「犯罪被害者」として権利を主張することができないか，昨今飛躍的な展開をみせている犯罪被害者関連法制にその可能性を探る。第三に，DV 被害の「人権侵害」としての側面に焦点を絞り，人権侵害の救済を求める権利としての構想を試みるため，現行の人権救済制度を概観するとともに，憲法上の理論的根拠を検討する。あくまで試論であり，問題提起にとどまるが，今後のさらなる議論の出発点となることを目指したい。

第1節　DV 被害者の法的地位

⑴　支援制度における被害者の権利主体性

　DV 被害者は，近代市民法が前提とする，自由な意思により自ら決定し得る法主体の概念には必ずしも当てはまらない。個々の被害者の置かれた状況により，中には，必要な説明さえ受ければ，保護命令も離婚調停もその他の手続きも一人でこなせる人もいる。しかし，一般的に，DV 被害者には，暴力被害に起因する抑うつ症状と PTSD がみられ[3]，その結果として，一時的に自己決定が困難であることが多い。特に，加害者のもとから避難してきた直後は，急性のストレス反応が出る時期であるといわれている。しかし，まさにその時期に，今後の生活再建に向けて様々な意思決定をしていかなければならない[4]。自己評価や自尊感情が低下し，無力感に陥って

　3　宮地尚子編『医療現場における DV 被害者への対応ハンドブック』46 頁（明石書店，2008）。
　4　例えば，被害者が保護命令を申立てる際の困難と，支援のあり方について，第2部第4章第2節「保護命令申立時における DV 被害者支援について」参照。シェルターによっては，保護命令の申請書作成のため，7〜8 時間かけてサポートを行っているという。

いる被害者が，将来の生活を思い描くこと自体，本来であれば時間をかけなければできないことである。また，諸種の法的手続をとるためには，過去の被害を整理し文書化する必要があるが，加害者の虐待に対する心理的防御のメカニズムにより，過酷な被害の記憶ほど思い出すのは難しく，また断片化された記憶を時系列に並べ，言語化することは極めて負荷が大きい作業となる。さらに人によっては，文字を忘れる，手が震えて字が書けない，などの症状により，文書作成はさらに困難となる。男性に対する恐怖心から，諸手続きのため所轄の官庁へ赴くこともままならない人も少なくない。

　笹沼は，生活保護行政の実務を評して，「保護実施機関が被保護者を自己決定しえない保護の客体とみなし，指導助言による「自立の助長」……が必要だと考えてきた」[5] と述べている。これは，判断能力が不十分な人々への自立支援がおちいりがちな陥穽であるが，DV被害者支援の場合，現場の支援者たちはそのリスクを自覚し，支援を提供する側―支援を受ける側の間に，パターナリスティックな関係が生じないよう，自分たちは，あくまで被害者の「伴走者」に徹すること，主役は被害者本人であることを忘れてはいけないとされている[6]。支援者たちが，自己決定が困難な状況にある人に対して，自己決定を支援するというパラドキシカルな活動に，どのように取り組んでいるかといえば，支援者が被害者を代理するわけでもない，被害者に特定の選択肢を選ぶよう「指導助言」するのでもない――できるだけ，一つ一つ，ささいなことでも，あくまで相手の意思によって選択してもらい，その選択を尊重するという過程を繰り返す中で，被害者が，語る言葉を取り戻し，最終的に自分自身の人生を取り戻していく[7]，と

5　笹沼弘志『ホームレスと自立／排除』51頁（大月書店，2008）。
6　DV被害者支援にあり方については，鈴木隆文・麻鳥澄江『ドメスティック・バイオレンス――援助とは何か　援助者はどう考え行動すべきか（改訂版）』（教育史料出版会，2004）参照。
7　筆者が行った支援者への聞き取り調査において，無力感に打ちひしがれていた被害者がサポートを得て回復し，力強く自己の人生を歩み出す，劇的な瞬間を，多くの支援者が異口同音に語っている。

いわれている。一見自己決定能力を失っているかに見える相手の自己決定をまず尊重することによって，いわば呼び水のように，本来その人が持つ力が呼び戻されていくのである。

　一方，各自治体の支援制度は多種多様なサービスを提供するまでに発展してきているが，基本計画を見るかぎり，そこでの被害者の立場は，あくまで支援の提供者にとって客体にすぎず，被害者自身が権利主体としてサービスを選択していく，というイメージはない。DV 防止法によって，国と地方自治体に認められた「配偶者からの暴力を防止するとともに，被害者の自立を支援することを含め，その適切な保護を図る責務」（第 2 条）とは，あくまで「一般的な責務」であって[8]，支援策の提供に関してどこまでの責任が規定されているのかは明らかではなく，同時に，DV 被害者に，たとえば具体的な支援の提供を求める法的な「権利」が認められているかどうかも法文上定かではない。戒能は，各自治体が基本計画に示すべき項目を列挙し，そのうち支援に関しては「当事者が望む場合は，支援を受けつつ自ら選択する権利が保障されていること，当事者本位の対応および当事者参画の視点の尊重，国籍，障害の有無，年齢，地域に関わらず平等な支援を受ける権利」を挙げている[9]。しかしながら国の基本方針の中にも，ほとんどの自治体の基本計画の中にも，被害者の「権利」への言及は見当たらない[10]。支援の現場でこそ，被害者の主体性を重視するという理念が共有されているものの，笹沼が描く，日本の福祉行政一般と同様，DV 被害者支援制度においても，被・支援者たる被害者の権利主体性は認められ

8　南野智恵子他監修『詳解 DV 防止法——2008 年度版』（ぎょうせい，2008）226 頁。また，法令用語としてみたとき，「責務」という言葉は，各種基本法等において，訓示的な宣言規定の中で用いられることが多いとされている。田島信威（2009）『法令用語ハンドブック（三訂版）』ぎょうせい，318 頁参照。

9　戒能・前掲注 1，113 頁。

10　唯一，鳥取県の基本計画は，支援に関して，「被害者は，国籍，年齢，障がいの有無にかかわらず，同じ水準の支援を受ける権利がある」とし，さらに，「被害者は，自らの意思に基づき，安全に，安心して，平穏な生活を送る権利がある」と明記している。DV 被害者支援の「先進県」として引き合いに出されることの多い鳥取県であるが，支援の理念について「権利」の語を使って語っている稀有な例である。

ていないと言わざるを得ない。

⑵ 「支援を受ける権利」の意義

　ここで，「支援を受ける権利」の意義を確認しておこう。支援を受けることは，恩恵ではなく「権利」であると，あえて主張することの意義は，第一に，全国どこでも一定水準以上の適切な支援が受けられることを保障する点にある。先に述べたように，「権利」と構成されたからといって，その行使および権利実現が容易になるとは限らない。現代フェミニズム思想による「主体」批判において指摘されているように，確かに，「権利が保障されることと，権利保障によって実現されるべき善・目的の獲得との間には，架橋しがたい溝が存在する」[11]。権利はあるものの，実際上の様々な障害やコストにより，権利行使ができない場合であっても，権利を行使しない＝自己決定と捉えられる。権利者がおかれた現実の文脈は無視され，権利不行使の帰結は，自立した主体として本人のみに負わされる。権利にアクセスできる人とできない人とを生み出す社会＝法状況は不問に付されたままである。フェミニストたちが「権利の語り rights talk」に対して懐疑的であるという指摘を重く受け止めつつ，まだ日本では，十分に語られてさえいないのではないかという疑念から，まずは，まだ「語られていない権利」を語ることから始めたい。さらにその際，権利を，権利行使が可能となる条件整備の請求をも含むものとして，考えていくことにしたい。

　「支援を受ける権利」を構想する第二の意義は，DV 被害者の回復のためである。「権利」意識が，当事者のエンパワメントにつながることは，「権利アプローチ（Rights-based approach）」による開発支援の現場から報告されている。三輪は，インドで行ったフィールドワークの事例から，女性たちが権利を自分のものとすることで，「自尊感情」が向上し，自信を持つだけでなく，自分と家族への責任感が生まれ，「私の問題はあなたの

11　岡野八代「法＝権利の世界とフェミニズムにおける「主体」」和田仁孝・樫村志郎・阿部昌樹編『法社会学の可能性』（法律文化社，2004）。

問題であり，あなたの問題は私の問題」という気づきから，女性同士の
ネットワークに支えられ，様々な問題を個人の問題から地域の問題，社会
の問題として扱い，地域社会への働きかけを行っていくという，変容のプ
ロセスを伝えている[12]。また，福祉の領域においても，本来，ケースワー
クにおいて「扶助の権利」を要・被扶助者に実感させることが，エンパワ
メントにつながると認識されていたという。笹沼は，シャルロット・トー
ルのケースワーク理論に依拠して，次のように述べている。

　　トールによれば，自尊感情を傷つけられ，自律的生や幸福への意欲を
　喪失させられている要・被扶助者の自尊感情，幸福への意欲への回復を
　可能とする第一の要因が，「扶助の権利」を有しているという実感であ
　る。ケースワークは要・被扶助者がその実感を得るための支援を行う技
　術である。逆に言えば，ケースワーク及び扶助の実施の仕方は，要・被
　扶助者に「扶助への権利」を実感させ，自尊感情，自立と幸福への意欲
　を回復させるようなものでなければならないということである[13]。

　DV 加害者がその時々の気分で，被害者に一定の言動の自由を許可した
り，贈り物をしたりすることで，自己の寛大さを誇示することはよく知ら
れているが[14]，それと同様，例えどのような善きものであったとしても，
それが恩恵として与えられるのであれば，逆に与えられた者を傷つけ一層
無力感に陥らせるだけである。支援もまた，慈善や同情ではなく，被害者
が当然受ける資格を有するもの＝「権利」として提供されるのでなければ，
被害者の真の回復に結びつかないと考えられる。

12　三輪敦子「権利」意識と親密圏の自由」岡野八代編『自由への問い⑦ 家族』87-
　110 頁（「岩波書店，2010），同「権利をよりどころにした女性のエンパワーメント
　の可能性と課題」アジア・太平洋人権情報センター編『アジア・太平洋人権レ
　ビュー2008　新たな国際開発の潮流　人権基盤型開発の射程』48-60 頁（現代人
　文社，2008）。
13　笹沼・前掲注5，85-86 頁。
14　精神科医の小西は，これを「気まぐれな恩恵」と呼んでいる。小西聖子『ドメ
　スティック・バイオレンス』107-108 頁（白水社，2001）。

(3) 権利承認のプロセス

　それでは，支援制度における DV 被害者の権利主体性を主張するためには，どのような作業が必要となるのだろうか。そもそも，「権利」の有無とは，法文上明記されている場合を除けば，その判断基準は必ずしも自明のものではない。訴訟において，当事者の要求が法的な権利かどうかが争われ，裁判所の判断の蓄積の中でその権利性が認められていくか，あるいは立法化を求める運動によって明文化が実現するか，現実の権利生成のプロセスは複雑かつ多様である。ある利益が法律上の権利として認められる条件について，たとえば伊藤は，「ある法的利益が法律上の権利として認められるに至る場合というのは，そうした法的利益を保護する必要を生じさせる客観的状況が発生し，かつ，基本的には，そうした状況を法的に保護しないまま放置しておくべきではないとの市民の一般的意識が発生した場合である」と述べている [15]。また，淡路によれば，新たな権利が生成する条件として，第1に新たな権利主張があり，第2に当該権利主張が基づく価値が社会に共有されていること，第3にその主張が法技術的に練磨されていること，が想定されている [16]。

　DV 被害者の権利について説得力をもって語るためには，法理論的にも法技術的にも練磨された議論を提示する必要があろうが，本章では，議論の出発点として，その理論的根拠をどこに求め得るかという問題に焦点を絞って考察したい。理論的根拠が示され，広く社会に議論が喚起されることによって，それまで「権利」とは認められなかったものが権利性を獲得していくプロセスは，プライバシーの権利等過去の多くの例からも，措定することができる。DV 被害者の権利について，社会的承認を獲得し得る理論的根拠を示すことができるかどうか，以下において検討する。

15　伊藤滋夫「権利の生成過程と内容──主として受動禁煙問題を題材として」司法研修緒論集 2001(2)39 頁（2002）。

16　淡路剛久「民事法の領域から──新しい権利の生成をめぐって」法社会学 38 号 7 頁（1986）。

第 2 節　犯罪被害としての DV

　DV 防止法がその前文で,「配偶者からの暴力は, 犯罪となる行為をも含む重大な人権侵害」と述べ, DV それ自体を犯罪とは認めていないが, 海外では DV の犯罪化が進んでいる例もあり, 日本でも議論されているところである[17]。DV を構成する個々の行為の中には, 犯罪行為に該当するものもあり, その限りにおいて現行法上でも DV 被害者を犯罪被害者とみなすことは可能である。犯罪被害者支援については, 近年飛躍的な進展があり, 日本でもいくつかの立法が行われ, 学説上も多くの議論が展開されている[18]。もし「犯罪被害者の権利」が承認されているならば, そのアナロジーとして, DV 被害者の権利を根拠づけることは可能だろうか。

(1)　日本における犯罪被害者支援法制の整備

　日本における犯罪被害者関係の法整備は,「犯罪被害者保護二法」(2000年),「犯罪被害者等の権利利益の保護を図るための刑事訴訟法等の一部を改正する法律」(2007 年),「犯罪被害者等給付金の支給等による犯罪被害者等の支援に関する法律」(2008 年),「犯罪被害者等基本法」(2004 年) 等, 主に補償給付や刑事手続きにおける被害者の法的地位をめぐって展開されてきた[19]。それ以外の支援策については,「犯罪被害者等基本法」において,「国及び地方公共団体」は, 相談及び情報の提供 (11 条), 保健医療サービスおよび福祉サービスの提供 (14 条), 安全の確保 (15 条), 居住の安定

17　法執行研究会編『法は DV 被害者を救えるか——法分野協働と国際比較』(商事法務, 2013) 所収の, 宮園久栄「DV 罪の創設に向けての一試論」221-246 頁, 矢野恵美「DV 加害者の処遇」247-258 頁, 参照。

18　たとえば, 法律時報 71 号「特集　犯罪被害者の権利」(1999 年), ジュリスト1163 号「特集 犯罪被害者の保護と救済」(1999 年), ジュリスト 1338 号「特集犯罪被害者と刑事裁判」(2007 年) 所収の各論文参照。

19　犯罪被害者に関する法制度の発展については, 小林奉文「我が国における犯罪被害者支援の現状と今後の課題」レファレンス 627 号 14-43 頁 (2003), 高井康行・番敦子・山本剛『犯罪被害者保護法制解説』(三省堂, 2008)。

（16 条），雇用の安定（17 条）等に関する「必要な施策を講ずるものとする」
とされており，平成 23 年度策定の「第 2 次犯罪被害者等基本計画」でも
取り組むべき課題として挙げられている[20]。

　これらの犯罪被害者関連立法において，その対象に，DV 被害者が含ま
れているかどうかについて，ここで確認しておく。「犯罪被害者等給付金
の支給等による犯罪被害者等の支援に関する法律」では，「犯罪被害者等
給付金を支給しないことができる場合」として，「犯罪被害者と加害者と
の間に親族関係（事実上の婚姻関係を含む）があるとき」（6 条 1 号）と規定
していることから，DV 被害者は対象から外れることになる。また，同法
は，対象となる「犯罪行為」を「人の生命又は身体を害する罪にあたる行
為」（2 条）と限定しており，その点においても同法の想定する犯罪被害者
の中に DV 被害者の全てが含まれるわけではないと考えられる。これに
対し，「犯罪被害者等基本法」では，「犯罪等」を「犯罪及びこれに準ずる
心身に有害な影響を及ぼす行為をいう」（2 条 1 項）と定義しており，これ
は，立法過程において DV，ストーカー，児童虐待等の被害者も対象とな
るように定義すべきであるという提案が出されたことによる[21]。また，国
連の「犯罪及び権力濫用の被害者のための正義に関する基本原則宣言」
（1985 年）と，その後の取組は，日本における犯罪被害者支援制度の進展
に大きな影響を及ぼしているが，その国連の宣言は，犯罪被害者だけでな
く，「権力濫用の被害者」として「国内刑法に対する違反にはならないが，
人権に関して国際的に認められた基準に違反する作為または不作為により，
身体的または精神的傷害，感情的苦痛，経済的損失または基本的人権に対
する重大な侵害を被った者」も救済の対象とすべきことを規定している
（18 条以下）[22]。「権力濫用の被害者」とは，当初念頭に置かれていた，公務

20　「内閣府第 2 次犯罪被害者等基本計画」（2011），http://www8.cao.go.jp/hanzai/pdf/
　　info230325-dai2keikaku.pdf（最終アクセス 2014/3/24）。

21　高井他・前掲注 19，7 頁。

22　日本語訳は，諸澤英道訳『国連被害者人権宣言関連ドキュメント──被害者のた
　　めの正義』2-6 頁（成文堂，2003）に依拠した。

員と国民，超大国と弱小国，軍隊と住民等の関係における濫用だけでなく，その後の議論の進展において，家族や教育現場，職場等の人間関係の問題が扱われるようになってきたことが報告されている[23]。したがって，この国連宣言は強制力を持つものではないため，この宣言にのみ依拠して DV 被害者の「権利」を主張することはできないが，その考え方に即していえば，今後日本でも DV が犯罪となれば，DV 被害者は「犯罪被害者」として，また犯罪化されなかったとしても「権力濫用の被害者」として，いずれにせよ，国による保護と救済の対象として位置付けられる可能性はある。

(2) 「犯罪被害者の権利」をめぐる議論

1) 犯罪被害者の権利の内容

犯罪被害者の法的地位は特に刑事司法の分野において飛躍的に向上したが，これは，「犯罪被害者の権利」が承認されたということなのだろうか。たとえば，2000 年に制定されたいわゆる「犯罪被害者保護二法」によって，被害者等による被害に関する意見の陳述（刑事訴訟法 292 条の 2）や，公判手続きの傍聴（犯罪被害者保護法 2 条）が制度化されたが，それぞれ被害者に「意見陳述権」「傍聴権」などの法的権利があるわけではないとされている[24]。一方，2007 年成立の「犯罪被害者等の権利利益の保護を図るための刑事訴訟法等の一部を改正する法律」による被害者参加制度については，不服申し立てはできないが，原則的に相当性が認められるのであれば，実質的に法的権利とみなすことも可能ではないかと指摘されている[25]。刑事司法上の犯罪被害者支援は積極的に進められてきたが，「犯罪被害者の権利」が承認されているとしても，現状はあくまで部分的なものにとどまっていると考えられる。一方，「犯罪被害者基本法」では，その 3

23　諸澤・前掲注 22，vi 頁。

24　高井他・前掲注 19，41，47 頁。

25　瀬川晃・大谷晃大・加藤克佳・川出敏裕・川上拓一・髙橋正人「座談会・犯罪被害者の権利利益保護法案をめぐって」ジュリスト 1338 号（2007）の各出席者の発言参照（37-38 頁）。

条「基本理念」において，「すべて犯罪被害者等は，個人の尊厳が重んぜられ，その尊厳にふさわしい処遇を保障される権利を有する」と規定されているが，各種生活支援策に関しては，上記のように「必要な施策を講ずるものとする」とされ，国・自治体の義務が規定されるには至っていないことから，ここでも，支援を要求する具体的な「権利」にまで高められているわけではないと考えられる。

犯罪被害者の権利を法理論上どう構成すべきかについては，様々な議論が行われてきた。全国被害者支援ネットワークは，1999 年に「犯罪被害者の権利宣言」を公表し，「公正な処遇を受ける権利」「情報を提供される権利」「被害回復の権利」「意見を述べる権利」「支援を受ける権利」「再被害からまもられる権利」「平穏かつ安全に生活する権利」の 7 つの権利を挙げているが[26]，特に刑事司法上の犯罪被害者の法的地位を権利として構成することに関しては，否定的見解も多い。川崎は，犯罪被害者の権利を，(a)社会的援助を受ける権利，(b)第二次被害から逃れる権利，(c)刑事司法上の処理に関する情報にアクセスする権利，(d)刑事手続きに参加する権利に整序した上で，(a)を犯罪被害者の主体的立ち直りを社会的連帯の中で援助していくことを本質とする権利，(c)を(a)の補完と捉え，(a)を実効的に保障する立法こそが犯罪被害者保護法の名にふさわしく，(b)(d)は被疑者・被告人の防御権との対立・緊張関係をはらんでおり，被疑者・被告人の防御権には憲法 31 条以下の人権の裏付けがあることを考えると，防御権に対する優位性を認めることは相当に難しい，と指摘している[27]。この指摘のように，被疑者・被告人の人権は憲法に規定があっても，被害者の人権は規定されていないことが，従来，被害者の権利及び人権が積極的に語られてこなかった大きな理由の一つである。

26 　全国被害者支援ネットワーク「犯罪被害者の権利宣言」(1999)。http://www.nnvs.org/network/sengen.html（最終アクセス 2015/2/14）.

27 　川崎英明「犯罪被害者二法と犯罪被害者の権利」法律時報 72 巻 9 号 3-4 頁 (2000)。

2) 犯罪被害者の権利の法的根拠

被害者の権利の基礎づけに関しては，2000 年前後の議論において，憲法上の人権概念が言及されることもあったが[28]，犯罪被害者の人権論の構築に正面から取り組んだものは少なく，その後，議論の蓄積も進んでいない。犯罪被害者の人権を論じた数少ない例として，戸波の議論の大要を以下に紹介する。

戸波は，被害者の人権について保障規定を持たない日本国憲法の下でも，解釈上それを導出できるかどうかを検討した。戸波が，解釈上の根拠としてまず検討の対象とするのは，憲法 13 条（幸福追求権），31 条（適正手続き条項），32 条（裁判を受ける権利）であるが，13 条に関しては，犯罪被害者という特定のグループの権利を包括的に位置づけるものではないとし，また 31 条，32 条についても，そこから刑事手続きへの被害者の積極的関与という権利を導き出すのは困難であると結論付けている。次に，憲法 25 条に定める社会国家原理から被害者の権利を導出できるかどうかにつき検討を行い，社会国家原理によって国家が被害者の救済に努めなければならないとしても，それは被害者の人権の保障を直接に根拠づけるものではなく，社会国家原理による被害者の人権の基礎づけにはなお検討すべき課題が残るとする。最後に，戸波は，被害者の人権の憲法上の根拠づけとして最も有力なものとして，ドイツの基本権保護義務論を挙げる。国の基本権保護義務論においては，人権の制約状況を侵害者——被侵害者——国の三極構造と捉え，国は被侵害者の人権を保護する義務を負い，その義務の履行のために侵害者の行為を規制するものとされる。これにより一方では国家の人権保護のための積極的措置を促し，他方で保護義務実施のための，

---

28 たとえば，新倉は幸福追求権，生存権，知る権利等を挙げる。新倉修「刑事法のパラダイム転換と被害者の権利」法律時報 72 巻 10 号 8 頁（1999）。新屋は，身体的・精神的・経済的ケアを受ける被害者の権利は憲法 25 条に求められると指摘する。新屋達之「刑事手続における情報提供」法律時報 71 巻 10 号 25 頁（1999）。

侵害者への権利制約を正当化することになる。戸波は，これに対する消極論（「国家による自由」を強調するドイツの保護義務論は日本の解釈論として妥当ではなく，現代の人権理論は「国家からの自由」を基本とすべき）もあるとしながらも，第1に現代国家の民主化の進展から，第2に国家任務の多様化と拡大から，第3に現代社会における人権侵害の社会化から，第4に人権理論の現代的展開から，保護義務論を積極的に取り入れていくことが要請されるとしている[29]。

　ここまでみてきたように，「犯罪被害者の権利」も理論的検討を要する課題であって，必ずしも確立したものとはいえず[30]，また，議論の中心は刑事手続上の法的地位であって，支援を受ける権利については，付随的にしか取り上げられていない。ただ，国内法制の動き及び世界的趨勢から考えると，日本においても，今後，犯罪被害者の権利化が進展し，その流れにDVも組み込まれていく可能性はある。

⑶ 米国における「被害者の権利運動」とDV

　海外の例として，既に「被害者の権利運動（Victims' Right Movement）」と連動する形でDV被害者支援が進められた米国では，逆にその弊害についても報告されている。米国におけるDV加害者の義務的逮捕（mandatory arrest）制度や起訴強制政策（no-drop policy）については，被害者女性から法的介入の結末をコントロールする権利を奪うものであり，自己決定権を侵害するものである等の批判が投げかけられていることは，日本でも既に紹介されているところである[31]。米国における「被害者の権利運動」

29　戸波江二「被害者の人権・試論（上）」法律時報71巻10号17-22頁（1999），同「被害者の人権のための人権論からのアプローチ」被害者学研究15号3-20頁（2005）。

30　河合は，内外の立法状況を概観して「これらの政策の根拠となる考え方となると，実は，曖昧に，被害者のためにといったことから語られることが多く，全体に通底する理論的枠組みはない」と指摘している。河合幹雄「犯罪被害者と人権」愛敬浩二編『人権論の再定位2――人権の主体』226頁（法律文化社，2010）。

31　米国の刑事司法におけるドメスティック・バイオレンス対策については，小島

と DV の犯罪化との関連について分析したグルーバーによれば，DV 被害者女性の置かれた状況を改善するために，バッタード・ウーマン運動の活動家たちが目指した刑法改正の運動が，「被害者の権利運動」とコラボレーションすることによって，DV の犯罪化が実現したものの，女性の自律性が否定され，警察・検察に協力的な被害者以外は支援制度から切り捨てられる結果を招いているという[32]。

米国での議論をそのまま日本の社会状況に当てはめることはできないことに加え，何より未だ DV 加害者がほとんど処罰の対象とされていない日本で，犯罪化にブレーキをかける議論を採用する必要もない。しかし，参照すべき点があるとすれば，DV 被害者の「被害者性」を強調し，「犯罪被害者」としてその権利を追及していく場合，ともすれば，加害者の厳罰化に収束してしまい，何のために権利を要求していたのか，何をゴールとしていたのかが忘れられてしまうというリスクの存在，そして，目標とすべきはあくまで被害者のエンパワメントである[33]，ということだろう。以下の章では，このゴールを意識しつつ，DV 被害の人権侵害としての側面から DV 被害者の権利主体性を検討する。

第 3 節　人権侵害としての DV

(1)　人権と DV

DV 防止法の制定は，これをもって，伝統的な「国家からの自由」概念が転換され，「個人が暴力を受けず，安全に暮らす権利と自由を実現するためには，国家に対して積極的な介入が要請されることとなった」と評価

妙子『ドメスティック・バイオレンスの法』（信山社，2002），吉川真美子『ドメスティック・バイオレンスとジェンダー——適正手続と被害者保護』（世織書房，2007），谷田川知恵「アメリカ——積極的逮捕政策への転換」岩井宜子編『ファミリー・バイオレンス』216-230 頁（尚学社，2008）参照。

32　Gruber, Aya, *The Feminist War on Crime*, 92 Iowa L. Rev. 741 (2007).

33　日本においても，DV 被害者の支援の現場では，DV 被害者の「回復」＝エンパワメントが目指されている。本書第 4 章 4-1 参照。

されている[34]。公私二元論によって公的介入が排除されてきた私的領域においても，ミクロな権力による支配と抑圧は深刻な問題であり，そこで奪われている被害者の権利もまた人権であることを明らかにしたフェミニズムの成果が，日本において実現をみた画期的な例である。DV 防止法前文は，「配偶者からの暴力は，犯罪となる行為をも含む重大な人権侵害である」「経済的自立が困難である女性に対して配偶者が暴力を加えることは，個人の尊厳を害し，男女平等の実現の妨げとなっている」との認識を示し，「人権の擁護と男女平等の実現を図るためには，配偶者からの暴力を防止し，被害者を保護するための施策を講ずることが必要である」と述べている。「DV は人権侵害である」と明白に表明されているわけだが，しかし，前文の性格上，ここから直接的な法的効果が導き出せるわけではない。先に見たように，DV 防止法も，国の基本計画をはじめ多くの自治体の基本計画は被害者の権利に言及していない。人権を根拠として新たに DV 被害者の「権利」を主張していくとすると，昨今の人権概念の拡大傾向に対する批判と同様，レトリカルな工夫にすぎない，あるいは，人権概念の空洞化，人権の本質の曖昧化につながる，との批判を受けることになるかもしれない。単なるスローガンで終わらせないためには，いくつもの憲法学上の難問に取り組まねばならないが，ここでは，今後の議論のたたき台と供すべく，第 1 に，DV によって，被害者はどのような人権を侵害されたと考えられるのかという問いを，第 2 に，その人権侵害の救済を権利として国に求める理論的根拠は何かという問いをたて，その検討を行いたい。

(2) DV によって侵害される人権

1) DV 被害の態様

DV 防止法は，DV を「配偶者からの身体に対する暴力（身体に対する不法な攻撃であって生命または身体に危害を及ぼすものをいう。以下同じ）ま

34　戒能・前掲注 1，102 頁。

たはこれに準ずる心身に有害な影響を及ぼす行動」と定義する。このように，DV の説明として一般的に「暴力」という言葉が使われることが多いが，DV の本質を最も的確に表現しているのは「親密な相手からの執拗なコントロール」という定義だろう[35]。ここには「暴力」という言葉は使われていない。代わりにキーワードとなるのはコントロール，「支配」である。DV の態様・程度は千差万別ではあるが，そこに共通するのは，加害者の指示・命令による被害者の自由の制限であり，「制裁」（加害者は「愛情」「しつけ」と表現するが）として科される多様な暴力である[36]。暴力は被害者を支配するための手段に過ぎず，それが目的でも，DV の本質でもない。指示・命令も制裁も，一貫性を欠きランダムであることから，被害者は慣れることも，備えることもできず，常に神経を張りつめた状態での対応を余儀なくされる。日常的なコミュニケーションも加害者が被害者をコントロールする目的で操作的に利用するため，合理的な話し合いは成立しない。加害者が絶対的なルールであり，被害者は自己の思考も感情も否定される。DV 被害者の PTSD 発症率は，自然災害による場合より高く，約半数ともいわれている[37]。被害者の多くが，被害当時を振り返って，自己の精神状態を「普通じゃない」「自分じゃない」と語り，「自分を失っていたことが一番つらかった」と述べている[38]。

---

35 レジリエンス『傷ついたあなたへ 2──わたしがわたしを幸せにするということ DV トラウマからの回復ワークブック』（梨の木舎，2010）。

36 身体的暴力，精神的暴力，性的暴力，経済的暴力，子どもを巻き込んだ暴力など。DV の実態については，たとえば，戒能・前掲注 1，ランディ・バンクロフト（高橋睦子，中島幸子，山口のり子監訳）『DV・虐待加害者の実体を知る』（明石書店，2008），レジリエンス『傷ついたあなたへ──わたしがわたしを大切にするということ DV トラウマからの回復ワークブック』（梨の木舎，2005），尾崎礼子『DV 被害者ハンドブック──サバイバーとともに』（朱鷺書房，2005），小西聖子『ドメスティック・バイオレンス』（白水社，2001）。

37 宮地・前掲注 3，83 頁。

38 澤田いずみ「夫婦間暴力における夫と離別した女性の健康状態と暴力の長期的影響に関する研究：平成 15 年度〜17 年度科学研究費補助金（基盤研究(C)）研究成果報告書」19 頁（2006）。

憲法に規定された人権を，第一義的には国家に対する防御権として理解するのが通説であるとされている。これを DV 加害者という私人から被る DV 被害に当てはめるのは，人権の私人間効力の問題に抵触し，誤りということになる[39]。しかし，「私人間」であるとはいえ，DV の場合，法の前提とする対等な人間関係ではなく，DV 加害者 - 被害者の関係性の非対称性，DV 加害者の権力性ということが極めて重要な意味を持ち，この点から「私人間効力」という問題の切り取り方自体が問い直される必要がある[40]。DV 被害とは何かを明確にするためにも，試みに憲法の人権規定にあてはまるものを列挙してみよう。13 条「個人の尊重，幸福追求権」，14 条 1 項「法の下の平等」，18 条「奴隷的拘束・苦役からの自由」，19 条「思想・良心の自由」，20 条「信教の自由」，21 条「集会・結社・表現の自由，検閲の禁止，通信の秘密」，22 条「居住・移転・職業選択の自由等」，24 条「家族生活における個人の尊厳・両性の平等」，25 条「生存権」，26 条「教育を受ける権利」，27 条「勤労の権利」，29 条「財産権」などである。DV 被害によって多様な人権が侵害されているということとともに，さらに問題なのは，被害者は，このような侵害から逃れるのが困難な状況に追い込まれているということである。アメリカで初めて DV 被害者を対象としたシェルターの創設に関わり，フォレンジック・ソーシャル・ワーカーとして多くのケースに接してきたスタークは，このような加害者のコントロールを「罠にかけること（entrapment）」という言葉を用いて表現する。

大半の被害者にとって虐待は（エピソード的なものとは違って）「現在進行中」のものとして経験されている。それは，身体的虐待が頻繁に繰り返され，多様な戦術（tactics）によって強制し支配されることによる。

---

[39] 近年の私人間効力をめぐる学説状況について，宍戸常寿「私人間効力論の現在と未来」長谷部恭男『人権論の再定位 3—— 人権の射程』25-47 頁（法律文化社，2010）。

[40] 関係の非対称性につき，前掲注 17 所収の，井上匡子「親密圏における暴力としての DV と被害者の法的評価に関する課題」66-89 頁参照。

頻繁に繰り返される身体的な強制，脅迫，孤立化と，被害者を罠にかけるためのコントロールが，どのように組み合わされるにしろ，結果として，被害者には，抵抗や効果的な逃走が構造的に制約されてしまっているのだという感覚がもたらされ，そのために被害者は，（加害者からの）屈辱的な要求や，被害者の本来の性格からは全く受け入れられないような要求に従わざるを得ないのである [41]。

2)　人権侵害としての DV の本質

被害者の言葉にあったように，「自己を失っている」状況に置かれているということは「人が人でなくなっている」ことであり，まさに人権が奪われている状況であると言えるのではないだろうか。さらに，虐待的関係から逃れられたとしても，その後被害者を待ち受ける社会的経済的状況は厳しく，他者からの支援がなければ，心身の回復を図り生活を再建させていくのは困難である。このような DV 被害者の置かれた状況は，戸波が犯罪被害者を指していう，「多様な人権行使の全体的な欠損状況」[42] そのものである。包括的な欠損状況の，その中核にあるのは，しいていえば，13 条規定の「個人としての尊重」と思われる。中島は，「性暴力や大きなトラウマになるような経験」によって，生きることへの欲求それ自体が破壊されることを，マズローの欲求段階説をもとに次のように説明する。心理学者のマズローは，人間の基本的欲求を 5 段階に分け，最も原始的な欲求を生理的欲求として底辺に置き，それが満たされれば，高次の欲求へ段階的に移行するとした [43]。第 2 段階は安全の欲求，第 3 段階は所属と愛の欲求，第 4 段階は承認の欲求，第 5 段階は自己実現の欲求とされ，ピラミッド状に図示されている。中島は，自身の経験から，そのピラミッドの最下層のさらに下に層があるように感じるという。

41　Evan Stark, *Rethinking Custody Evaluation in Cases Involving Domestic Violence*, Journal of Child Custody, 6: 287-321（2009）.
42　戸波・前掲注 29，被害者研究 15 号，8 頁。
43　アブラハム・マズロー『人間性の心理学』56-72 頁（産能大学出版部，1987）。

　なんと名づけてよいのか分かりませんが，自分の存在や生きること自体への欲求，人間としての尊厳といったものが含まれていて，それが命に近いところ，人間のコアの部分かもしれません。性暴力によって傷つけられると，このピラミッドの地下の層が破壊され，生きるために食べ物をとったり，体を健康に保つといった生理的欲求に属するはずのことがどうでもよくなってしまう，生きることがどうでもよくなってしまう，といった感覚になることがあるのです。性暴力を経験した☆さん（被害者のこと：筆者）たちが，性暴力を経験した何年も後になって自死でなくなっていくということが，実は数多く起こっています[44]。

　中島の言葉は性暴力被害者についてのものであるが，DV においても，性的な関係にあるパートナー間の問題であるため，高い確率で性暴力も発生していることが推測される[45]。そうであるならば，DV による最も深刻な侵害は，「人間としての尊厳」そのものに対する侵害ということになるだろう。これが奪われれば，他の人権が与えられていたとしても意味をなさない。人間として最も原始的な欲求である衣食住でさえ，どうでもよくなるのであれば，生存権すら存在意義を失う。「人間としての尊厳」という語は，広く社会に流布されている反面，空疎な観念ではないかとの批判もあり，その内実が問われているが，DV 被害者の置かれた状況は，それが現実にどのような意義を持っているのか，我々に再考を迫るものではないだろうか。

44　中島幸子『性暴力　その後を生きる』7-8 頁（レジリエンス，2011）。カッコ内は手嶋が補足した。中島が代表を務める NPO 法人レジリエンスは，DV やトラウマ等により傷ついた人への心のケアを重視し，多様なサポートを行っている。レジリエンスでは，被害者という呼び方をせず，サバイバーへの敬意をこめ，自らが本来持つレジリエンス（回復力・復元力）に気づき，自ら輝いていくものとして，「☆（ほし）さん」と呼んでいる。
45　日本において大規模な調査例はないが，澤田・前掲注 38 によれば，調査に協力した DV 被害者 67 名中，体験したことのある暴力としてあげたのは，「怒鳴る」が 100%，「殴る」が 86.6%，「性交を強要する」が 83.6% であった。

232

3) DV における自己決定権侵害

DV においては，多様な人権侵害が複合的に生じていると考えられるが，個々の人権侵害を一つ一つ取り上げて積み重ねるとしても，実は，従来考えられてきた人権概念では，DV の被害状況を過不足なく把握することは困難である。DV 被害者は加害者の指示・命令によって様々な自由を制限されていることから，ここでは，自己決定権を例に挙げて検討しよう。既に述べたように，憲法上の人権は対国家的なものであり，自己決定権も「自己の個人的な事柄について公権力から干渉されずに，自ら決定する権利」と理解されている[46]。また，これまで自己決定権が論じられてきたのは，生命・身体の処分，リプロダクション，ライフスタイル，家族の形成・維持等であり，裁判では，校則との関連での髪型や原付免許の取得，エホバの証人の輸血拒否，喫煙，個人消費のための酒類の製造等に関して自己決定権が争われてきた。DV 被害者の自己決定権の侵害という問題は，まず誰による侵害かという出発点の違いの他に，従来の人権をめぐる議論には当てはまらない点がいくつかある。① DV の場合，自己決定を侵害する個々の事柄は，一見ささいなものも含まれる。たとえば，被害者がいつ眠っていつ起きるか，いつ何をどこで食べるか，何を着るか，いつ誰とどこへ出かけるか等々，日常生活のあらゆる事柄が制限と禁止の対象となっている。②侵害の態様は一定せず，対象となる事柄もその程度もその都度ランダムに変化する。③加害者が明示的に制限・禁止していない事柄でも，被害者は自己決定を放棄せざるをえない状況に追い込まれている。たとえば，ランダムにふるわれる暴力（身体的あるいは精神的）への恐怖のため，何も言われていないことについても，被害者は予防的対応として自己決定を放棄せざるを得ない。また，加害者は，睨む，舌打ちする，しゃべらなくなる，機嫌が悪くなる，ためいきをつく，等，それ自体どのようにでも解釈できる行為だけでも，過去の暴力を想起させることによっ

---

46 辻村みよ子『憲法（第 2 版）』194 頁（日本評論社，2004）。

て，被害者の自己決定を阻害することができる。④結果として加害者が明白に制限・禁止している事項を越えて，広範な領域において自己決定が抑圧されるが，加害者は「そんなことは言っていない」と言うことができるし，被害者が自発的に従っているかのような外観が作り出される。このように，過去の特定の行為だけを問題にする枠組みではDVの自己決定権侵害は捉えられない。

　また，憲法上，自己決定権の侵害として問題とされてきたのは，自らが自由に意思決定したことが認められない，という事態であるが，DVの場合，それ以前に，「自由な意思決定」そのものが不可能な状況に置かれる，という問題がある。性的自律概念を論じたシュルホーファーによれば，自己決定が可能となるには，以下の諸条件が備わっていなければならない。第1に合理的な判断力があること，第2に実現可能な選択肢があること，第3に意思決定のプロセスに対する不当な圧力や強制が排除されていること，第4に決定した意思が尊重されること（尊重されないことが予め明らかであれば，そもそも自己決定する意味がない）[47]。憲法上問題になってきたのは，いずれも第4の条件に関わるものである。DV被害の場合，第1から第4まですべての条件を問題としなければならない。DVの関係性においては，たとえ第1〜3までの条件があったとしても，被害者が決定した意思が尊重されない。第2までの条件が存在しても，有形無形の圧力や暴力によって意思決定過程が侵害される。第2の選択肢に関しては，加害者が意図する選択肢以外事実上存在しないに等しい。第1の合理的判断力は，被害者の本来的な知力に関わらず，繰り返される侮辱，自由の剥奪，暴力への恐怖等により次第に奪われていく。自己決定権の侵害，といったとき，自由に意思決定されたことが認められない，という事態だけでなく，そも

47　自己決定の基盤となる諸条件に関しては，性暴力の問題に関連して性的自律（sexual autonomy）を詳細に論じたシュルホーファーの議論が参考になる。SCHULHOFER, STEPHEN J., UNWANTED SEX: THE CULTURE OF INTIMIDATION AND THE FAILURE OF LAW, HARVARD UNIVERSITY PRESS（1998）.

そも自由な自己決定がなされるための諸条件が不当に侵害されているという事態もまた，対象とされるべきである[48]。

DV 被害が，人権の包括的欠損状況であり，何よりも「人間としての尊厳」の侵害であるという議論に戻ると，上記のような自己決定権の侵害に，生命・身体への危害の恐怖，人格を否定する侮辱的行為の二つを加え，それらの個別具体的な作為・不作為の「集積」ではなく，これらが繰り返されることによる「累積」的効果として，人権の包括的欠損状況＝「人間としての尊厳」の侵害が帰結されると考えられる。

⑶ 「支援を受ける権利」の法的根拠

以上の検討から明らかなように，DV 被害者が，その支援を「権利」として主張することの法的根拠づけを，既に確立した学説・実務上の解釈の中に求めることは困難である。DV 防止法によって実現した被害者支援制度も，被害者の「権利」救済というよりも，被害が深刻で，回復の道のりも険しく，被害者が過酷な状況に置かれているため，という支援の「必要性」と，夫から妻への暴力を生みだし，またそのような関係から妻の離脱を困難にさせているのは，構造的問題であり[49]，支援は「社会の責任」であるという認識に基づくものと考えられる。

公的な支援の「必要性」として考えられるものをここに挙げておこう。第一には，DV 加害者による私的な賠償を期待することができないということである。加害者の資力の問題もあるが，それよりも，加害者のもとから逃げて来た被害者が，もう一度加害者と訴訟を通じてであれ，関わらな

48　はじめから「強い個人」も自律・自立した人間も存在しない。持って生まれた個性や能力の差があったとしても，その人を支える有形無形のケアやサポートがあり，社会構造上，その人の立ち位置に諸条件が整っていたからこその，自律であり，自己決定である。すべての人に自己決定権が認められるならば，自己決定を可能とする諸条件の確保，社会的環境の整備もまた，人権保障の一環と考えられるべきである。

49　南野・前掲注8，2頁。

ければならないということの困難である。新たな人生を始めるために必要な「離婚」というスッテプでさえ，加害者と向き合うことの困難さに躊躇する被害者が少なくない。コストを回収できるのかも分からない損害賠償を求めて訴訟を行うことは，被害者にとって負荷の大きい選択肢である。

第二は，私的な人的資源の活用が困難であるということである。被害者がDV関係から離脱を試みる時，深刻な暴力が発生するリスクが高まるため，他者の支援なくして安全確保は難しい。家族や友人，知人の助けを得ることは重要だが，加害者の追跡の危険性を考えると，加害者の知っている場所に逃げることはできない。この段階から，私的な人的資源に頼ることの限界は明らかである。また多くの被害者が，加害者から家庭にいることを強要され無職の状態である。仕事をもっていても，加害者が職場に探しに来る危険性から仕事を辞めざるを得ない被害者も少なくない。被害者の大半が女性であることを考えると，子どもがいなくても仕事を見つけるのは容易ではなく，子どもがいればさらに就職の条件は難しくなる。私的なネットワークが使えないこと，DVによる心身の健康被害を抱えていること，女性あるいはシングル・マザーであるため社会的経済的地位が低いこと等により，被害者が単独で，あるいは私的な資源を利用して，DV被害からの「回復」を目指すことは至難の業である。

第三は，人権救済制度の形骸化である[50]。制度の中心となっているのは，法務省人権擁護局である。現行法上，人権擁護局に課されているのは，人権侵犯事件に係る調査・救済・予防，人権啓発及び民間の人権擁護運動の助長等であり[51]，人権侵犯事件に対しては，(a)告発，(b)勧告，(c)通告，(d)説示，(e)援助，(f)調整，(g)要請という7種類の救済措置を取ることができる（人権侵犯事件調査処理規定13条，14条）。人権擁護局には強制的な調査

50　本章の問題関心から，特に行政機関による人権救済制度を対象とする。当該人権救済制度の詳細につき金子匡良「自治体の人権救済制度」松本健男＝横田耕一＝江橋崇＝友永健三編『これからの人権保障──髙野眞澄先生退職記念』129-154頁（有信堂，2007）。

51　このほか，人権擁護委員に関する事務，人権相談，法律扶助に関する事務である（法務省設置法4条，法務省組織令8条）。

権は付与されておらず，あくまで任意の調査しか行うことができない。
2010 年の統計によれば，全国で新しく受理された人権侵犯事件が 21,696
件である。事件の種類を見てみると，私人間の事件で最も多いのが，「夫
の妻に対する」暴行・虐待で，2,186 件ある。そのうち 2,185 件が「援助」，
残り 1 件が「調整」となっている。「援助」とは，人権侵害の被害者に法
律上の助言や関係機関の紹介・斡旋を行うもので，「説示」は，人権侵害
を行った者やその監督者に対して，口頭または文書で反省を促し，善処を
求めるものである[52]。
例年このような状況で，加害者に向けて何らかの措置が取られることはほ
とんどなく，その結果，市民の間で，制度の周知度は低く，また信頼もさ
れていないとされている。
　第四が，DV 被害者の健康被害に着目する議論で，公衆衛生の視点から
DV 問題への社会的対応を要請するものである[53]。WHO も取り組むべき
課題として調査研究を進めている[54]。DV 被害者の健康被害は，①身体の
外傷，②性的暴力の影響，③外傷の後遺症，④精神的傷害，⑤性格や対人
関係の変化，⑥妊娠中の DV による影響など，多岐にわたる[55]。健康被害
から生じる多様な社会的コストを算出し，社会的対応の重要性を提示する
研究も 1980 年代より欧米各国で進められてきた[56]。WHO も，個人間にお

52　事件数全体では，「援助」が 20,193 件，「要請」が 222 件，「説示」が 160 件，
　　「調整」が 78 件である。
53　宮地・前掲注 3・69 頁。
54　たとえば，World Health Organization, WHO Multi-Country Study on Women's
　　Health and Domestic Violence against Women（2005），http://www.who.int/gender/vio-
　　lence/who_multicountry_study/en/（最終アクセス 2015/2/15）。
55　宮地・前掲注 3，84 頁の表参照。この表には，被害配偶者だけでなく，子ども
　　の健康被害もまた深刻であることが示されている。
56　2004 年に報告されているオーストラリアの調査では，コストを，以下の 7 つの
　　カテゴリーに分類している。(1)苦痛および夭逝（DV に起因する苦痛を，傷害や疾
　　病によって生活の質が失われたと評価される年数によって測定），(2)医療費（被害
　　者・加害者・子どもたちの DV による影響に関連して支出された個人的および公
　　的医療費），(3)生産関係費（短期：長期欠勤により失われた生産性（賃金および収
　　益），代替要員の求人・雇用に要した費用，被害者・加害者・上司・同僚・友人・
　　家族の生産性における損失，アンペイドワークの損失など，長期：労働力の永続

ける暴力被害の経済的コストを扱った各国の研究を比較検討した報告書において，このような経済的アプローチの限界を指摘しつつも，「経済的アプローチは個人間の暴力によって引き起こされた重大な損害を説得力ある方法で示すことができる——これは，個人間の不必要な暴力によって世界中で引き起こされている膨大な犠牲を減らすために，検討課題を統一する最初の重要な一歩である」と述べている[57]。

　このように，DV 被害者の置かれた困難な状況から，あるいは，その被害が社会全体に及ぼす影響の大きさから，公的支援の必要性は導き出すことができ，その議論が説得力を持ち得たからこそ，DV 防止法の制定が可能となったといえよう。この支援が「必要」であることの理解が，社会において，より周知徹底されることにより，支援の「権利化」はその推進力を得られるとも考えられる。しかし，公的支援の必要性をめぐる議論とは別に，公的支援を受ける「権利」の根拠について，説得力ある法理論的説明はないだろうか。DV を人権侵害ととらえ，その救済を国家に請求する権利として構成することが一つの選択肢であるように思われるが，先にみたように，人権保障が国の責任であることには社会に合意が存在するとしても，既存の学説においては，市民の側に国家に対する請求権があるとまでは根拠づけられるに至っていない。生存権についても学説上権利性の強

　　的損失），⑷消費関係の費用（短期：壊れた家具等の買い替え，不良債権，長期：家計運営における規模の利益の喪失），⑸2 次世代の費用（以下の項目に関する私的および公的機関の費用：保育，転校，カウンセリング，児童），⑹行政上の費用その他（下記の項目に関する私的および公的機関の費用：法的サービスあるいは裁判に関わるサービス，一時保護，家事などの有償ケア，カウンセリング，加害者プログラム，通訳サービス，葬儀），⑺DV に起因する住居の移転に伴う諸費用。Access Economics, The Cost of Domestic Violence to the Australian Economy: Part Ⅰ (2004), https://www.dss.gov.au/sites/default/files/documents/05_2012/cost_of_dv_to_australian_economy_i_1.pdf（最終アクセス 2015/2/15），Part Ⅱ（2004）; https://www.dss.gov.au/sites/default/files/documents/05_2012/cost_of_dv_to_australian_economy_ii_2.pdf（最終アクセス 2015/2/15）。

57　World Health Organization, The Economic Dimensions of Interpersonal Violence (2004) http://whqlibdoc.who.int/publications/2004/9241591609.pdf?ua=1（最終アクセス 2015/2/15）。

化を目指す研究は続けられているが，裁判的実現は困難とされているのが
人権保障の現状である[58]。また，DV が国際的にも「女性に対する暴力」
と位置付けられていることから，女性差別撤廃条約に依拠して，被害者の
権利を主張することも考えられるが，憲法の人権規定の抽象的権利説同様，
条約上の権利も，日本の司法においては，具体的な裁判規範として読み込
むことは難しいとされている[59]。

　前述したように，DV 被害では，多様な人権が複合的に侵害され，その
累積的効果により，被害者は生きる意欲すら失う状態に陥り，経済的支援
だけではなく精神的なケアやエンパワメントが必要な状況に置かれてい
る[60]。国に対して一定の支援を請求する権利を構想するのであれば，その
請求権の中身をより明確化していくとともに，立法化による権利の現実化
も視野に入れて考えるべきだろう。公権力や中間団体だけではなく，社会
構造上，私人であっても他者に対して権力をふるい得る立場にある者が，
不当にその権力を濫用してきた，その事態の広範さと深刻さが明らかに
なった現代においては，人権概念そのものが更なる変容を迫られていると
考えなければならないのではないか。「支援を受ける権利」の構想は，従

58　尾形健「「生活への権利」はいかなる意味で権利か」長谷部恭男編『人権論の再
　　定位3──人権の射程』（法律文化社，2010）245 頁。

59　菊池洋「人権条約の国内適用における私人の責任と公的機関の責任」成城法学
　　74 号 2 頁（2005）。

60　笹沼の次のような生存権保障の考え方も示唆的である。「……他者の保護に依存
　　する人々が保護者に対して，イヤなことをイヤだといったとしたら，保護を受け
　　られなくなる危険がある。そこで，国家が自律のために必要な条件の整備，とり
　　わけ最低生活保障をおこなうことを約束しているのである（二五条）。夫に暴力を
　　ふるわれている女性に対して，あなたと一緒にいるのはイヤと言って，いつで
　　も逃げてきていいですよ，そしたら生活をしっかり保障します，というのが生存
　　権保障である。モノだけを提供するのではなく，物的手段や諸種の制度などを整
　　えることにより，社会のなかで自由に自己実現する生き方（自立）を保障してい
　　くことが生存権保障の意義である。」笹沼・前掲注5，150 頁。また，笹沼によれば，
　　このような生存権保障に根拠を求めるとしても，生活保護法に基づく保護の請求
　　は権利性が明らかであるのに対して，ホームレス自立支援法による自立支援を請
　　求する権利があるかどうかは不明確であるという（同上，178 頁）。

来の法律学上の議論からいかに新たな権利論を導けるかという問題であるだけでなく，我々が今後どのような社会を構築しようとするのか，その選択の問題でもある。

お わ り に

　DV 被害者の支援が，必要性のみから導かれるものであるならば，それが権利と構成されておらずとも，ニーズさえ満たされればそれで済むことである。また，冒頭で述べたように「権利」であると言われても，それを現実に行使する被害者は多くはないかもしれない。それでもあえて「権利」性を重視する理由を最後にあらためて確認しておきたい。それは，全国どこでも一定水準以上の支援を求めることを可能にする一つの有効な方法であると考えられるためであり，まだ，何より，権利として構成することが，被害者の「回復」にとって重要な意義を持つためである。DV 加害者が行使する暴力や支配の具体的行為は事例ごとに異なり，個々の被害者の有する資源にも違いがあるため，DV における人権侵害の態様は必ずしも一様ではないかもしれない。しかしながら，先に見たように，そこに共通するのは，「人間としての尊厳」が奪われているという事態である。「人間の尊厳」とは何か，それが奪われているとはどういう状態か，という問いの答えは，個々の被害者が，互いに示し合わせたわけでもないのに異口同音に語る，「自己を失った」という経験が指し示すものである[61]。これは「自分探し」という言葉が表す状態や，自己のアイデンティティを失ったということとは次元が違う。人間とは何か，人が人であるとはどういうことかに関わる問題である。スタークは，この点について，次のように述べている。

---

[61]　このような極めて主観的な立場に対しては，「感情本質主義」として批判を受ける可能性も考えられるが，その点に関しては今後議論していきたい。「感情本質主義」について，野口裕二「被害と克服のナラティヴ・アプローチ」法社会学第60号 139-152 頁（2004）。被害者支援が，まず被害者の声，被害者の主観の尊重から出発することについては，本書第 2 部第 3 章参照。

（DVの）暴力行為は，（被害者を支配するための）戦略の主要部分であり，しばしば傷害を，時には致命的な結果を生じさせる。しかし，虐待的な男性が加える主たる害悪は，策略的なものであって，身体的なものではない。そしてそれは，人間性とシティズンシップにとって決定的に重要な権利と資源を奪うことによってもたらされる[62]。

このような無権利状態に置かれた人が，自己を取り戻すには，同情や恩恵ではなく，人として承認されること，尊重されることが必要である。そのために現場では，支援の手法が練られ，支援者の倫理が錬磨されてきた。安全確保も生活再建も，そのための様々な援助が，被害者の「権利」として理解されているのでなければ，支援の提供者と利用者の間に権力関係が生じ，社会の中で支配—従属の非対称な関係性が再生産されていくだけであり，被害者が本来持っていた力は奪われ続けていく。国の支援制度も被害者の権利として提供されて初めて，その「回復」に資することができると考えられる[63]。

本章では，DV防止法にもとづき，自治体に担わされているDV被害者支援制度を前提として，そこで支援を受ける「権利」を構想できないかを検討課題としてきた。そのため，異なる制度設計にもとづくオールターナティヴな選択肢の可能性まで，考察することができなかったが，ここで，今後の検討課題として，イギリスの成年後見制度について言及しておきたい。イギリスの成年後見制度の基本法である2005年意思決定能力法は，財産管理の「後見」でも，身上監護の「後見」でもない，本人自身による決定を実現するような支援を行うこと，すなわち「自己決定支援」を目的とした自己決定支援法と考えられている[64]。判断能力の不十分な人々をめ

62　Evan Stark, Coercive Control, Oxford University Press, p.5 (2007).

63　柑本美和・小西聖子「効果的な被害者援助の提供をめざして」法律時報71巻10号50-51頁（1999）。柑本・小西は，「援助活動を「必要性」という言葉からではなく，「権利」という言葉で見直すこと」の重要性を指摘している。

64　菅富美枝『イギリス成年後見制度にみる自律支援の法理』i頁（ミネルヴァ書房，2010）。

ぐる日本の法制度が，理念はともかく，実際の機能において弱者の社会的排除やパターナリティックな管理に陥りがちであるのに対し，イギリスでは，判断能力が不十分な人が意思決定過程に主体的に関与することを促進し，かつ，それが可能な環境をできるだけ整備することが重視されている[65]。人は誰でも能力がある限り自分で意思決定する権利があり，かつ，自分で意思決定できるよう手助けを受けられるべきであり，能力がないと結論付ける前に本人が自分で意思決定できるようにあらゆる可能な援助を試みることが重要であるという考え方[66]のもと，本人に自己決定せよと迫るのではなく，自己決定の条件・環境を整備する社会の責任にこそ重点をおく議論は，日本のDV被害者支援にも重要な示唆を与えてくれると思われる。

DV被害を社会的コストとして算定する視点も，あるいは公衆衛生上の問題とする視点も，DV被害者支援の重要性を広く社会に示すものであり，日本でも調査研究が進展することが望まれるが，必要性からは，国や自治体の「責務」は引き出せても，被害者の「権利」は導出できない。親密圏における虐待的な関係の中で，「人間としての尊厳」が奪われている人は，DV被害者だけではない[67]。DV被害者の権利の構想が，あらゆる種類の虐待被害者の権利論に道を開くことを期待し，さらなる議論の精緻化を今後の課題としたい。

---

65 同上，95-101頁。

66 新井誠監訳＝紺野包子翻訳『イギリス2005年意思能力法・行動指針』93頁（民事法研究会，2009）。

67 DV被害者の圧倒的多数が女性であることから，DVは「女性への暴力」と位置づけられている。その意味では，DV被害者の権利を「女性の人権」と関連づけて論じる必要があったかもしれないが，本章では，①DV防止法をはじめとする現行法秩序を前提としたとき，性別を問わない形での理論構成が適合的であると考えたことと，②少数であったとしても，男性被害者も存在しており，同性愛カップルにおいてもDVは起きていること，③本文でも述べたように，親密圏における虐待被害者一般の問題に議論を広げていきたいという筆者の問題関心から，あえて，そのような方法はとらなかった。また，「DV被害者」という特定のグループの人権を考えるという選択肢も採用しなかった。確かにDV被害者固有の問題があるかもしれないが，これも上記③の理由からである。このような議論の設定のしかたが適切であったかどうかについては，今後検討を続けていきたい。

事 項 索 引

245

欧　文

判 例 索 引

〈著者紹介〉

手嶋昭子（てじま　あきこ）

　現職：京都女子大学法学部准教授
　専攻領域：法社会学、家族法、ジェンダーと法
　1959年10月　京都市生まれ
　1983年　京都大学法学部卒業、京都大学大学院法学研究科修士課程入学。
　1985年　京都大学大学院法学研究科修士課程修了（法学修士）。
　1988年　京都大学大学院法学研究科博士課程単位取得退学。
　1990年　安田女子短期大学講師を経て、2011年より現職。

〔主要著作〕

「DV被害者の権利主体性――「支援を受ける権利」試論」法執行研究会編『法
　はDV被害者を救えるか法分野協働と国際比較』商事法務、2013年、90-120頁
「アメリカ合衆国における――法曹継続教育とジェンダー」南野佳代編著『法曹
　継続教育の国際比較――ジェンダーから問う司法』日本加除出版、2012年、
　35-60頁
「ＤＶ被害者支援における自治体間格差――法政策と実施のギャップの一例とし
　て」法社会学72号、2010年、201-223頁

学術選書
149
法社会学

❦ ※ ❦

親密圏における暴力
――被害者支援と法――

2016（平成28）年5月20日　第1版第1刷発行
6749-5:P264　￥7800E-012:030-010

著　者　手　嶋　昭　子
発行者　今井　貴・稲葉文子
発行所　株式会社　信山社
〒113-0033 東京都文京区本郷6-2-9-102
Tel 03-3818-1019　Fax 03-3818-0344
henshu@shinzansha.co.jp
笠間才木支店 〒309-1611 茨城県笠間市笠間515-3
笠間来栖支店 〒309-1625 茨城県笠間市来栖2345-1
Tel 0296-71-0215　Fax 0296-72-5410
出版契約2016-6749-5-01010 Printed in Japan

©手嶋昭子、2016　印刷・製本／東洋印刷・牧製本
ISBN978-4-7972-6749-5 C3332　b012-030-010
分類321.400-a010 ジェンダー法・刑事法・法社会学

山下泰子・辻村みよ子・浅倉むつ子
二宮周平・戒能民江　編集

ジェンダー六法（第2版）

学習・実務に必携のジェンダー法令集　待望の第2版!!

◆ 戒能民江 著
ドメスティック・バイオレンス

◆ 戒能民江 編著
齋藤百合子・堀千鶴子・湯澤直美・吉田容子
危機をのりこえる女たち
──DV（ドメスティック・バイオレンス）法10年、支援の新地平へ

◆ 浅倉むつ子・角田由紀子 編著
相澤美智子・小竹聡・齋藤笑美子・谷田川知恵・
岡田久美子・中里見博・申惠丰・糠塚康江・大西祥世
比較判例ジェンダー法

◆ 二宮周平 著
事実婚の判例総合解説　判例総合解説シリーズ

◆ 二宮周平・村本邦子 編著
松本克美・段林和江・立石和子・桑田道子・杉山暁子・松村歌子
法と心理の協働

◆ オリヴィエ・ブラン 著　辻村みよ子 監訳
訳/解説　辻村みよ子・太原孝英・高瀬智子（協力：木村玉絵）
オランプ・ドゥ・グージュ

◆ 小島妙子 著
ドメスティック・バイオレンスの法
──アメリカ法と日本法の挑戦

◆ R. ドゥオーキン 著　水谷英夫・小島妙子 翻訳
ライフズ・ドミニオン
──中絶と尊厳死そして個人の自由

信山社

ジェンダー法研究　浅倉むつ子 責任編集

2015.12 第 2 号最新刊

性暴力被害の実態と刑事裁判

日本弁護士連合会 両性の平等に関する委員会 編（角田由紀子 編集代表）

森美術館問題と性暴力表現

ポルノ被害と性暴力を考える会 編

性暴力と刑事司法

大阪弁護士会人権擁護委員会性暴力被害検討プロジェクトチーム 編

戒能民江 編著 ◎女性支援の新しい展望への構想

危機をのりこえる女たち

辻村みよ子 著 ◎『ジェンダーと法』に続く最新の講義テキスト

概説ジェンダーと法

林 陽子 編著 ◎国際社会の法的センシビリティー

女性差別撤廃条約と私たち

谷口洋幸・齊藤笑美子・大島梨沙 編著
◎法的視点から、国内外の事例を紹介・解説

性的マイノリティ判例解説

QA 労働・家族・ケアと法 [理論編・実例編]　水谷英夫 著

民主主義は可能か？──新しい政治的討議のための原則について

R. ドゥオーキン著／水谷英夫 訳

最新刊

子どもと離婚

— 合意による解決とその支援 —

二宮周平・渡辺惺之 編

信山社

民事紛争処理論　和田仁孝 著

民事紛争交渉過程論　和田仁孝 著

法過程のリアリティ —法社会学フィールドノート　宮澤節生 著

ブリッジブック法システム入門（第3版）

宮澤節生・武蔵勝宏・上石圭一・大塚浩 著

法的支援ネットワーク

— 地域滞在型調査［エスノグラフィー］による考察　吉岡すずか 著

法文化論の展開 —法主体のダイナミクス（千葉正士先生追悼）

角田猛之／ヴェルナー・メンスキー／森 正美／石田慎一郎 編

法と社会研究　創刊第1号

信山社